교사, 못해먹겠다!

대화로 푸는 교사 갈등

교사, 못해먹겠다!

초판 1쇄 발행 | 2020년 12월 10일
초판 2쇄 발행 | 2021년 2월 25일

지 은 이 | 임칠성·이창덕·심영택·김현숙·고미령
펴 낸 이 | 박찬익

펴 낸 곳 | ㈜박이정
주   소 | 경기도 하남시 조정대로45 미사센텀비즈 7층 F749호
전   화 | (031) 792-1193
팩   스 | (02) 928-4683
홈페이지 | www.pjbook.com
이 메 일 | pijbook@naver.com

등   록 | 2014년 8월 22일 제2020-000029호
I S B N | 979-11-5848-490-3 03370

대화로 푸는 교사 갈등

교사, 못해먹겠다!

임칠성·이창덕·심영택·김현숙·고미령 지음

(주)박이정

머리말

"인간적인 모멸감이 들어서 교사 못해먹겠어요!" 능력 있고 열정 가득했던 중견 교사의 탄식이 이 책의 출판을 고민하게 했다. "교직이 이런 데인 줄 몰랐어요. 아이들 가르치는 것은 재미있지만 상처받을 일이 참 많네요. 내가 교사 되길 잘했는지 자꾸 되돌아보게 돼요." 첫 봉급을 받고 감사 인사차 연구실에 들른 네 제자 교사의 이구동성이었다. "문제는 항상 있어요. 이놈을 피하면 저놈이 또 나타나게 되어 있어요."라는 위로에 "교수님, 이런 일을 그냥 참고 견디는 수밖에 다른 방법이 없어요?"라고 안타까운 얼굴로 반문했다.

교육 현장에서 학생이 행복한 그만큼 교사도 행복해야 한다. 그래야 학교가 행복해지고 교육하는 모든 일이 행복해진다. 교사들이 개인적으로 겪는 마음의 상처는 행복한 교육을 가로막는 적이다. 초심으로 교직 생활에 최선을 다하자 다짐하지만, 학생과 학부모들, 그리고 동료 교사와 관리자들 사이에서 하루하루를 헤쳐 나가다 보면 도처에 지뢰밭이다. 속 뒤집어 놓는 일 없이 넘어가는 날이 별로 없다.

오랜 시간 누적된 학교와 교육의 구조적 문제를 개인 교사가 혼자서 해결하는 것은 어렵다. 그러나 갈등 상황에서 적절한 대화는 서로의 관계를 해치지 않으면서 호혜적인 방법으로 문제를 해결하도록 유도한다. 이런 대화는 내 가슴에 상처를 아물게 하고 상대 가슴에 생채기를 남기지 않으면서도 갈등을 해소하는 상생(相生, win-win)의 결과를 가져올 수 있다. 교직 생활을 하면서 일상에서 파도처럼 밀려오는 사건과 갈등 문제를 풀 수 있도록 상생 대화 전략을 사용하는 것, 그래서 교사가 행복하고 교육 현장이 밝아지게 하는 것이 이 책의 지향점이고 목표이다.

이 책은 1부와 2부 구조로 구성되었다. 1부 제1장은 왜 갈등이 생기는가, 바람직한 갈등 해결로서 협상 대화는 어떻게 할 것인가에 답하는 글이다. 갈등이 무엇인지 그리고 그 갈등을 풀 수 있는 협상을 중심으로 한 대화의 원리가 무엇인지를 소개한다. 각 교사가 현장에서 겪는 갈등 상황은 너무나 다양해서 이 책에서 소개하는 대화 전략을 그대로 사용하기 어려운 부분도 있을 것이다. 갈등의 기본 원인과 그것을 풀어가는 협상의 원리를 이해하고 적절히 적용한다면 개별 상황 해결에 도움이 될 수 있다고 본다.

제2장은 어떻게 갈등과 불만을 표현할 것인가라는 질문에 답하는 글이다. 갈등을 풀기 위해, 그리고 상대방과 자신의 가슴에 상처가 남지

않도록 내 불만을 표현할 방법을 소개하고 있다. 이 장에서 소개하는 불만 표현 방법은 학교에서 발생하는 갈등 불만뿐만 아니라 가정이나 회사 등 일상생활에서도 겪는 불만을 효과적으로 표현하는 데도 사용될 수 있다.

2부 제1장부터 제4장까지는 학교 현장에서 발생하는 갈등 상황이 무엇이고, 그것을 어떻게 생각하고 대화로 풀어갈 것인가에 답하는 글이다. 학교 현장의 갈등 사례를 소개하고, 그 갈등에 따라 구체적으로 사용할 수 있는 대화 전략을 제시하고 있다. 제1장에서는 교사와 학생 사이의 갈등 사례를 다루고, 제2장에서는 교사와 학부모, 제3장에서는 교사와 관리자, 마지막 제4장에서는 교사와 교사 사이의 갈등 사례를 다루었다. 각 사례마다 갈등 당사자들의 속마음을 정리한 다음('마음의 소리'), 문제를 풀 수 있는 대화의 전략과 그에 걸맞은 대화를 예시하였다('이런 대화 어때요'). 여기 보여준 사례는 특정 학교, 교사, 학생, 학부모 이야기가 아니라 일반적으로 일어날 법한 내용을 모아 각색한 것이다. 교사, 학생 등 모든 이름은 가명을 사용하였다. 교사 갈등을 해결하기 위해서는 무엇보다 해당 제도의 개선이 중요하다. 그러나 이 책에서는 제도의 개선보다는 교사 개인이 겪는 심리적인 갈등에 초점을 두었다.

학교 현장의 갈등 사례를 모으는 데는 여러 지역의 다양한 학교 선생님들의 도움이 컸다. 숨기고 싶은 내용까지도 이 책의 취지에 공감하시어 흔쾌히 제보해 주신 여러 선생님에게 저자로서 머리 숙여 감사를 드린다. 갈등, 협상, 불만에 대한 이론과 처방만 있었다면 딱딱하고 재미가 없었을 텐데, 이 책의 출판 취지에 공감하신 두 분의 현장 선생님, 김현숙 선생님, 고미령 선생님이 합류하셔서 자료 수집과 집필 과정 전반에 현장 느낌을 생생하게 살리려 애를 써주셨다. 교사 대신 만화가의 길을 택하신 하서원 선생님은 여러 차례 까다로운 주문에도 불구하고 제자들과 함께 정성껏 삽화를 그려주셨다. 여러모로 어려운 형편에서 교육 현장의 개선을 위한 이 책의 취지에 크게 공감하여 지원을 아끼지 않은 박이정출판사의 박찬익 사장님, 편집 과정에 도움을 주신 편집부 선생님들께 깊은 감사를 드린다.

나날이 근무 환경이 열악해 가는 학교 현장에서 여러 갈등 상황으로 가슴앓이를 하면서도 묵묵히 교육에 헌신하는 전국의 모든 선생님들에게 이 책을 바친다.

2020. 11.
필자 일동

차례
CONTENTS_____

2장　교사와 학부모 갈등　_145

차례
CONTENTS

3장 교사와 관리자 갈등　_197

4장 교사와 교사 갈등 _249

왜 갈등이 생기는가,
바람직한 갈등 해결로서 협상 대화는 어떻게 할 것인가.
어떻게 불만을 표현할 것인가.

제 1 부

갈등과 불만 표현

제1장 갈등과 협상의 이해

"상대가 무엇을 원하는지, 왜 우리 부탁을 들어줄 수 없는지 이해하면
우리는 상처 주지 않고 상대에 대응할 수 있다."

−마셜 B. 로젠버그, 『비폭력 대화』에서

"상대의 마음을 헤아릴 줄 아는 마음의 눈으로 세상을 바라보라."

−대니얼 골먼, 『SQ, 사회지능』에서

1. 갈등의 이해

(1) 갈등의 개념

'갈등(葛藤, conflict)'의 사전적 의미는 콩과의 덩굴 식물인 칡과 등나무가 한자리에서 서로 얽히는 것과 같이, 개인이나 집단 사이에 목표나 가치관, 이해관계, 신념이 달라 서로 적대시하거나 충돌하거나 하는 그런 상태를 가리킨다. 노사 갈등, 고부 갈등, 세대 갈등, 지역 갈등, 빈부 갈등 등 개인과 개인, 집단과 집단 사이에 서로 미워하고 부딪치는 것을 갈등이라고 한다. 소설이나 희곡에서 등장인물 사이에 생기는 상호 대립과 충돌, 등장인물과 환경 사이의 모순과 대립을 의미하기도 한다. 심리적으로는 두 가지 이상의 서로 다른 욕구나 바람, 선택해야만 하는 기회

목표를 앞에 두고, 쉽게 선택을 하지 못하고 힘들고 괴로워하는 상태를 말한다.

　사람들은 살아가면서 갈등 상황이 발생하지 않기를 바란다. 하지만 인간 사회 삶의 과정에서 힘들고 어려운 일들이 일어나게 마련이고, 만나는 사람들과 갈등이 생기는 것은 피할 수 없다. 혼자 산다고 해도 여러 가지 상황에서 감정이나 이성 차원의 내적 갈등을 겪을 수 있다. 갈등은 개인 차원과 사회적 차원으로 나누어 생각할 수 있다. 개인 차원에서 갈등은 내적 갈등과 외적 갈등으로 나눌 수 있다. 내적 갈등은 개인의 의사결정 과정에서 생기는 판단 어려움으로 인한 갈등이고, 외적 갈등은 주변 상대와 가치관, 이익 차이 등에서 생기는 어려움으로 인한 갈등이다. 사회적 차원의 갈등은 직장, 집단, 사회, 국가 단위에서 개인과 집단의 이익과 가치관이 서로 달라 부딪치면서 생기는 갈등이다. 갈등 상황에 어떻게 대비하고, 어떻게 헤쳐나가는가는 우리의 삶을 살만한 것으로 만들 것인가, 비참한 것으로 만들 것인가를 결정하는 중요한 요소이다.

(2) 갈등의 원인과 유형

　사람들 사이에 갈등이 생기는 원인은 가치관, 사실관계(같은 사실, 사건이라고 하더라도 이에 대한 이해와 해석 차이), **이해관계**(이익과 손해의 분배 과정, 결과 등), **인간관계**(신뢰, 친밀감, 상호이해), 시스템 구조(체계) 등 다양하다. 개인과 개인, 집단과 집단 간의 목표, 추구하는 목적이 달라지면 갈등이 생기고,

일이나 사건에 대한 인식, 우선순위 차이에 의해서도 갈등은 발생한다. 갈등은 전혀 무관한 집단 관계에서 발생하는 것이 아니라 대부분 상호 의존 관계일 때 발생한다. 집단 간의 영향 관계, 분리와 연합, 사건의 연쇄적 결과, 한정된 자원의 공동 사용이나 분배 등으로 인해 갈등이 생기고 심화할 수 있다.

전통적으로 갈등은 나쁜 것이므로, 가능하면 갈등이 생기지 않도록 하고, 갈등이 있으면 그 상황을 피하는 것이 좋다고 생각해 왔으나 1940년대부터 1970년대 말까지 세계적으로 전쟁과 분쟁이 많이 발생하고 세대 간의 가치관 차이 등이 커지면서 갈등은 피할 수 없는 것이라는 주장이 설득력이 있었다. 인간 사회에서 갈등은 불가피한 것이라고 주장하는 사람들은 어차피 갈등을 피할 수 없다면 갈등 당사자들이 서로 인내하고, 차이를 인정하면서 서로 양보하는 것이 중요하다는 점을 강조했다. 20세기 말부터는 관점이 달라져서 갈등이 반드시 나쁜 것만이 아니고 어떻게 다루고 해결하느냐에 따라 긍정적 결과를 만들 수 있다는 주장이 설득력을 얻기 시작했다. 이른바 상호작용주의 관점의 갈등론인데, 갈등은 조직의 문제를 명시적으로 드러나게 하고, 정체된 조직에 활력소를 제공해 주며, 인간관계를 개선하는 데 필요한 것이라고 본다. 즉 갈등이 조직의 부정적 요소가 아니라 조직 발전의 동력이 된다는 관점이다. 상호작용주의 관점의 갈등론은 부정적 견해와 불가피하다는 견해 모두를 수용하면서, 갈등을 어떻게 효과적으로 관리하는가에 초점을 맞춘다. 갈등은 수준이 너무 높거나 낮으면 성과가 낮고, 관리가 가능하고 개선이 가능한 중간 수준일 때 조직의 효율성이 높아지고 오히려 성과가 높다는 사회학적 연구 결과가 이런 주장의 타당성을 뒷받침해 준다. 긍정적 관점으로 갈등을 바라보는 사람들은 집단과 사회에는 다양한 갈등이 존재한다는 것을 인정하고, 갈등을 부정적이라고 보기보다 문제를 해결하는 실마리를 제공하는 긍정적 요소로 본다. 갈등이 생기지 못하게 막거나 갈등이 없는 것처럼 덮어두는 것이 아니라 초기 갈등, 잠재적 갈등을 찾아 미리 해결함으로써 장래에 생길 커다란 문제와 사고를 예방하려고 노력한다. 갈등의 당사자들은 문제에 초점을 맞추면서 일과 조직에 대해 관심이 높아지고, 문제를 해결했을 때 성취감을 얻고 상대와 공동책임을 인식하는 긍정 효과를 거둘 수 있다고 긍정주의자들은 강조한다.

　어느 조직이나 집단에서 갈등이 일어나면 갈등 해당 개인과 집단은 갈등이 생기기 이전과는 조직과 구성원에 대한 인식이 달라진다. 다른 집단과 갈등이 발생하면 집단 내에서는 공동의 적이 발생함으로써 구성원들 간의 결속력, 응집력이 강해지고, 갈등 상황에서 상대 집단을 이기고 갈등 상황을 성공적으로 헤쳐나갈 독재적 지도자에 대한 갈망이 생긴다. 지도자와 구성원들은 내부 결속을 다지기 위해 질서와 규범을 강화하게 된다. 그런데 그것이 지나치면 조직은 자유로운 의사 표현과 소통이 이루어지지 않는 의사결정의 독재 현상, 조직 문화 경직 현상의 부작용을 겪을 수 있다. 외부적으로는 갈등을 겪는 상대 집단을 향한 분노와 적개심이 강해지고, 상대 집단이나 그 집단 구성원을 무시하거나 협박하기도 한다. 또 자기 집단의 우월성을 강조하거나 과시하고, 다른 집단과 협력하고 상생하려는 노력과 여유가 점점 줄어들게 되어 분열과 투쟁이 길어진다.

(3) 갈등의 해결 방식

갈등이 생겼을 때 그것을 처리하는 방법은 강제적 해결, 협상과 타협을 통한 해결, 무시하거나 방치하는 방법 등 여러 양상으로 나타나게 된다. 여러 가지 갈등 해결 방법 가운데 갈등의 당사자들이 직접 만나서 갈등을 해결하는 것이 가장 기본적이고 바람직한 방법이다. 갈등의 당사자들이 만나면 양편이 모두 자신의 이익을 챙기고 자기주장을 펼치려고 하기 때문에 갈등이 오히려 격화할 수 있다. 갈등 상황의 문제 해결을 위해서는 먼저 나(우리 편)와 너(상대 편) 모두의 이해와 주장, 관련 요소를 고려해야 한다. 첫째는 우리가 추구하는 이익, 목표 요소이다. 제한된 자원을 나눠 가져야 할 경우는 제로섬 게임이 되어 양편 모두 자신의 몫이 커야 한다는 주장을 내세우게 된다. 이 경우에는 힘이 센 쪽이 일방적으로 이기거나 더 많은 이익을 챙기는 쪽으로 결론이 날 수 있다. 서로 상대를 일방적으로 제압하기 어렵다고 생각하면 적당한 선에서 타협이 이루어지게 된다. 둘째는 상대편과의 관계 요소이다. 대부분의 협상은 단일 의제에 단번에 이루어지는 것이 아니어서 상대와 여러 차례 만날 수밖에 없다. 당장의 이익보다는 상대와의 관계, 객관적 타당성을 인정받을 수 있는 명분 등을 고려하여 현재의 이익을 양보하거나 서로 이익을 나눠 가지면서 호혜의 원칙을 강조하는 방향으로 결론이 날 수 있다. 이런 경우, 장기간의 협력 목표를 설정하거나 협력 가능한 상위 목표를 설정함으로써 상호 부분적 양보를 끌어내거나 서로에게 이익이 되는 대안을 낼 수 있다. 역사적인 사례를 보면, 갈등 상황에서 서로 싸우기보다 공동의 적을 선정한 뒤, 우호적 관계를 맺어 공동의 적이 지닌

전리품을 나눠 가지는 방식으로 갈등을 해결할 수 있다. 제한된 자원을 확충함으로써 현재의 분배 몫보다 양측 모두 많은 몫을 차지하도록 하는 방법이다. 두 갈등 집단이 공정한 분배도 어렵고, 관계 요소로 해결이 어려운 경우 두 집단 모두 동의하는 상위 권위의 관리자나 집단(중재자)에게 문제 해결을 맡기는 것도 갈등 해결의 또 다른 방법이다.

갈등 해결의 가장 바람직한 방향은 우리 편과 상대 편 모두 동의하는 근원적 이해(利害)를 파악한 뒤 갈등을 해소하거나 누가 갈등 해결의 힘(권리와 권력)을 갖고 있는가를 명백히 드러내서 알력과 분쟁을 해결하는 것이다. 갈등 상황에서 갈등의 원인, 이익에 대한 배분 권리와 권력이 누구에게 있는가를 정확하게 이해하게 되면 갈등은 절로 해결된다. 하지만 모든 갈등 상황에서 근원적 이해가 이루어지고, 문제가 평화적으로 해결되지는 않는다. 갈등 당사자 사이에 의견과 주장이 맞부딪치고 조정이 이루어지지 않게 되면 그 이익을 갖는 것이 누구의 권리인가를 객관적이고 합리적 기준을 세워 확인하는 것이 중요하다. 갈등 상황에서 이익을 차지할 권리가 누구에게 있는가 하는 점이 가려지지 않으면 결국 힘이 센 사람, 힘이 센 집단이 이익을 차지하는 약육강식의 방식이 작동하게 된다. 갈등 상황에서 근원적 이해를 바탕으로 갈등을 해결해야 한다. 그래도 해결되지 않는 부분은 누구의 권리인가, 누가 우선권이 있는가를 가려 해결하고, 마지막으로 갈등 당사자 모두 피하고 싶은 방식, 힘의 우열로 갈등을 해결하는 방식, 공격과 전쟁을 최후의 수단으로 남겨두는 것이 바람직하다. 힘의 방식은 언뜻 보기에 간단한 방식으로 보이지만 우리 편과 상대 편 모두에게 상처를 남기고, 상생의 관계가 아니라 상극의 관계로 양 편 모두 자원과 이익을 소모하고 상대를 적으로 만들어 버리기 때문에 가장 피해야 할 해결 방식이다.

개인적 상황에서 갈등이 생기면 상대를 향해 화를 내거나 불만을 터뜨리는 것이 일반적이다. 어떤 상황이나 사태를 맞아 서로의 생각이나 견해가 다르고, 원하는 것이 일치하지 않는 경우 가장 먼저 나타나는 것이 상대에 대한 불평을 토로하고 불만을 노골적으로 드러내는 것이다. Olshtain & Weinbach(1993)는 불평은 상대의 말이나 행위에 대해 다른 참여자가 불편과 불만을 표시하여 자신의 마음을 알리고 상대의 과오를 수정하거나 그와 관련한 방해 요소를 제거하려는 의도를 가진 발화행위라고 보았다. 불평은 화자 자신의 불편과 불만을 드러내어 문제를 해결하려는 의도를 드러내는 것이지만 상대의 체면을 위협하고 상대와 인간관계를 해칠 위험이 있다. 상대를 향해 말이나 행동으로 불평과 불만을 드러낼 때는 그것이 초래할 결과를 미리 예견하고 그로 인한 부작용을 최소화하는 방안을 찾는 것이 중요하다.

누구나 갈등을 피하고 싶지만 일단 갈등 상황에 휘말리게 되면 전면적 투쟁으로 번지지 않도록 취해야 할 단계가 있다. 첫째, 갈등이 있는 것을 무시하거나 인정하기 싫어 회피하지 말고 갈등은 누구에게나 생길 수밖에 없는 것을 인정해야 한다. '왜 나에게 이런 일이 생겼을까?' 원망하는 마음을 갖거나 갈등의 상대를 미워하거나 투쟁하기 위해 어떤 행동을 취하기 전에 갈등은 누구에게나 생길 수 있고, 그 갈등이 내게도 생겼다는 것을 인정하는 것이 중요하다. 둘째, 현재의 갈등은 해결하기에 따라 지금보다 더 나은 결과나 인간관계를 만들 수도 있다고 긍정적 관점을 갖는 것이 중요하다. 갈등으로 인한 심리적 스트레스, 시간 낭비, 인간관계 악화, 조직에 대한 신뢰 약화 등의 문제가 생기기 전에 이 갈등 상황은 문제가 더 악화하기 전에 해결할 좋은 기회가 될 수도 있다고 생각한다. 달리 말해서 갈등이 드러남으로써 문제 해결을 위한 동기가 생겼고, 상대방과 의사소통을 강화해서 상호이해의 폭을 넓히고, 인간관계를 돈독하게 하며, 기회가 없어 풀지 못했던 그동안의 오해와 원망을 풀 좋은 기회라고 적극적 태도를 유지하는 것이 좋다. 이 단계에서 상대를 무시하거나 깔보는 자세를 취해서는 안 된다. 현재의 위험 회피나 이익을 위해 지나치게 타협적이거나 일방적으로 물러서는 것도 바람직하지 않다. 무엇보다 상대를 공격하고 투쟁해서 힘으로 제압하겠다는 투쟁의욕을 앞세우면 안 된다. 가능하면 자신의 체면과 상대의 체면을 손상하지 않으면서도 합리적 기회비용 계산, 자신이 꼭 필요로 하는 절대 포기할 수 없는 것, 필수 요구 조건과 이익을 정리하고, 무엇을 양보할 수 있는지 냉정하게 파악해 두는 것이 좋다. 내 필요와 상대 필요를 확인하여 내가 원하는 것을 취하고 상대가 원하는 것을 주고, 상생하는 방안을 찾도록 노력해야 한다. 같은 이익으로 외나무다리에서 다투는 상황이라면 상대가 망하거나 내가 망하거나 양자택일이 아니라 제3의 대안도 생각해야 한다. 더 장기적인 목표, 더 높은 목표를 위해 현재 양보할 수 있는 것들을 확인해서 상대방과 공통 이해를 강조하고 상대방의 이야기를 충분히 들은 후에 먼저 양보할 수 있는 것을 양보하여 궁극적으로 서로 이득이 되는 방향, 상생의 길을 찾는 것이 필요하다.

사람들은 각자 세상을 바라보는 관점, 무엇이 중요한가를 판단하는

제1부 갈등과 불만 표현_ 1장 갈등과 협상의 이해

가치관이 다르다. 심리학에서 말하는 프레임(frame)이 서로 다르다. 같은 사건이어도 프레임에 따라 결정은 전혀 다른 방향으로 이루어질 수 있다. 이스라엘 하브루타에 유명한 예문이 있다. 한 제자가 랍비에게 "기도하면서 담배 피워도 됩니까?"라고 질문하면 랍비는 "안 돼!"라고 대답한다. 다른 제자가 랍비에게 "담배 피우면서도 기도해야 하나요?"라고 물으니, "항상 기도하라고 했으니 담배 피우면서도 기도해야지."라고 대답했다고 한다. 같은 상황이어도 무엇을 기준으로 생각하느냐, 어느 요소를 우선으로 고려하느냐에 따라서 결과는 달라지게 된다. 대부분의 갈등 상황에서 상대의 관점과 가치관, 즉 상대 프레임을 이해하고 공감하면 갈등이 해소된다. 우리는 사실과 객관적 사건에 반응하는 것이 아니라 그 사실과 사건을 지각하고, 인식하는 프레임에 반응하는 것이다. 대화적 상호작용 과정에서 갈등 상황이 빚어졌을 때 우리가 어떤 프레임으로 그것을 인식하고, 어떤 방식으로 표현(언어 어휘, 문장, 어투)을 사용했는가에 따라 갈등 해결의 결과는 크게 차이가 날 수밖에 없다.

미국 시카고 대학의 행동과학 및 경제학 교수인 리처드 탈러(Richard Thaler)의 심리계좌 이론에 따르면 사람들은 항상 합리적이고, 객관적인 사실에 반응하지 않는다고 주장한다. 다른 말로 하면, 사람들이 결정하고 행동하는 데는 항상 협상의 여지가 있다, 프레임을 바꾸면 전혀 다른 결과를 얻어낼 수 있다. 예를 들면, 사람들은 20만 원짜리 극장표를 잃어버리면 20만 원을 주고 재구입하는 것은 포기하지만, 저녁에 중요한 사람과 함께 할 식사비용 20만 원을 아침에 잃어버린 경우에는 돈을 잃어버렸음에도 불구하고 저녁 식사를 포기하는 것이 아니라 20만 원의 비용을 지불하고 식사를 진행한다고 한다. 2만 원짜리 극장표를 50% 할인하면, 1만원을 아끼려 표를 사러 가지만, 300만 원짜리 텔레비전을 1만원 할인해서 299만원에 사려고 가지는 않는다는 것이다.

사람마다, 상황에 따라 무엇을 더 소중하고 긴급하게 생각하는가 하는 점이 다르다. 즉 선택하는 판단 기준, 즉 프레임이 다르다. 상대와 갈등을 해결하는 첫 단추는 상대의 생각과 판단이 다를 수 있음을 인정하

는 것이다. 상대의 프레임이 나와 다르다는 것을 이해하고 인정하는 것이 갈등을 푸는 첫걸음이 된다. 사람들이 다른 사람을 대하는 태도는 나도 옳고, 너도 옳다는 긍정 태도, 나는 옳고 너는 그르다는 독선 태도, 나는 그르고 너는 옳다는 자책 태도, 나도 그르고 너도 그르다는 부정 태도로 나눌 수 있다.

상대와 차이가 드러나고 갈등이 빚어지면 그것을 해결하는 갈등 해결의 일반 원리와 절차가 있다. 첫째, 나도 옳고 선하지만 상대도 옳고 선한 의지를 가지고 있다는 긍정 태도를 가지고 상대의 생각과 판단이 나와 다를 수 있음을 이해하고 인정한다. 둘째, 내가 모든 것, 모든 사람을 바꿀 수 없다는 것을 알고 자신의 한계와 제약을 알고 받아들인다. 셋째, 상대의 입장과 사고와 문화를 이해하고, 그 후에 내 입장과 사고와 주장을 이해시키려고 노력한다. 모든 사람과 상황이 나에게만 유리하게 전개되지 않는다는 것을 인정하고, 변화하고 협상할 여지를 가지고 대응하는 것이 중요하다. 덴마크의 세계적 유명 맥주회사인 칼스버그는 2차 세계 대전의 영웅인 영국의 처칠 수상이 덴마크를 방문할 때, 그의 방문을 기념해서 특별 맥주를 만들 계획을 세운다. 그러나 처칠이 워낙 코냑을 좋아해서 특별 맥주를 좋아하지 않을 것이라는 조언을 듣게 된다. 그러나 칼스버그 회사 임원들은 거기서 포기하지 않고 처칠이 맥주를 마시면서 코냑의 맛을 느끼게 해보자고 대안을 내서 그 유명한 'Carlsberg Special Brew'를 만들어 이전에 없었던 대성공을 거두고 큰돈을 벌게 되었다. 펩시콜라는 경쟁사인 코카콜라가 그 유명한 병 디자인으로 대성공을 거두었을 때, 상대보다 더 좋은 디자인을 하려고 노력한 것이 아니라 상대의 디자인이 훌륭하다는 것을 인정하고, 대신 소비자들이 마트에서 콜라를 구입해서 가져가기 편한 다양한 팩으로 포장 방식을 바꾸어 대성공을 거두게 된다.

한국 학교에서 교사들이 겪는 어려움과 갈등은 대개의 경우 한 개인의 문제가 아니라 우리 사회가 구조적으로 만들어낸 문제다. 거대한 먹구름처럼 우리 사회 전반을 뒤덮고 있는 불행의 하나다. 한국 사람들은 절대 가난의 시대를 벗어나서 이제 먹고사는 문제는 해결되었지만 대부분의 구성원이 자신의 삶이 희망차고 행복하다고 말하지 못한다. 교사들도 예외가 아니다. 미래 세대에 꿈을 심어주고 학생들의 성장을 위해 자신의 삶의 열정을 불태우겠다는 의지로 교사의 길로 들어섰지만, 정작 학교 현장에서 부딪치는 일들은 교사들의 열정과 희망을 소진하게 만든다. 교사들은 구체적 상황에서 문제 해결을 위해 무엇을 어떻게 해야 할지 알기 어렵고, 알아도 실행하기 어렵다. 교직 생활이 우울해지고, 학교가 두렵고, 학생이 두렵고, 학교 관리자와 동료 교사가 무서워 학교를 떠나고 싶어진다. 학교를 위해 열심히 하는 사람들도 실상은 문제의 핵심을 해결하기보다 그저 열심히만 하면 현재의 문제가 해결될 거라고 착각하는 경우가 많다. 목소리가 큰 교육계 지도자일수록 지나고 보면 그가 행한 말과 행동이 더 문제를 악화시키는 경우가 대부분이다. 한국 교직 사회가 한 세대 전보다 더 나아졌다고 볼 수 없다. 갈수록 악화하고 있다고 보는 게 맞다. 교육부와 교총 등에서 수집한 교육 현장의 갈등 사례나 통계를 보면 우리 학교는 절대적인 위기에 처해 있다. 학원 교습을 받지 않고는 학교 성적을 보장하기 어렵고, 입시 학원에서는 훈육이 가능해도 정규 학교에서는 오히려 교사가 학생을 훈육하기 어렵다.

교육 현장의 문제를 개선하는 데는 제도적, 재정적 지원과 정비도 중요하지만 교사들이 열정을 가지고 현장의 문제를 해결하도록 지원하고, 학교와 사회가 문제 해결을 위한 협력적 분위기를 만들어야 한다. 교사가 교육청이나 학교 관리자와 갈등이 생겼을 때 자신의 목소리를 낼 수 없고, 학생과 갈등이 있을 때 주도적으로, 적극적으로 문제를 해결할 수 없고, 교사가 학부모와 의견 충돌이 생겼을 때 항상 이른바 을의 입장이 되고, 피해를 당해도 속수무책이라면 한국 교육은 희망이 없다. 교육 문제의 해결은 교사를 제외하고, 교사를 넘어서서 이루어질 수 없다.

교사 갈등은 이제 관련되는 모든 사람이 관심을 가져야 하고, 교사 스스로도 같은 문제를 안고 있는 동료 교사들과 함께 자신의 상처와 고통을 공유하고, 해결책을 위해 탐색해 나가야 한다. 많은 갈등과 충돌이 대화로 인해 생겨나고 다른 문제로 생긴 갈등도 대화 과정에 더 악화되는 경우가 많다. 대화적 상호작용을 통해 문제를 정확히 파악하고, 해결책을 찾아가는 것은 어두운 터널 속에서 등불을 들고, 터널 밖의 밝은 곳으로 헤쳐 나가는 방책이다. 혼자 좌절하고, 포기하기보다는 서로 갈등 사례를 공유하고, 문제의 핵심을 찾아 협상할 것은 협상하고, 고칠 것은 고쳐나가야 한다. 한국 사회에서는 교사들이 자신이 아프다고, 더 이상 학교에서 가르치고 싶지 않다고 외친 적이 거의 없다. 학생들은 이제 더 이상 '스승의 그림자도 밟아서는 안 된다.'고 생각하지 않는다. 교사들은 주변 사람들과 함께 갈등 상황 자료를 나누고, 어려운 상황에서 서로 기대어 가며 교직 수행의 어려움을 개선해 가야 할 때다.

2. 협상의 이해

(1) 협상의 개념과 중요성

인간은 공동 사회를 이루고 그 안에서 서로 얽혀 관계를 맺고 살아간다. 누구나 일상에서 다른 사람과 이해 충돌과 갈등 상황을 겪게 된다. 그런데 갈등 해결을 원만히 하지 못하면 갈등과 분쟁이 격화해서 심한 싸움이 생기거나 재판이 벌어지는 경우도 생긴다. 그 결과로 분열과 상처만 남게 된다. 갈등과 이해 충돌이 일어났을 때 가장 바람직한 문제 해결은 관련 이해 당사자들이 합리적 과정을 거쳐 협상하는 것이다. 문제가 발생하고 갈등과 충돌이 일어났을 때, 힘에 의한 강제적 해결이나 무시, 방치 등의 방법으로 갈등 상황을 처리해서는 안 된다. 갈등 당사자 간의 협상이 어려우면 전문가가 나서서 갈등 당사자가 협상하도록 서로 소통하고 조정할 기회를 마련하고 갈등 해결 제도로 정착시킬 필요가 있다. 갈등이 생겼을 때 분쟁과 재판보다는 적절한 조정과 협상이 최선이라는 공통 인식을 만들고 당사자들이 동의할 수 있는 원칙과 명분을 세워 조정하고 협상하게 하는 것이 중요하다. 최근 학교 사회에서 점점 증가하고 있는 교사-교사, 교사-학생, 교사-학부모 간의 갈등과 분쟁은 점점 그 수가 많아지고 정도도 심해지고 있다. 교육 사회 구성원으로서 서로의 이익과 행복한 삶을 위해서 협상하는 것이 중요하다는 점을 인식하게 하고, 가능하면 전문가들이 합리적 절차에 따라 조정을 함으로써 원만한 협상 결과를 만들어내는 것이 매우 중요한 시점이 되었다.

'협상(協商)'은 사전적으로는 "어떤 목적에 부합되는 결정을 하기 위하여 여럿이 서로 의논함"을 말한다. 노사 협상, 임금 협상, 협상을 벌이다, 협상에 응하다 등의 표현에 자주 사용된다. 정치적으로는 "둘 이상의 나라가 통첩(通牒), 서한(書翰) 따위의 외교 문서를 교환하여 어떤 일에 대하여 약속하는 일"을 말한다. 국가 간의 조약과 달리 국가 원수나 국회의 비준이 필요하지 않으며, 주로 특정 지역에서 친화적 국제관계를 맺을 때 상호 이익이 되는 방향으로 일을 진행하기 위해 행한다. 협상은 이해 충돌과 갈등이 빚어졌을 때 일방적으로 해결하기 어려운 상황에서 이루어지는 것이다. 따라서 협상은 이해 당사자들이 참여 의지와 대화를 통한 합의에 대한 동의 등이 있어야 가능하다.

우리는 일반적으로 협상을 노사 협상, 국제 통상 협상 등 사회적으로 특수한 상황에서 공식적으로 이루어지는 것으로 생각하기 쉬우나 협상은 우리의 삶의 다양한 맥락 속에서 일상적으로 이루어지고 있다. 협상에 대한 또 하나의 오해는 협상은 제로섬 게임에서 어느 한쪽이 이기면 다른 한쪽은 패하거나, 또는 어느 한쪽이 많이 가지면 상대는 그만큼 적게 가질 수밖에 없는 것이라는 고정된 인식이다. 협상은 이해 당사자들의 협상 의지와 노력, 관점의 전환과 적절한 대안 제시에 따라서는 서로에게 이익이 되는, 협상 당사자 모두에게 만족한 결과를 낼 방안을 찾아가는 창조적 과정이라는 점을 고려해야 한다. 사회적 이해 충돌 상황에서 갈등과 알력이 생겼을 때 투쟁, 비판, 상대 파괴, 전쟁 등의 공격적, 적대적 방식의 문제 해결보다는 서로의 다른 점을 이해하고, 서로에게 도움이 되는 해결 방안, 이해 당사자들 모두 수용할 수 있는 대안 찾기로서 협상이 좀 더 적극적으로 이루어져야 한다. 눈에 보이는 실리와 눈에 보이지 않지만 만족감과 우월감을 주는 명분 등 다양한 측면이 있어 적극적으로 활용하면 사회의 갈등과 투쟁을 완화하고 해결하는 중요한 방법이 될 수 있다.

소크라테스가 강조한 협상의 일반 전략을 정인호·이은진(2015)에서는 다음 여덟 가지로 소개하고 있다.

1) 최대한의 정보를 활용하라. 이는 협상의 여러 요소와 변인에 대해서 많이 알수록 협상의 유리한 고지를 차지할 수 있다는 것이다.

2) 상대를 경청하고 분석하라. 상대를 모르고 내 주장만 해서는 결코 협상에서 성공할 수 없다는 것을 강조한다.

3) 상대의 감정을 활용하라. 이는 협상이 합리적, 객관적 기준에 의해서만 이루어지는 것이 아니라 감정과 기분에 좌우되기도 한다는 점을 강조한 것이다.

4) 요구보다 욕구를 주목하라. 겉으로 내세우는 요구보다 그 바탕에 있는 상대의 욕구와 충족되지 않아 불만을 갖는 요소가 무엇인지 파악하라는 것이다.

5) 내가 가진 배트나(BATNA: Best Alternative To Negotiated Agreement; 최강의 선택지)를 활용하라. 협상은 갈등과 알력이 있는 대립적 관계에서 시작하는 것이므로 첫째 제안에서 협상이 이루어지는 경우는 거의 없다. 내가 낸 제안이 받아들여지지 않을 경우, 내가 선택할 선택지가 강력하고 많을수록 협상은 유리해진다는 것을 말한다.

6) 객관적 기준과 프레임을 적용하라. 상호 주고받는 협상이지만 누구

나 받아들일 수밖에 없는 객관적, 일반적 기준을 제시하거나 대립하는 기존의 관점을 바꾸어 전혀 다른 각도에서 바라보는 프레임 교체를 활용하면 쉽게 협상이 이루어질 수 있음을 강조한다.

7) 게임의 틀을 바꾸어라. 자신에게 불리한 게임 규칙으로 이길 수 없을 때, 그 규칙을 다른 틀로 바꾸어야 유리한 협상을 이룰 수 있음을 말한다.

8) 선한 양심에 호소하라. 이해 당사자들이 만나서 하는 협상이지만 사람은 모두 선하고 싶은 욕구, 다른 말로 선한 사람으로 받아들여지기를 바라는 욕구가 있다. 손해를 감수하고라도 선한 사람, 인자한 사람으로 인식되기를 바라는 마음을 활용하면 의외의 성과를 거둘 수 있음을 강조한 전략이다.

전성철, 최철규(2009)에서는, 사람들은 역사적으로 이해충돌과 갈등 상황을 상호 협상을 통해 해결하는 것은 예술과 같은 것, 특별히 훈련할 수 있는 것이 아니라고 생각했기 때문에 협상에 대한 연구와 훈련이 제대로 이루어지지 않았는데, 1970년대 William Ury, Roger Fisher, Bruce Pattern 같은 하버드 로스쿨, 하버드 비지니스 스쿨의 학자들을 중심으로 본격적 연구가 이루어지면서 협상은 예술이 아니라 과학이며, 협상에는 일정한 원리가 있다는 것이 밝혀졌음을 강조하고 있다.

정민주(2008b)에서는 지금까지 협상학 연구의 흐름을 국외 연구를 바탕으로 크게 네 가지 갈래로 나누어 정리하고 있다. 첫째, 정치적 관점의 연구로서 국제 외교나 통상의 분쟁을 해결하는 방식으로서 협상에 관한 연구다. 정치적으로 갈등 관계에 있는 집단이나 국가가 그 갈등을 해결하기 위해 상대방과 소통과정을 통해 분쟁을 평화적으로 해결하는 중요한 방법이다. 지금까지 존재했던 역사적 알력과 분쟁 과정에서 이루어진 협상을 분석 대상으로 한 것들이 많다. 둘째, 경제적 관점에서 상호 이익의 충돌이 일어났을 때, 게임의 이론과 같이 이익의 분배 방식에 대한 협상 이론 연구이다. 경제적 이익을 분배할 때, 이익 분배에서 분배하는 사람이 분배된 몫을 가져가는 순위에서 가장 나중에 몫을 선택하게 할 때 가장 공정한 분배가 이루어진다는 연구 결과가 있다. 셋째, 사회학적으로 사회를 구성하는 집단과 계층 간의 갈등과 알력을 조정하고 관리하는 방식으로서 협상 연구이다. 대체로 정보 소통이 원활한 집단 간에는 그렇지 않은 집단들보다 상대 판단이 정확하고 협상 만족도가 높아진다는 것이 연구 결과로 나타났다. 또 집단주의 문화에서는 순응, 회피, 타협의 협상 방식을 선호하고, 개인주의 문화에서는 공정을 따지고 강제적 문제 해결을 선호하는 것으로 나타났다. 넷째는 인간 삶의 모든 영역에서 일어나는 의사소통 과정의 충돌과 갈등을 개인 차원에서 풀어가는 인지심리학적, 언어학적 연구이다. 협상 담화의 상황과 맥락을 분석하고, 협상의 틀(frame)과 전개 구조, 협상 행위자(이해 당사자와 중재자)들의 관계와 상호작용 과정을 연구하여 그 과정에 작동하는 전략과 결과들을 분석한 연구들이다.

교사 갈등과 협상은 정치적, 경제적 차원의 것이라기보다는 사회적, 인지심리 상호작용과 의사소통 과정의 갈등과 협상으로 볼 수 있다. 교사-관리자, 교사-교사, 교사-학생, 교사-학부모 사이의 갈등과 협상은 한편은 사회적 차원의 문제이지만, 그 상황과 맥락의 다양성으로 보면 다분히 개인적 차원의 사회 인식, 관계 인식, 문제 인식의 차이로 발생하는 것이고, 같은 갈등이라도 언어적 구조와 어휘 선택 등 언어적 의사소통의 방식으로 문제가 생기거나 증폭한다는 점에서 언어문화, 의사소통의 문제로 다루어야 하는 부분도 있다. "스승의 그림자도 밟지 않는다."라는 말처럼 가르치는 사람을 우러러보고 존경하던 시대는 과거의 사회 인식으로 퇴색하고, 우리 사회 구성원들이 이제 교사를 사회의 다양한 직업 중의 하나로 인식하며 심지어 학생들을 위해 봉사해야 하는 직업, 감정 근로자처럼 학생과 학부모를 고객으로 모셔야 하는 사람으로 취급하는 사람들이 많아진 시대가 되었다. 교사로 일하면서 일상에서 생기는 갈등을 제대로 해결하지 못하면 교사 자신의 삶이 망가질 뿐만 아니라 교육을 받는 학생에게도 피해가 돌아가고 학교 사회 전반에 문제가 쌓이게 된다. 시대가 바뀌고 사회가 변했지만 학교 교육에서 교사가 차지하는 비중은 과거보다 낮아졌다고 볼 수 없다. 교사가 동료 교사와 교감, 교장 등 관리자, 학생, 학부모와 다양한 상황에서 발생하는 갈등과 알력을 효과적으로 해결할 때 교사 자신의 행복감이 높아지고, 학생의 교육 만족도가 높아지고, 전반적 교육 효율성이 높아지고, 교육 현장의 분위기가 밝아질 것임은 두말할 나위가 없다.

(2) 협상의 유형

협상은 이해 당사자 사이의 근원적 이해를 두고 갈등과 충돌이 일어나는 것을 방지하고 상호 이익을 증진하기 위해서 관련한 개인이나 집단이 수행하는 대화적 상호 교섭 행위이다. 근원적 이해란 이해 당사자들이 진정으로 얻고 싶어 하는 핵심 사항을 말한다. 돈, 토지 등 구체적인 것이 협상의 근원적 이해로 작용하기도 하지만 의사 결정권, 판결권 등 추상적인 것들도 근원적 이해로 작용한다. 개인이나 집단 사이에서 생기는 문제나 이해 충돌을 피하기 위해서 상호작용하는 담화에 회의, 토의, 토론 등의 형식이 존재하지만, 협상은 이익의 충돌과 갈등 상황에서 이해 당사자들이 각기 마련한 방안을 가지고 상대의 안과 비교하면서 상호 수용할 수 있는 합의를 이루고자 하는 대화적 상호작용이라는 점에서 다른 유형과 다르다.

협상은 협상자의 수, 협상 주제와 목표, 협상자들의 관계와 의사결정 방식 등에 따라 분류할 수 있다. 협상 참여 주체의 수에 따라 양자 협상(쌍방 협상)과 협상 주체가 셋 이상으로 구성되는 다자 협상으로 분류할 수 있다. 협상 자리에는 나오지 않지만, 협상에 관여하는 여러 사람이나 단체와 조직이 있을 수 있다. 각 주체의 협상 대표가 나올 수 있지만, 협상단으로 구성할 수도 있고, 협상 테이블에 나오지는 않지만 각 주체를 움직이는 단체나 주민, 이사회나 위원회, 협의회 등이 존재할 수 있다. 협상 주체가 많으면 많을수록 협상 과정이 복잡하고, 그만큼 합의에 이르기 어렵다.

다음은 협상에 참여하는 주체들의 관계와 구도에 따라 경쟁적 협상, 수용적 협상, 호혜적 협상, 타협적 협상으로 나눌 수 있다. 협상 전략은 협상에 참여하는 이해 당사자들이 협상을 통해 얻고자 하는 이익의 성격과 상대를 바라보는 관점에 따라 다양한 방식을 사용할 수 있다. 개인이든 단체든 추구하는 이익은 다양하고, 그 이익을 추구하기 위해 여러 가지 수단과 방법을 사용한다. 협상에 참여하는 개인과 단체, 국가 간에 이익을 두고 벌이는 협상은 그 이익 자체뿐만 아니라 그들의 관계를 맺어온 역사, 협상 결과가 미래에 대한 전망 등 다양한 변수들이 전략을 결정하는 요소로 작용한다.

정민주(2008a)에서는 기존 협상에 작용하는 욕구와 이익을 다음과 같이 정리하고 있다. Mayer(1990)는 인간이 가지고 있는 다양한 욕구의 하위 범주로 이익을 설정하였다. 그는 인간의 욕구를 크게 생존 욕구, 이익, 정체성 욕구로 나누었다. Moore(1986)는 이익을 실질적 이익, 절차적 이익, 심리적 이익으로 분류하였다. 실질적 이익은 만질 수 있는 이득과 관련된 이익이며, 절차적 이익은 상호작용을 하거나 의사소통을 하거나 혹은 의사결정을 내리는 데에 필요한 절차와 관련된 이익이고, 심리적 이익은 사람들 사이에서 자신이 어떻게 정체성이 매겨지고, 존중되는가와 관련된 이익이라고 보았다. 협상 과정에 이익의 작용 양상을 분석해 보면, 실질적 이익은 협상을 통해 당사자들이 얻게 되는 실제적, 가시적, 직접적인 이익이고, 절차적 이익은 협상 과정에서 진행이나 합의와 관련한 효율성 차원의 이익이며, 심리적 이익은 협상 당사자의 사회적 위신과 체면과 같은 추상적 이익이다. 협상에서의 중요 변인으로 작용하는 이익은 협상의 주제, 과정과 절차, 참여자의 권한과 체면 등에 관련된 추상적, 심리적 이익인 경우가 많다. Johnson & Johnson(2003)은 이익을 생존이나 정체성과 직접 관련한 일차적 이익과 공동체, 자존감, 친밀감, 안전과 자유 등 심리적 상태와 관련한 이차적 이익으로 나누었다. 어떤 이익을 추구하는가, 우선으로 고려하는가는 협상 전략을 결정하는 기준이 될 수 있다. 일차적 이익은 협상에서 합의하려는 직접적인 본질과 관련된 이익이며, 이차적 이익은 직접적인 이익과는 다소 거리가 있지만 협상에서 대안과 양보를 마련하는 데 중요한 변수가 된다. 일차적 이익이 직접적이고 가시적이라면, 이차적 이익은 간접적이고, 나중에 나타날 이익을 고려하는 잠재적 이익이다.

Lewicki 외(2004)에서는 협상 전략을 수립하는 데 있어 고려할 두 요소로 성과와 관계를 제시하였다. 성과는 협상에 나선 당사자가 얻을 직접적인 이익, 물리적 이익, 일차적 이익이고, 관계는 협상 조정에 직접 이익보다는 상대와 관계 개선을 통한 장기적인, 이차적인 이익에 해당한다고 볼 수 있다. 일차적 이익만을 추구하는 경우는 직접 이익, 실질적 이익을 극대화하려고 한다는 점에서 이기적, 투쟁적 협상이 되기 쉽고, 관계 중심의 이차적 이익을 추구하려는 협상은 장기적으로 서로에게 도움이 되는 협상을 하려는 노력이 합해져서 상생적 협상을 유도할 수 있다는 장점이 있다.

Fisher 외(1991)에서는 협상 전략은 협상 당사자들의 협상에 임하는 태도에 따라 강성 협상, 연성협상, 원칙 협상으로 나누었다. 강성 협상은 상대방을 불신하는 가운데 위협과 압력까지 사용하여 나의 최종상태로 상대방을 유도하는 것이고, 연성 협상은 상대방을 신뢰하면서 경우에 따라 상대에게 양보하거나 서로의 입장을 바꾸어 생각해보고 가능한 합의에 이르고자 한다. 원칙 협상은 협상의 합의 과정과 결과 도출에 필요한 기본 원칙을 우선 협상한 후 그 원칙에 따르는 과정을 수행하고, 협상에서 합의한 결과를 수용하려는 협상이다. 보통 원칙 협상이 바람직하고 협상의 합의에 이르는 좋은 방법이지만 사전에 일반적으로 수용할 수 있는 원칙이 존재하지 않으면, 새로운 원칙을 협의하여 정하는 것이 쉽지 않으며, 원칙을 협의할 때 이미 각자 최종 이익을 염두에 두기 때문에 협상이 더 어려워질 수도 있다.

협상 전략은 이익과 상대와의 관계에 따라 미리 정할 수 있다. 상대가 어떤 전략으로 나올 것인가에 따라 선택하는 전략이 달라질 수 있다. 상대가 직접 이익만을 고집하고, 강성 협상 전략을 사용할 경우, 내가 선택할 수 있는 전략은 제한된다. 같이 강성 전략을 선택해 싸우거나 회피와 포기 전략을 선택하지 않을 수 없게 된다. 강성 전략은 위협하기, 벼랑끝 전술, 무조건 떼쓰기, 미끼 던지기, 시간 끌기, 허위권한 행사하기, 악역 자처하기, 묵살하기 등의 여러 책략이 있다. 협상에서 어느 쪽이든 강성 전략을 사용할 경우 협상은 우호적 합의 과정보다는 경쟁적이 되어 싸움과 충돌을 피하기 어렵다.

(3) 협상의 전략

협상 전략은 앞에서 분류한 바와 같이, 협상 상대와 관계, 진행 과정과 결과에 따라 크게 경쟁(투쟁) 전략, 수용(양보) 전략, 호혜(윈윈) 전략, 회피 전략으로 나눌 수 있다. 정민주(2008a)에서는 협상 전략별 특징을 다음과 같이 정리하고 있다.

경쟁 전략은 자신의 이익을 극대화하기 위해 상대방을 이기거나 설득하고자 하는 행동 전략이다. 경쟁 전략은 상대를 적이나 경쟁자로 간주해 기본적으로 협상 당사자 간에 대립과 갈등이 커지는 단점이 있다. 그러나 경쟁 전략은 자기주장이나 입장을 강력하게 드러내며 상대를 압박하기 때문에 상대보다 자기가 강하다고 여기거나 상대방보다 먼저 유리한 고지를 차지하고자 할 때 사용하는 전략이다. 기본적으로 경쟁 전략은 협상 당사자 입장과 이익을 그대로 노출하며 협상에 임하기 때문에 상대의 주장과 추구하는 이익이 명확히 드러나고 치열한 논쟁이 이루어지는 특징이 있다. 자기의 주장을 강하게 드러내는 한편 상대의 주장과 이익도 분명하게 알 수 있고, 그 주장과 이익의 타당성과 근거를 강하게 요구할 수 있다. 반대로 상대의 강한 공격과 요구를 받을 것을 꼼꼼히 챙기게 됨으로써 자신의 장단점을 면밀하게 검토할 수 있다. 경쟁 전략은 이익 충돌이라는 갈등의 경쟁적 특성을 그대로 드러내기 때문에 경쟁 전략을 사용하면 협상이 논쟁이나 상대 공격의 전투 상황으로 바뀔 우려가 있으며, 협상을 통한 윈윈 결과를 만드는 것이 아니라 소모적이고 양측 모두에게 손해가 되는 결과로 이어질 가능성이 높아진다.

수용 전략은 상대가 나보다 강해 내 주장을 온전히 펼 수 없을 때, 눈에 보이는 실리보다는 명분과 명예를 선택할 때, 상대와 관계를 통해 얻을 수 있는 간접적 이익이나 장래의 이익이 현재의 양보보다 크다고 판단할 때 사용하는 전략이다. 전쟁이나 본격 투쟁에서 패할 경우 당할 수 있는 불이익과 손해를 고려해서 어느 정도 선에서 타협하는 전략도 크게 보면 수용 전략의 하나다. 또는 눈앞의 실리를 추구하기보다 명분을 세우고, 체면을 얻으며 상대와 관계를 개선함으로써 파생하는 추가 이익을 위해서 실질적 이익을 양보하고 상대방의 주장이나 요구를 받아들이는 전략이다. 협상에 나설 때, 협상 상대와 싸우거나 관계가 나빠지는 것을 피하고 싶어 전투 회피 전략으로 선택하기도 하지만, 장기적으로 상대와 유대감이나 우호 관계를 바탕으로 향후 더 큰 이익을 추구하기 위해서 장기적 전략으로 선택하기도 한다.

호혜(원원) 전략은 자기 이익뿐 아니라 상대의 이익도 함께 고려하여 서로의 만족을 도모하는 전략이다. 협상 당사자 모두 합의하지 못하면 모두 손해라는 인식이 강할 때, 즉 양측이 협상을 통해 합의를 도출하지 못하면 두 사람 모두 이익을 잃게 되는 결과를 예상할 때 사용하는 전략이다. Thompson & Hastie(1990)에서는 양쪽 다 망하게 되는 결과를 '모두 패자 효과(lose-lose effect)'라고 명명하였다. 호혜 전략에서는 양쪽의 이익을 모두 중요시하기 때문에 상대에 대한 신뢰와 우호적인 태도가 전제되어야 성공할 수 있다. 호혜 전략은 신뢰를 바탕으로 협상을 시도하기 때문에 경쟁전략이나 수용전략에 비해 양측은 서로에게 유익한 대안을 지속적으로 제시하면서 합의를 모색하고, 결과적으로 실리와 관계 모두 충족하는 결과를 도출할 가능성이 높다.

회피 전략은 전략적으로 자신이 불리하거나 준비 기간이 없거나 적절한 시기가 아니라고 판단할 때 사용하는 전략이다. 협상을 통해 자신에게 실질적 이익이나 명분도 얻을 수 없다고 판단되거나 협상하는 것이 하지 않는 것보다 더 손해가 된다고 판단하는 경우 사용하는 전략이다. 회피 전략은 본격적인 협상 전에 협상의 유리한 고지를 차지하기 위해 사용될 수도 있고, 협상 진행 과정에 사용할 수도 있다. 회피 전략은 당장의 손해를 막는 전략이라는 점에서 소극적 전략이기도 하지만, 향후 더나은 시기와 입지를 골라 협상하기 위한 후퇴 전략이리고 볼 수 있다. 이익의 충돌과 갈등 상황이 벌어지면 무조건 협상할 것이 아니라 좀 더 나은 결과를 위해서 지금 협상할 것인지, 기다리거나 경쟁 상황을 좀더 두고 보는 것이 유리한지 정확하게 판단할 필요가 있다. 협상을 잘못해서모든 것을 잃을 수도 있거나, 몸과 마음이 지쳐서 협상 불가능하거나, 상대의 요구가 절대 동의할 수 없거나, 시간이 지나치게 촉박하거나, 상대를 전혀 믿을 수 없거나, 기다리면 상황이 호전될 것이 분명하거나, 협상준비가 전혀 안 되어 있다고 판단할 경우 선택할 수 있는 전략이다.

(4) 협상 절차와 방법

협상은 이해 당사자들이 이익의 쟁점 사항을 논의하여 합의에 도달하는 과정이다. 다르게 말해, 협상은 핵심 이익을 두고 갈등이 있는 둘 이상의 사람 또는 집단이 그들의 갈등을 해결하기 위해 대화로 상호작용하는 과정이다. 협상이 이루어지기 위한 기본 전제는 쌍방이 협상을 통한 문제 해결이 바람직하다고 판단하여 협상하겠다는 의지가 있어야 한다는 것이다. 갈등 관계에 있는 이해 당사자들이 이익을 두고 갈등과 투쟁이 생겼을 때 그것을 평화적으로 만나 대화로 해결하겠다는 의지를 보유하고 있어야 협상이 성립할 수 있다. 갈등 관계에 있는 어느 한쪽이라도 물리적, 법적 투쟁을 통해 이익을 쟁취하겠다고 결심하면 협상은 성립하지 않는다. 협상을 한다는 것은 상대와 갈등 관계를 만든 핵심 이익, 즉 특정 의제를 가지고 싸우는 것보다 협상하는 것이 가장 손실이 적고 가장 많은 이익을 가져올 수 있다는 전제가 있어야 비로소 협상이 시작되는 것이다.

Thomson(2001)의 통합적 협상의 의사소통 모델을 [그림1]과 같이 제시한 바 있는데, 이창덕 외(2017)에서는 다음의 다섯 단계로 나누어 설명하고 있다.

1) 협상 의제와 대안 확인하기 : 협상 당사자들이 각기 중요한 관심사가 무엇인지 확인하고, 협상할 의제와 대안을 설정하는 단계다. 이 단계에서는 협상 자원 평가가 이루어진다. 우리쪽과 상대쪽이 따로따로 자신들만의 협상 의제와 자신들이 사용할 수 있는 배트나(최강 대안)를 최대한 집약하는 것을 협상 자원 평가라고 부른다. 협상 자원을 단계적으로 풀어놓거나 추가하면서 쌍방 간 근원적 이해의 폭이 넓어지고 서로 수용할 수 있는 대안들을 가지고 맞교환하면서 합의 과정으로 나아갈 수 있게 된다.

2) 근원적 이해 차이 분석하기 : 상대가 제시한 협상안을 우리 방안과 꼼꼼히 비교하고 분석해서 협상 의제에서 선호하는 것, 우선시하는 것 등의 차이를 확인하는 과정이다. 이 과정은 협상 당사자 모두에게 이런 근원적 이익에 대한 이해를 높이고, 쌍방 간의 이런 근원적 이해 차이가 무엇인지 명확히 함으로써 협상을 파국보다는 합의 쪽으로 과정을 조정할 수 있게 한다. 협상에 임하는 양측은

이익을 두고 대립하는 것처럼 보이지만 협상 의제에서 선호하는 영역과 중요도가 다를 수 있고, 미래에 대한 예측, 다가올 위험이나 불확실성에 대한 민감도와 의제를 다루는 가치와 사고방식이 다를 수도 있다.

3) 제안하고 맞교환 추진하기 : 제안을 할 때는 상대가 합의가능한 범위 안에서 하고, 가능하면 창의적 방식으로 먼저 제안을 해서 주도권을 쥐는 것이 중요하다. 제안은 단일안보다는 상호 복수안을 제안해서 그 여러 방안 중에서 하나를 선택하도록 하는 것이 협상을 성공으로 이끄는 데 유리하다. 단일 제안을 하면 그것을 받아들이는 쪽이 굴복했다거나 지나치게 양보했다는 생각을 갖기 쉬워서 협상이 어려워지게 된다. 여러 안의 좋은 점만을 상대가 고르는 것(이른바, 체리 따기cherry picking)은 허락되지 않으며, 협상은 여러 조건을 묶어 협상하는 패키지 거래임을 주지시키는 것이 중요하다. 이 때 제시하는 제안이 일방적 주장을 담은 제안이 아니라 객관적이고, 일반적인 기준을 적용한 것임을 강조하고, 그 기준은 양쪽 모두 준수해야 함을 강조해야 한다.

4) 합의하기 : 현 상태에서 최선의 해결책 수락하기/거부하기 과정이다. 현 단계에서 이 해결책이 반드시 가장 효율적이라거나 최종적이라는 것은 아니지만, 협상 당사자 양쪽이 모두 수용 가능한 현 단계의 최선책을 마련해 놓고 서로 협상장에 마주 앉아 합의안에 서명하는 것을 예상할 수 있다. 협상이 파국에 이르렀을 때 어떻게 행동할 것인가 결정하기 위해 최강 대안을 가지고 있어야 한다. 재

협상을 시도할 수 있고, 협상과는 다른 방법을 선택할 수도 있다.

5) 합의안(합의서) 작성 : 합의서에는 협상 양쪽의 합리적인 요구가 무엇이며, 합의서를 수행하는 데 관련되는 모든 사람의 권리와 책임이 명확하게 명시되어야 한다(Johnson & Johnson, 2003). 누가, 무엇을, 언제, 어디서, 어떻게 하는지에 대한 구체성이 드러나야 하며, 우리 쪽과 상대 쪽이 합의한 것을 수행한다는 현실성이 드러나야 하며, 우리 쪽과 상대 쪽이 서로 어떤 것을 하기로 동의한다는 공유성이 드러나야 한다. 그리고 만약 이 계약서대로 쌍방 간에 합의한 내용이 제대로 이행되지 않는다면, 합의한 내용이 모두 무효가 되는지, 아니면 재협상(시기와 방법 포함)을 하게 되는지도 명시해야 한다. 합의서 이행 과정에 이행 기간을 두는 것은 양측이 서로 합의사항 이행 여부를 확인하고, 세부 협의하는 조항을 두어 좀더 나은 결과를 만들어가는 방법이 될 수 있다.

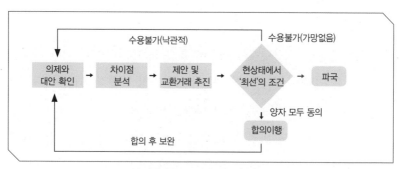

[그림1] 통합적 협상의 의사결정 모델

개인 간 갈등 상황을 풀어가는 협상에서는 이익보다 인간관계가 더 중요한 경우가 많다. 개인 간 협상에서 힘으로 상대가 물러서게 하면 갈등 당사자들의 관계가 크게 악화하기 마련이다. 개인 간 갈등이나 다툼이 생겼을 때 상대를 힘이나 논리로 눌러서 상대가 상처를 입게 되면 말에서는 이기게 되지만 관계에서는 지는 결과가 된다. "말에서 지고 관계에서 이기라."는 말은 대화의 가장 기본적인 원리이다. 가게 주인이 손님과 말다툼에서 이기게 되면 그 손님은 다시는 그 가게에 가지 않게 된다. 가족이나 친구, 연인처럼 가까운 사이에 말로 상대를 이기고 나면 속은 시원해도 마음의 상처는 오래 남아 뒤탈이 생긴다. '네 말 다 맞아, 그런데 나 너 싫어!'라고 상대가 생각하게 되면, 상대와 상대를 잘 아는 사람들이 나의 적이 되기 쉽다. 지구상의 70억이 넘는 사람이 6단계만 거치면 모두 연결되는 시대라고 한다. 한국처럼 좁은 사회에서는 두어 단계만 거치면 모두 아는 사람이다. 이익과 자존심 때문에 상대를 적으로 몰아가기보다는 상대를 배려하고, 그것이 힘들면 타협점을 찾아 좋은 인간관계를 유지하는 것이 긴 안목에서 볼 때 이익과 자존심을 지키는 더 나은 방편이라는 것을 기억해야 한다. 미국의 한 쇼핑몰에서 있었던 일이다. 어떤 손님이 타이어를 가지고 와서 내가 분명히 여기서 산 타이어이니 환불해 달라고 강하게 요구해서 실랑이가 벌어졌다. 물론 영수증도 없었다. 그러자 많은 사람이 모여들어 이 광경을 구경하게 되었다. 쇼핑몰의 주인은 실랑이가 벌어져 미안하다고 사과하고 타이어를 환불해 주었다. 그런데 그 쇼핑몰에서는 본래 타이어를 팔지 않았고 문제의 손님이 가져온 타이어도 그 쇼핑몰에서 팔지 않은 타이어였다. 이 광경을 목격한 손님들은 동네방네 그 쇼핑몰 소문을 냈고 이 쇼핑몰은 이런 입소문을 타서 크게 성장을 했다.

Jonathan Robinson(1997)에서는 사람들과 충돌과 갈등을 줄이고 사랑을 깊게 하는 기적의 대화 방법으로 세 가지를 제시하고 있다. 첫째, 친밀감을 형성하라. 둘째, 충돌을 피하라. 셋째, 에고에 상처 주지 않고 문제를 해결하라. 우리가 사람들 사이에서 살아갈 때, 두렵고, 좌절하고, 누군가 한 방 때려주고 싶을 때 필요로 하는 것은 투쟁에서 승리하는 힘이 아니라 효과적인 의사소통 방법이라는 것을 그는 강조한다. 첫째, 친밀감을 형성하기 위해서는 상대를 인정하고(Acknowledge), 감사하고(Appreciate), 수용하고(Accept) 내가 바라는 것을 상대에게 요구하지 말 것을 강조한다. 둘째, 충돌을 피하기 위해서는 먼저 상대를 이해하고 사랑하며, 이기기보다는 사랑받기 위해서 노력하라고 조언한다. 비난을 피하고, 상대의 이야기에 경청하고, 상대가 사랑받고 인정받고 있다고 느끼게 해주라고 조언한다. 그럼에도 불구하고 충돌 상황이 자주 발생하면 자신이 원하는 것을 숨김없이 말하고, 상대가 원하는 것을 충분히 들어 상호 간의 생각과 이해 차이를 이해한 후, 이른바 '다이너마이트 상자(서로 기대와 기준이 달라 갈등, 충돌하기 쉬운 영역)'를 열어 그것들을 제거할 것을 제안한다. 그래도 조정이 안 될 경우, 셋째, 에고에 상처 주지 않으면서 지속적이고 해결하기 어려운 문제를 해결하기 위해서 'A PI SWAP(ED)' 전략을 사용해 보기를 권한다. A(Appreciation)는 감사, 상대에게 감사할 것을 먼저 찾으라, PI(Positive Intention)은 긍정적 의도를 가지고 상대와 타협과 조정을 통해서 얻고자 하는 궁극적 목적을 상대에게 말하라.

SW(Say What)는 문제와 쟁점이 무엇인지 말하고, AP(Ask your Partner)는 문제에 대한 해결책을 상대에게 물어보라는 것이다. 오래된 문제, 서로 양보할 수 없어 타협이 안 되는 문제에는 ED방식으로 접근하기를 추천한다. E(Experiment)는 실험적으로 기간을 정하고, D(Declare)는 선언하고 실행해 보라고 조언한다.

갈등은 서로 기대와 기준이 달라서 생기는 것이고, 피할 수 없는 인간관계에서 일어나기 때문에 저절로 해결되거나 쉽게 타협점을 찾기 어렵다. 갈등이 생기면 회피하거나 비난하거나 투쟁을 격화하기보다는 양자가 대화를 통해 만족할 만한 합의점을 찾는 시도를 하는 것이 무엇보다 중요하다. 갈등 상황에서 상대가 나를 힘들게 하지만 상대가 없이는 내가 존재할 수 없거나 상대를 무시하거나 피할 수 없는 경우가 많다. 함께할 수밖에 없는 상대라면, 나와 갈등과 투쟁 상태를 그대로 두고 적대감을 쌓아가는 것은 서로에게 부정적 결과를 가져올 것이 분명하다. 어차피 함께 가야 하고 피할 수 없는 상대라면, 로빈슨이 제안한 것처럼, 긍정적 마음 자세를 가지고, 상대를 인정하고, 감사하고, 수용하고, 차이가 있으면 나의 바람이나 주장을 먼저 내세울 것이 아니라 상대의 입장과 주장을 경청하고, 내 생각과 바람을 솔직하게 이야기하고 상대에게 이 문제를 어떻게 해결하면 좋을지 먼저 물어보는 것이 갈등 관계를 풀어가는 최상의 방법이다. 물론 화가 나거나 이미 싫어진 상대에게 이런 접근 방법은 적용하기 쉽지 않다. 갈등 요소를 그대로 안고 '다이너마이트 상자' 안의 다이너마이트가 폭발하기를 기다리는 것보다 적극적으로 긍정적 태도로 해결하려는 의지를 먼저 보이는 것이 중요하다. 인간관계의 문제는 멀리서 적대적 감정으로 둘 때 악화하지만 직접 부딪쳐 진솔하게 대화하면 뜻밖에 쉽게 풀리는 경우가 많다는 것이 소통 전문가들의 공통된 견해이다.

정 리

✪ **갈등이란?**

개인이나 집단 사이에 목표나 가치관, 이해관계, 신념이 달라 서로 적대시하거나 충돌하거나 그런 상태

✪ **갈등의 원인** : 상호의존 관계에서 개인과 개인, 개인과 집단 간의 이익 분배 차이. 한정된 자원의 공동 사용이나 분배 의견과 주장의 충돌

✪ **갈등을 바라보는 두 관점**

　– 부정적 관점 : 생기지 않는 것이 좋고, 생기면 나쁜 결과를 낳는다고 보는 관점

– 긍정적 관점 : 인간 상호작용 과정에서 피할 수 없으며 문제를 드러내 개선과 혁신을 도모할 기회를 제공한다는 관점

✪ **갈등의 해결 방식** : 강제적 해결, 협상과 타협, 무시와 방치

✪ **바람직한 갈등 해결 방식**

(1) 너도 옳고 나도 옳다는 긍정 태도를 갖는다.

(2) 내가 모든 것, 모든 사람을 바꿀 수 없다는 것을 인정하고 협상한다.

(3) 상대와 나의 차이를 인정하고, 먼저 상대를 이해한 후 그 후에 내 입장과 주장을 이해시킨다.

✪ **협상(協商)의 개념** : 경쟁하는 이해 당사자들이 가능한 복수의 대안 중에서 그들 전체가 갈등을 줄이면서, 수용할 수 있는 특정 대안을 찾아가는 대화적 의사결정 과정

✪ **협상의 유형**

(1) 경쟁(투쟁) 전략 : 자신의 이익을 극대화하기 위해 상대방을 이기고자 하는 행동 전략

(2) 수용(양보) 전략 : 상대가 나보다 강해 내 주장을 온전히 펼 수 없을 때, 눈에 보이는 실리보다는 명분과 명예를 얻고자 할 때 선택하는 전략

(3) 호혜(윈윈) 전략 : 자기 이익뿐 아니라 상대의 이익도 함께 고려하여 서로의 만족을 도모하는 전략

(4) 회피 전략 : 자신이 불리하거나 준비 기간이 없거나 적절한 시기가 아니라고 판단할 때 사용하는 전략

✪ **협상의 절차**

의제와 대안 확인→차이 분석 →제안 및 거래 → 합의 또는 파국

✪ **관계를 악화시키지 않는 협상 대화 전략**

'말에서 지고 인간관계에서 이겨라'

제2장 불만 표현 방법

그 사람에 대해서 이해하지 말고 그 사람이 되어서 이해하라.

(Understanding not About him but With him.)

−Rogers(1972)

1. 불만의 개념

'불만(不滿)'은 마음에 흡족하지 않거나 만족하지 않은 마음의 상태를 가리킨다. 인간의 삶이 고해라고 했다. 이 세상 살아가면서 불만이 없고 마냥 행복하기만 한 사람은 없다. 나보기가 역겨워 떠나는 임의 앞길에 꽃을 뿌리는 연인의 가슴은 찢어질 수밖에 없다. 사랑에도 아쉬움과 서운함이 따른다. 고려 시대 문인 이조년(李兆年)은 "다정도 병인 양 하여 잠 못 들어 하노라."라고 하지 않았던가. 열 손가락 깨물어 안 아픈 손가락도 없지만 잘 보면 예쁜 손가락이 있고 미운 손가락도 있기 마련이니 부모조차도 자식에게 불만이 있을 수밖에 없다.

인간관계에서 빚어지는 갈등과 불만은 쉽게 해결하기 어려운 문제다.

학교 사회처럼 구성원 사이에 원만하고 좋은 관계가 암묵적으로 요구되는 곳에서는 불만을 드러내놓고 토로하기 어렵다. '저 학생은 원래 그런 녀석이야. 내가 참아야지 어쩌겠어.', '다른 선생님들도 다 가만있잖아, 모나면 정 맞는 거야.' 이렇게 마음을 다독여도 가슴에는 응어리가 남는다. '난 왜 아무 말 못하고 나만 당해야 하는 거지? 한두 번도 아니고, 아, 나는 결국 내가 이런 문제도 해결 못하는 못난 사람인가?'하는 자괴감이 들기도 한다.

생활하면서 쌓이는 불만을 제때 밖으로 표현하지 못하면 크게 두 가지 문제가 생긴다.

첫째, 나만 억울하고 나만 힘들다는 생각에 우울감이 쌓인다. 때로 주변에서 같이 걱정을 하고 위로하는 말을 하지만 주변 사람은 내 가슴의 우울과 상처를 공감하지 못한다. 나는 화가 나 죽을 지경인데 정작 상대는 아무렇지도 않다. 내 가슴에 얼마큼 상처가 났는지에 관심조차도 없다. 그리고 안으로 쌓인 우울감과 상처는 상대와의 인간관계를 악화시킨다. 상대를 만나면 그날 기분이 상한다. 얼굴 보는 것은 고사하고 생각하기조차 싫다. 그래서 상대와 어떤 일을 해결하려면 내 마음 속에서 먼저 울분이 치솟는다. 불만을 해소하지 못하고 끙끙대다 보면 소화도 안 되고 한숨만 늘어나 화병이나 우울증이 생긴다.

둘째, 상대를 향한 불만은 마음속에 쌓이면 언제 폭발할지 모르는 폭탄이 된다. 가슴에 참을 인(忍)자를 새기는 것은 생채기를 다시 할퀼 뿐이지 문제 해결과는 거리가 멀다. 한자 구성으로 보자면 참을 인(忍)이라는 글자는 마음 心이라는 글자 위에 칼날 刃이라는 글자가 더한 모습

불만을 참는 것은 가슴 속에 있는 불만 풍선에 화라는 공기를 넣은 다음 그대로 꼭지를 막아 버리는 것과 같다. 그러나 적절한 방법으로 불만을 표현하면 그 불만 공기가 빠지게 된다. 불만 공기를 한 번에 모두 뺄 수는 없지만 효과적인 불만 표현은 불만 풍선의 압력을 낮추어 터지지 않도록 해 준다. 풍선이 불만으로 가득 차게 되면 아주 작은 자극도 도화선이 되어 누적된 분노를 한꺼번에 폭발하게 한다.

이다. 불만을 참다 보면 마음[心]의 칼날[刃]이 느닷없이 튀어나와 분노로 휘젓게 된다. "왜 그만한 일을 가지고 버럭 화를 내?"라고 나를 이상한 눈으로 바라보지만 내 가슴은 오래 전부터 '인인인인인(忍忍忍忍忍)' 하며, 시퍼렇게 갈린 칼을 가지고 상처를 내고 있었다. 이렇게 쌓이고 깊어진 상처에 사소한 불씨가 닿아 그 폭탄이 '버럭' 폭발해 버린 것이다. '그만한 일'로 화를 내거나, '안 그러다가 갑자기 화를 내는 것'이 아니라 마음속에 쌓인 다이너마이트가 작은 불씨에 폭발한 것이다.

전통적으로 한국 문화는 감정 표현을 삼가는 것이 미덕이었다. 유치환의 시 '바위'처럼 "애련(哀憐)에 물들지 않고 / 희로(喜怒)에 움직이지 않고 / 비와 바람에 깎이는 대로 / 안으로 안으로만 채찍질 하여" 드디어 두 쪽으로 깨뜨려져도 소리하지 않는 바위의 속성을 아름다운 미덕으로 여겼다. 미국의 인류학자 홀(Hall)의 분류에 따르면 한국의 이런 문화는 전형적인 고맥락 문화(high context culture), 즉 상대의 생각이나 감정을 꼬치꼬치 캐묻지 않고 상대방의 의도를 맥락에 미루어 짐작해야 하는 문화이다. 홀은 중국이 세계에서 가장 고맥락 문화라고 예를 들고 있지만 현대 한국 사회를 잘 들여다보면 중국보다는 한국이 더 고맥락 문화로 보인다. 고맥락 문화는 한국인의 의식 속에 '우리 의식(Weness)'으로 자리를 잡았다. 우리 의식은 개인보다 우리를 더 우선순위에 둔다. 우리 사이에는 말보다 비언어적 의사소통이 더 중요하고 가치 있다고 여긴다. 상황이나 맥락으로 이미 다 알아야 하는데 불만을 굳이 말로 표현해야 한다면 너와 내가 '우리'가 아니라는 것을 의미한다. 한국 사회에는 너도 알고 나도 아는 것은 말할 필요가 없으며, 나아가서 말하지 않은 것도 새

제1부 갈등과 불만 표현_2장 불만 표현 방법

겨서 알아야 한다고 믿는다.

학생들이 학교생활에서 학교를 자기 집처럼 생각해야 한다고 주장하는 것은 너와 나를 가리지 않는 대가족 공동체 '우리 의식'의 발로이다. 같은 학교에 근무하는 교사들끼리 서로 형님, 동생으로 부르는 것도 '우리 의식'의 발로이다. 하물며 신임 교사에게 교장을 아버지처럼 생각하라는 '따뜻한(?) 말씀도 있다. 우리는 모두 한 가족이고, 그래서 학교 집단을 위해 개인의 감정 표현은 삼가는 것이 미덕이고, 대신 주변 구성원들은 서로 살뜰하게 살펴서 서로 아픈 마음을 감싸주어야 한다고 생각했다.

학교 사회 갈등 사례 중에 이런 '우리 의식'이 고스란히 드러나는 사례가 있다. 중요한 과제를 가지고 전체 교사회의 중인데 퇴근 시간이 지났다. 한 젊은 교사가 조심스레 가방을 챙겼다. '아니 중요한 회의 중인데 설마 퇴근하려는 것은 아니겠지?'라는 생각을 하면서 나이 든 교사가 물었다. "화장실 가세요?", "아니요, 퇴근하려고 하는데요." 거리낌 없고 당당한 대답에 경력 많은 교사는 어안이 벙벙해졌다. '중요한 회의 중인데 아무리 퇴근 시간이라고 해서 개인적으로 먼저 가면 안 되지.', '너만 바쁜 일이 있느냐, 가려면 모두에게 양해를 구하고 가야지.', '요즘 젊은 세대들이 우리랑 다르다고 하던데 해도 너무하네.' 우리 의식 속에서 오랫동안 살아온 경력 많은 교사들에게 '우리' 공동체 의식은 거의 무의식적이고 관습적이다. '우리'라는 공동체 의식에 기반을 둔 판단은 너무나 당연해서 절대로 잘못될 리 없다고 생각한다.

그런데 우리 의식을 버리면 이렇게 이해할 수 있다. 짐을 싼 교사는 중요하고 급한 일이 있어서 퇴근 시간에 일어나야 했다. 그래서 퇴근 시간이 다가오자 마음이 초조해지면서 빨리 끝냈으면 하는 불만이 생기기 시작했다. 그리고 고민했을 것이다. '이렇게 퇴근을 하면 남아 있는 교사들에게 원성을 들을 수 있을 거야, 나를 자기만 아는 사람이라고 비난도 하겠지. 그런다고 내가 사적인 사정을 남에게 알려 양해를 구해야 하나? 아니야, 모두 진지하게 회의를 하고 있는데 판을 깨는 것도 이상하잖아. 난 잘못이 없어. 퇴근 시간은 법이 정해준 거야. 아무리 중요한 회의이더라도 퇴근 이전에 끝내야 했어. 퇴근 이후까지 시간이 필요하다면 회의 전에 미리 알려주어야 하는 것 아냐? 그래, 조용히 나가는 것이 좋겠어.' 퇴근 전에 회의를 끝내지 않은 사람들이 잘못한 거라고 생각하는 젊은 교사는 억울하다. '자기들이 잘못해놓고 왜 다들 그런 눈으로 나를 보는 거지?' 우리 의식 속에서만 살아온 경력 많은 교사가 어이없어 하는 생각이 오히려 이해가 안 된다. '우리도 가고 싶어요. 그런데 중요한 우리 학교 일이잖아. 어떻게 자기만 생각할 수 있어.' 이런 일상의 견해 차이와 갈등은 불만을 낳고, 서로의 관계를 어렵게 만든다.

한국 교직 사회에서 '우리' 공동체 의식은 특별한 의미를 지닌다. 전통적으로 교사는 아버지와 같다는 인식 아래 학생은 내 자식과 같다는 관념을 갖도록 강요했다. 군사부일체를 앞세워 교권을 존중하는 대신 교사는 학생에 대한 모든 책임을 져야 하는 것으로 여겼다. 자식의 모든 잘못을 부모의 책임으로 여기는 것과 같이 한국 사회는 교사가 학생들에게 자식과 같은 사랑을 쏟아 붓기를 기대하고 요구했다. 방과 후에 아파트 놀이터에서 벌어진 싸움까지도 교사가 책임을 져야 한다고 생각하는 것도 이런 맥락으로 이해할 수 있다. 학생들 앞에서 자신의 종아리를 회초리로 때리면서 훈계한 교사의 이야기는 훌륭한 스승의 표본이고 미담이었다. 20세기 후반부터 정보화를 거치면서 세계적으로 사회 변화가 극심해지고 한국 사회도 세대 간 소통이 불가능할 정도로 급속하게 변해 가고 있다. 눈빛 하나로 모든 것을 알던 '우리 의식'이 점점 약해지고 가족 간에도 서로 간섭하지 말라는 개인주의가 심화하고 있다. 개인화가 올바른 길이든 아니든 상관없이 디지털은 우리를 개인화의 길로 치닫게 하고 있다. 최지향 옮김(2011)의 『생각하지 않는 사람들』에 의하면 스마트폰이 삶의 중심이 된 1990년 이후 태어난 세대들, 즉 '호모 디지쿠스(Homo Degicus)'라 불리는 인종들의 뇌의 구조는 그 이전 인종인 '호모 로쿠엔스(Homo Loquens)'와 서로 다르다. 호모 디지쿠스에게 개인 중심의 사고와 문화는 그냥 삶이다. 학생의 잘못을 깨우치기 위해 교사가 자신의 종아리를 회초리로 때리면 학생들은 '선생님, 왜 저러지?'라는 반응과 함께 휴대폰을 꺼내들고 동영상을 찍어 자기 인스타그램(Instagram)에 올리는 데 열중할 것이다.

호모 디지쿠스 시대를 살아가는 우리는 자신의 불만을 다른 누군가가 알아주거나 동의해 주길 바라기 어렵다. 한 사람이 겪는 감정과 정서의 어려움은 이제 공동체에 속한 구성원의 공동의 관심사와 문제가 되기 어렵다. 그래서 내가 겪는 갈등이나 불만도 내가 아닌 다른 사람에 의한 해결을 기다릴 수도 없다. 초연결 시대에 우리 각자는 외톨이가 되어가고 내 갈등과 불만은 내가 해결하는 법을 터득해야 한다.

2. 잘못된 불만 해결

일상생활에서 쌓이는 불만을 어떻게 효과적으로 표현할 수 있을까? 가정이나 학교에서 효과적인 불만 표현 방법에 대해 배운 적도 없다. 그래서 건드리기만 해도 폭발할 것 같은 사람들이 많아지고 다양한 불만을 표현하는 방식도 제 각각이다. 가급적이면 서로에게 이익이 되는 방향으로 갈등을 해결하고 불만을 표현하는 것이 바람직하다. 효과적인 불만 표현 방법에 대해 알아보기 전에 먼저 효과적이지 않은 불만 표현 방식들 몇 가지를 살펴 보자.

(1) 눈에는 눈 이에는 이

2019년에 개봉한 영화 '미성년'(김윤석 감독)에서 '주리'라는 학생과 '윤아'라는 학생이 자신들의 엄마와 아빠가 바람이 난 사실을 가지고 옥상에서 대판 싸우다가 학생과로 불려간다. 둘만 있는 상황에서 주리가 윤아에게 "너도 나 한 대 쳐!"라고 말한다. 자신이 때렸으니 상대도 나를 한 대 치는 것으로 해결하자는 뜻이다. 당한 만큼 갚아주면 모든 것이 해결된다고 믿는 것이다. 이런 생각은 영화 속에서만 일어나는 것이 아니다. 한 학생이 실수로 다른 학생을 좀 세게 쳤다. 맞은 학생이 어이가 없다는 듯이 화를 냈다. 그러자 실수를 한 학생이 맞은 학생에게 말했다. "미안해. 실수였다. 너도 나 한 대 쳐." 맞은 학생은 당연하다는 듯이 실수한 학생을 맞은 정도로 세게 한 대 쳤다. 정말 이상한 광경이어서 다른 학생들에게 물어보니 답이 이랬다. "그게 공평하잖아요!" 눈에는 눈, 이에는 이 방식은 다른 해결 방법이 없던 시절에 어쩔 수 없는 것이 아니었을까? 이렇게 공평하면 맞았던 학생의 아픔도 가시고 상대에 대한 불편한 감정이 없어질까?

왜 예전처럼 "미안해. 내가 실수했어."라는 사과로 문제가 해결되지 않을까? 그 사과가 이제는 의례적인 관습처럼 굳어졌기 때문이다. 의례적인 사과는 의례적인 아침 인사처럼 의무적이어서 하지 않으면 상대에게 불쾌감을 준다. 그렇지만 의례적이고 관습적인 사과는 정서적인 공감을 불러일으킬 수 없다. 그래서 의례적인 사과로는 불만 감정이 해결되지 않는다. 불만 감정이 공평하게 합리적으로 갚는다고 해결되지 않는다. 불만은 머릿속에서 합리적으로 계산되지 않는다. 불만 감정은 합리나 이성의 문제가 아니라 가슴에 생채기를 남기는 감정이고 감성이기 때문이다. 그래서 불만은 합리적으로 공평하게 '이에는 이, 눈에는 눈 방식으로 해결할 수 없다. 맞은 학생이 때린 학생을 때린다고 문제가 해결되는 것이 아니다. 서로의 감정만 더 악화할 뿐이다.

(2) 원칙대로 해결했어요

수업 담당 교사가 보강 시간을 조정하다가 한 교사가 몇 시간 연속 수업을 하게 되었다. 그 교사가 이러저러한 어려움 때문에 왜 이런 식으로 수업을 짰는지 불만을 제기했다. 수업 담당 선생님이 그 교사 사정을 모르는 것은 아니지만 그래도 자기로서는 최선을 다했는데 그것도 모르고 자기 입장에서만 불만을 토로하니 좀 억울했다. 그래서 말했다. "이해가 되지만 전 원칙대로 했어요."

원칙대로 처리했다고? 생각해보자. 그러면 불만을 토로한 교사와 수업 담당 교사는 갈등이 해결되었을까? 두 교사 사이의 불편한 관계가 불만 이전으로 회복되었을까? 불만을 토로한 교사는 원칙만을 가지고 자신의 불만을 토로했을까? 대부분 그렇게 갈등이 해결되지 않는다. 아마 불만을 가진 교사도 원칙대로 수업이 짜인 것은 알고 있었을 것이다. 그 원칙을 알고, 그 원칙에 따라야 하는 것도 알지만 그래도 이런 생각이 든다. 왜 내 입장은 고려가 안 되는 거야? 왜 내가 이런 불편을 감수해야 하는 거지? 그래서 불만이 생길 수 있다.

불만을 원칙으로 설명할 때는 대화로 해결할 수 있는 방법이 전혀 없을 때이다. 상대가 내 이야기를 듣지 않고 일방적으로 소리만 지를 때, 원칙을 무시하고 자기 아이편만 들어달라고 우길 때, 분명한 행정 절차를 무시하고 자기 해결책만 주장할 때 등등. 위의 두 교사처럼 적어도 상황 이해가 대화로 가능할 때는 문제의 '원칙' 이야기를 먼저 꺼내면 안 된다. 그 원칙이라는 말이 등장하는 순간, 자신의 불편함을 가지고 호소하려던 교사는 수업 담당 교사를 향해 '그래 너는 너고, 나는 나야!'라는 생각이 들 수밖에 없다. '원칙대로 잘 했어. 그런데 왜 하필 불이익 당하는 게 나야? 나는 당신 싫어.'라는 생각을 갖게 된다.

제1부 갈등과 불만 표현_2장 불만 표현 방법

(3) 참는 것이 미덕이다

중요한 교사회의 중에 올해 전입해 온 젊은 교사가 나가려고 가방을 싼 이야기를 다시 해 보자. 퇴근 시간이라고 짐을 싼 교사를 두고 다들 수군거린다. 하고 싶은 말들이 많다. "뭐, 저런 선생이 다 있어? 지금 중요한 회의 중이잖아. 우리도 퇴근 시간 잘 알아. 우린 뭐 안 가고 싶어?" 그런데 먼저 간 교사에 대해 공개적으로 불만을 토로하는 것이 어렵다. 불만을 토로하게 되면 그 불만의 정당성보다는 '누가 그랬어?'가 관심의 대상이 되기 때문이다. 괜히 내가 나섰다가 서로 좋은 관계를 깨기 싫다. '그래 참는 게 미덕이야, 참자, 참아.'

어이없지만 참고 참아서 불만이 쌓이고 쌓인 어느 날 그 일과는 상관없는 아주 사소한 일에서 불만 폭탄이 터진다. "내가 당신 회의 중에 혼자 퇴근할 때부터 알아봤는데 말이야. 사람이 그러면 안 돼!" 돌아온 답은 이렇다. "왜 그 이야기를 꺼내세요? 난 퇴근 시간에 가야만 하는 중요한 일이 있었고, 퇴근 시간 전에 업무를 끝내야 하는 거 아니에요? 그때 그 일 때문에 지금 나한테 이러는 거예요? 그 일하고 이 일하고 무슨 상관이 있죠?" 갈등과 불만이 있을 때는 그 때 그 사건만 가지고 대화로 해결을 해야 한다. 불만 상황을 참다가 나중에 모아서 폭발하고 상대의 인격까지 문제 삼는 것으로는 갈등이 해결되기보다 증폭하게 된다.

3. 불만 표현의 구조

불만으로 인한 갈등을 대화로 해결하기 위해서는 불만 표현의 구조를 알아야 한다. 어디서 불만이 생겼는지, 다시 말해 갈등의 직접적인 원인이 무엇인지를 파악해서 그 원인을 해결해야 하기 때문이다. 불만 표현의 구조를 한 예를 들어 설명해 보자. 학생에게 지각하면 안 된다고 알아듣게 주의를 주었음에도 불구하고 또 지각을 한 이런 상황을 생각해 보자.

1 교사 : 또 지각이야? 너 내가 왜 지각하면 안 되는지 말해줬지? 내 말을 못 알아들은 거야?

2 학생 : 알아들었어요.

3 교사 : 알아들었다면서 또 지각을 해? 다시 설명해 줘?

4 학생 : (얼굴을 돌리고 짜증을 내는 말투로) 알아들었다니까요.

5 교사 : (화가 나 목소리를 높이며) 아니, 너 지금 잘못해 놓고 나한테 대드는 거야?

6 학생 : 내가 언제 대들었다고 그러세요?

7 교사 : 네가 얼굴을 외면하고 짜증나는 말투로 말했잖아. 그게 나한테 대든 거야?

8 학생 : (반 전체 학생들을 둘러 보며) 야, 내가 지금 선생에게 대드는 거 본 사람 있어? 본 사람 있으면 나와 봐! 봐요, 없잖아요. 내가 언제 대들었다고 화를 내요?

이런 상황이 벌어지게 되면 교사는 '내가 뭐 하러 교사를 하는 거야? 아, 싫다.'라는 느낌이 들게 된다. 학생을 지도하는 교사로서만 아니라 인간적으로도 자괴감을 느낀다. 학생과 감정적 말싸움을 하면 교사는 이기고 지는 것 상관없이 이미 많은 것을 잃게 된다. 논리적으로 교사가 학생을 말로 따져서 꼼짝 못하게 하더라도 그 학생과는 더 이상 바람직한 사제 관계는 기대할 수 없다. 그렇다고 5의 교사 대화처럼 불만을 차분하게 대화로 풀기 이전에 교사의 감정적 반응이나 혹은 학생의 잘못을 일방적으로 추궁하게 되면 자칫 의도하지 않은 불미스러운 일이 생겨날 수도 있다. 말로 논리 싸움을 할 것이 아니라 학생이 이렇게 항변하는 의도가 무엇인지를 파악해서 그 숨은 의도에 적절하게 대응해야 한다. "왜 약속은 꼭 지켜야 하는 건데요? 선생님도 지난번에 약속 어겼잖아요." 학생이 이렇게 항변하더라도 교사가 약속을 어길 수밖에 없었던 사정을 해명하거나 약속의 중요성에 대해 강조하는 말로 대응을 해서는 안 된다는 것이다.

대개의 경우 불만 표현은 언어 표현의 문제가 아니라 그 불만 표현 속에 담긴 의도의 문제라는 점에 주의해야 한다. 불만을 표현하는 것과 의도적으로 화를 내는 경우는 전혀 다른 차원의 문제라는 것이다. 자꾸 지각하는 학생에게 오늘은 화를 내 무섭게 해서 다시는 지각을 못하도록 버릇을 단단히 고쳐야 하겠다는 의도로 화를 내는 경우는 그 의도가 교육적으로 적절한지 아닌지를 따져보아야 한다. 학부모인 내가 학교를 찾아가 교무실에서 소리를 질러 화를 내면 교사들은 그 상황을 피하기 위해 적극적으로 내 말을 듣는다고 생각하고 의도적으로 화를 내는 학부모가 있다면 단순히 대화로 대처할 문제가 아니다. 이런 경우에는 "저도 이 문제를 해결하고 싶지만 지금 부모님이 다짜고짜 화를 내시니 저도 무슨 말을 할 수가 없네요."라고 상황을 피하든지 다른 해결책을 찾아야 한다. 여기서 다루는 불만 표현은 '나도 모르게, 갑자기, 그냥' 불만이 생겨나서 이 갈등을 해결하고 싶을 때의 불만 표현이다. 그래서 나를 화나게 하는 말을 들을 때는 언어적 의미만 들어서는 안 된다. 이창덕 외(2000) 『삶과 화법』에서 "우리의 의사소통에서 언어적 의미가 차지하는 비율은 정작 7%밖에 안 된다. 말투나 음색 등 준언어적 의미와 눈빛이나 표정, 제스처나 몸자세 등 비언어적 의미가 93%나 차지한다. 이런 비언어적 의미를 통해 상대는 자신의 의도나 기분을 드러낸다."고 했다. 따라서 권순희 외 역(2015)은 『듣기로 찾는 행복』에서 상대의 말을 들을 때는 언어적 의미와 함께 상대의 의도나 마음, 그리고 기분이나 느낌을 함께 들어야 한다는 점을 강조한다. 언어의 의미에 담긴 상대의 마음과 기분까지 고려하면서 들어야 상대의 의도를 온전히 들을 수 있다는 것이다.

다음으로 불만이 표출되는 경우 그 원인과 맥락이 다양할 수밖에 없는데 해결 방식도 그에 따라 달라져야 한다는 점을 인식해야 한다. 예를 들어, 학생은 시내버스가 고장이 나서 늦었다든지, 혹은 이번에 지각하는 학생이 시험을 치르지 못해 학생에게 큰 손해가 된다든지 하는 경우 갈등의 원인과 해결 방법은 다를 수밖에 없다. 위의 대화에서 갈등은 '알아듣다'는 말의 의미가 교사와 학생 간에 서로 다른 데서 기인할 수도 있다. 교사가 의미하는 '알아듣다'는 그 말대로 행한다는 것이고 학생의 의미는 그 말을 이해했다는 것일 수 있다. 교사는 알아들었으니 그대로 행하지 않아서 문제가 된다고 생각하는 반면 학생은 그 말은 충분히 이해했지만 내가 일이 있어서 지각할 수도 있다고 생각하는 의미 해석의 차이에서 비롯될 수 있다. 우리말에서 '듣다'는 말은 단순히 '소리를 듣다, 말을 이해하다'라는 의미가 아니라 '행한다'를 의미하는 경우가 많다. 특히 교육적인 상황에서는 '듣다'는 말은 '가르침대로 행한다'는 뜻으로 사용된다. "선생님 말씀을 잘 들어야 한다. 네 생각대로 하지 말고 내 말 좀 들어라."는 말에서 '듣다'는 분석적이고 논리적으로 따져 들으라는 뜻이 아니고 그 말씀대로 순종해야 한다는 뜻이다. 그래서 다양한 상황에서 발생하는 갈등을 어떤 한 가지 방법으로 해결하려 해서는 안 된다. 여기에서 제시하는 방법들도 원리적 차원의 해결책이기 때문에 상황 맥락을 고려하며 적절하게 적용해야 한다.

위의 대화 상황을 예로 들면서 불만 표현의 구조에 대해 살펴보도록 하자. 갈등을 해결하기 위해서는 무엇보다 갈등의 원인을 제대로 파악해야 한다. 열이 나면 해열제를 통해 열을 식히는 것도 중요하지만 열이 난 근본적인 원인을 찾아 그 원인을 해결해야 한다. 불만이 생기는 것도 불만이 생기는 원인을 찾아 그 원인을 해결해야 한다. 위의 대화에서 갈등의 원인은 무엇일까? 나는 왜 화가 났을까? 갈등의 직접적인 원인을 파악하기 위해서는 먼저 어느 지점에서 갈등이 유발되었는지를 확인해야 한다. 위의 상황에서는 학생에게 지각하면 안 된다고 여러 번 말을 했는데도 학생이 지각을 해서 화가 났다고 생각하기 쉽다. 그러나 실제로는 학생의 지각이 갈등의 직접적인 원인이 아니다.

1 교사 : 또 지각이야? 너 내가 왜 지각하면 안 되는지 말해줬지? 내 말을 못 알아들은 거야?

2' 학생 : 잘못했습니다. 일찍 나왔는데 버스가 사고를 내는 바람에 늦었습니다. 다음부터는 좀 더 일찍 나와서 지각을 하지 않도록 하겠습니다. 죄송합니다.

학생이 이렇게 나오면 교사의 감정 폭발이 생기지 않았을 것이고, 불미스러운 대화적 갈등과 충돌이 생겨나지 않았을 것이다. 교사는 2' 발화와 같이 학생이 당연히 잘못을 인정하고 사과했기를 바랐을 것이고, 그렇지 않아 학생의 2번 대화 때부터 불만들이 생겨났을 것이다. 갈등을 직접적으로 유발한 문제 대화는 학생의 대화 4이다. 교사는 이 대화를 듣고 화가 나서 5번처럼 감정적 대응을 했다. 교사가 화가 난 이유는 지각 때문이 아니라 얼굴을 외면하고 짜증을 내는 말투 때문이다. 학생이 지각해서 잘못하고 교사에게 대든다고 생각해서 기분 나빠진 것이다. 그리고 지각하고 늦은 것이 문제가 아니라 교사의 감정이 해결해야 할 갈등의 원인이다.

김인자 역(2004)은 『인간관계와 자기표현』에서 이것을 일차적 감정과 이차적 감정으로 나누어 설명한다. 위의 예에서 교사는 '나에게 짜증을 내'에서 추론할 수 있듯이 학생이 교사의 권위를 무시했다는 느낌이 들어서 화를 낼 수 있다. 이 경우 '교사의 권위를 무시하는 느낌'은 일차적 감정/판단이고, 화를 내는 것은 이차적 감정이다. 이러한 관계를 그림으로 보이면 다음과 같다.

문제 사실	일차적 감정/판단	이차적 감정	불만 표현
얼굴을 외면하고 짜증을 내는 말투	교사로서의 내 권위가 무시 당하는 느낌	화가 남	너 잘못해 놓고 나한테 대드는 거야?

나에게 화가 치민 것(이차적 감정)은 교사로서의 내 권위가 무시당했다는 느낌(일차적 감정/판단) 때문이다.

만약 내가 그런 느낌을 받지 않았다면 화가 생기지 않았을 것이다. 예를 들어, '이 학생은 본래 그런 학생이어서 어떤 교사에게나 늘 이런 식이야.'라고 생각했다면 차라리 어쩔 수 없는 교육 환경을 탓하면서 이 학생에게 화가 치밀지는 않았을 것이다. 이 상황에서 해결해야 하는 갈등의 초점은 학생이 '얼굴을 돌리고 짜증을 내는 말투로' 한 말에 교사로서의 내 권위를 무시하려는 의도가 있었느냐이다.

학생이 대들었다는 사실을 전제로 학생의 잘못을 계속 추궁할 것이 아니라 이런 일차적인 감정을 갈등의 원인으로 파악하여 이 문제를 해결하면 이런 상황의 갈등은 대화로 해결할 수 있다. 만약 이 학생에게 그런 의도가 있어서 교사에게 대들었다면 이 문제는 교사의 불만 표현으로 해결될 문제가 아니다. 전혀 다른 차원의 교육적인 조치가 필요하다. 그런데 짜증낸 학생 입장에서는 충분히 알아들었는데도 계속 추궁하는 것에 혹은 여러 학생들 앞에서 나를 꼼짝 못하게 하려는 것 같아서, 아니면 교문에서 들어오면서 이미 지각 건으로 심하게 혼이 나 있는 상태여서 자신도 모르게 짜증이 났을 수 있다. 다시 말해, 교사의 권위를 무시하려는 의도는 전혀 없었을 수 있다. 더구나 이 학생은 자신이 짜증을 낸 것에 대해서는 스스로 잘못했다고 생각하고 있지만 적어도 교사에게 대들려는 의도는 없었을 수 있다.

다음으로 불만을 표현하는 일반적인 언어적 구조도 살펴볼 필요가 있다. 이 언어적 행위 구조를 파악하지 못하면 문제의 갈등이 해결되지 않기 때문이다. 갈등 표현은 대체로 '사실과 사실에 대한 내 평가나 판단'으로 구성된다.

 (목소리를 높이며) 아니, 너 잘못해 놓고 나한테 대드는 거야?

'너 잘못'은 사실이다. 어쨌든 학생은 지각을 했고, 이것은 네 잘못이다. 그런데 여기에 '왜 나한테 대드는 거야?'는 잘못한 사실에 대한 내 판단이다. 사실은 얼굴을 외면하고 짜증나는 말투로 한 학생의 말에 대한 교사의 판단이지만 학생 입장에서는 선생님께 대들 의도로 행한 항의 행위는 아닐 수 있다. 이런 불만 표현의 양상과 전개 구조는 주변에서도 쉽사리 찾아볼 수 있다.

(1)　A : 다짜고짜 소리를 지르면 내가 겁낼 것 같아요?

　　　B : 내가 언제 겁내라고 했어요?

　　　A : 그럼 그게 겁내라는 거지 뭐예요?

(2)　A : 회의 중인데 먼저 가버리다니 어떻게 그럴 수 있어요?

　　　B : 그럴 만하니까 그런 거죠. 왜 무조건 화부터 내요?

　　　A : 그럼 그게 화낼 만한 일이 아니에요?

(3)　A : 아무 상의도 없이 그런 결정을 하다니 내가 허수아비예요?

　　　B : 내가 언제 허수아비라고 했어요?

　　　A : 그게 나를 허수아비 취급한 것이지 아니에요?

　위의 (1)~(3) 대화에서, '다짜고짜 소리를 지르다, 회의 중인데 먼저 가버리다, 아무 상의도 없이 그런 결정을 하다'는 사실이다. 그리고 '나보고 어쩌란 거예요, 어떻게 그럴 수 있어요, 내가 허수아비예요?'는 사실에 대한 내 평가나 판단이다. 그런데 갈등이나 다툼대화에서 보면, 화자는 대체로 사실보다는 그 평가나 판단에 반응한다. 이런 식이 되면 '그럼 그게 겁내라는 거지 뭐예요, 그럼 그게 화낼 만한 일이 아니에요, 그게 나를 허수아비 취급한 것이지 아니에요'와 같이 말꼬리 잡고 싸움이 일어나고 정작 해결해야 할 갈등의 핵심 요소는 대화에서 사라져 버린다. 그래서 '다짜고짜 화를 낸 잘못, 회의 중인데 먼저 가버리는 잘못, 아무 상의도 없이 그런 결정을 한 잘못'에 대한 화제에서 벗어난 감정싸움이 된다. 이런 감정적 충돌이 일어나면 대화로는 갈등이 해결되지 않는다.

4. 불만 표현 방법

어떻게 해야 이런 불만과 갈등을 효과적으로 해결할까? 우선 여기서 제시되는 감정, 특히 불만 표현의 방식은 다음 몇 가지를 전제로 이해해야 한다. 첫째, 감정 표현의 방식은 화자, 청자, 상황에 따라 특히 두 사람의 관계에 따라 다르다는 것이다. 모든 경우에 동일하게 적용될 수 있는 감정 표현 방식은 없다. 둘째, 여기서 제시되는 감정 표현은 감정의 표현 자체가 목적이 아니라 그러한 불만을 야기하게 한 문제를 해결하려는 목적으로 이루어진다는 것이다. 갈등을 야기한 문제에 초점을 맞추지 않고 감정적으로 화를 내는 것은 갈등 해결을 위해서 좋은 방식이 아니다. 하지만 내가 느끼는 감정을 상대에게 전달함으로써 상대와 더불어 삶을 공유해 가기 위한 목적이라면, 그래서 불만이 생기게 된 근본적인 원인을 해결하기 위한 것이라면 전달될 필요가 있다. 감정을 전달하지 않는 편이 오히려 두 사람의 관계에 도움이 되는 때도 물론 있다. 그러한 판단은 여러 가지 상황을 종합적으로 판단해야 한다.

이런 전제 아래 불만 표현의 일반적인 방법 몇 가지로 정리해 볼 수 있다.

(1) 행동이 아니라 대화로 해결해야 한다

불만 상황이 생기면 객관적 사실보다는 화가 먼저 치밀고, 화는 스스로 감정 조절을 어렵게 한다. 그래서 홧김에 비합리적인 행동을 하기 쉽다. 30분 늦은 남자 친구에게 목소리를 높여 화를 내는 것이나, 콧방귀를 꾸는 행동, 일어서서 책상을 탁 치는 행동, 소리를 지르는 행동 등은 감정의 표현이라기보다 홧김에 하는 행동이다. 이런 행동들은 쌓인 스트레스를 해소하는 데는 도움이 될는지 모르지만 갈등을 해결하는 바람직한 방식은 아니다. 홧김에 한 행동들은 이성적으로 제어가 안 되기 때문에 후회스런 결말을 만들게 되고, 상대에게 씻을 수 없는 감정의 상처를 남기기 쉽다. 그래서 감정에 치우쳐 홧김에 하는 행동은 또 다른 갈등의 불씨가 되고 관계는 점점 더 악화하게 된다.

홧김에 어떤 말이나 행동을 해서 갈등이 해결되는 것처럼 보이는 경우도 있지만 그런 갈등 해결은 갈등의 문제를 근본적으로 해결하지 못한다. 다만 상대가 홧김에 하는 행동들이 무섭거나 피하고 싶어서 갈등의 원인을 해결하지 않는다면 표면적으로 해결된 것처럼 보이지만 마음 속의 다이너마이트를 저장하는 것이다. '그래 알았어. 내가 잘못했어. 무조건 내가 잘못했어.'라는 태도를 보이지만 이런 잘못 인정은 단순히 그 자리를 모면하기 위한 것이어서 상대가 구체적으로 그런 말을 하는 나에 대해 어떤 느낌을 가지는지, 그리고 왜 그런 느낌을 갖는지에 대해 명확히 알지 못하기 때문에 문제를 해결했다기보다 내 마음의 병이 깊어지는 것이다. 상대에 대한 두려움이나 그 상황을 모면하고자 하는 심리는 일종의 부담감으로 작용한다. 이런 부담감은 또 다른 감정적인 문제를 야기한다. 내가 잘못했더라도 상대가 그것을 가지고 화를 내는 것은 언제나 기분 좋은 일이 아니기 때문에 마음속으로 언제든지 상대에게 보복할 기회를 찾기 마련이다.

갈등 상황에서 원칙이나 법, 규정을 강조하는 것은 일종의 위협 행위가 될 수 있다. 우리 의식이 배어 있는 우리 말 문화에서 "법대로 합시다."라고 말하는 것은 "당신은 대화로 해결하지 못할 사람이야."라는 경고의 메시지를 담고 있다. 교육에서도 규정은 마지막 수단이다. 규정에 의한 처벌을 강조하는 교육의 문제점을 잘 보여준다고 생각되는 영화가 있다. 2004년 개봉한 프랑스 영화 '코러스(Les Choristes)'이다. '푸른 연못'이라는 보육원 기숙학교에서 출세 지향적인 교장이 내세운 교육 방침이 '액션-리액션'이었다. 하지만 한 교사가 이 방침을 어기고 모든 학생들에게 합창을 가르쳐 진정한 교육을 시킨다. 결국 리액션이 통하지 않는 한 학생이 돈을 훔쳤다는 누명을 쓰고 학교를 벗어난 다음 이 학교에 방화를 해 학교가 문을 닫게 되면서 교장이 학교에서 물러나지만 학생들은 훗날 성공적인 삶을 살게 된다는 이야기이다. 법과 규정에 의한 처벌 원칙이 필요한 상황도 물론 있고 규정에 의한 처벌이 합리적으로 생각될 수도 있다. 그래서 학교에는 학교폭력위원회나 교사인권위원회와 같은 위원회가 필요하고, 학생의 잘못에 따라 대처할 수 있는 학생지도 매뉴얼도 필요할 수 있다. 그러나 그 이전에 학교에는 상호 이해를 바탕으로 한 대화를 통한 교육이 있어야 한다. 대화로 해결할 수 있는 학생에게 한 번만 더 지각하면 벌점을 주겠다는 경고는 일종의 위협적인 행동이다. 걸리면 매를 때리던 시절에는 매를 피하기 위해 문제 행동을 하지 않았던 것과 마찬가지이다. 학교가 규정(잘못에 대한 처벌)을 강조하다 보면 자연스레 규정에 의한 처벌이 전혀 두렵지 않은 학생들이 등장할 수밖에 없다. 법과 규정에 있는 처벌로 갈등과 불만 문제를 해결하는 것은 눈에는 눈, 이에는 이의 방식과 크게 다르지 않다. 그런데 규정의 처벌

제1부 갈등과 불만 표현_2장 불만 표현 방법

로 문제를 해결하다 보면 대화로 문제를 해결하려는 의지를 잃게 되고, 상호간에 신뢰도 잃기 쉽다. 물론 학생과의 인간적인 관계 형성도 어렵게 된다. 문제 사태로 인한 갈등을 법과 규정으로 처리하기 이전에 상호 이해를 바탕으로 한 대화를 통해 해결하려는 노력이 진정한 교육을 만들어 갈 수 있다.

(2) 일차적인 감정과 판단을 전달하라

불만의 구조에서 지적했듯이 불만이 생기게 되는 구조에는 일차적인 감정과 이차적인 감정이 있다. 장염 때문에 열이 나면 우선 해열제로 열을 낮추지만 장염을 해결해야 열이 사라진다. 문제 사태 때문에 불만이 생기면 불만 때문에 화가 생기지만 이 화를 해결하기 위해서 일차적인 감정을 통해 불만의 원인을 해결해야 하는 것과 마찬가지이다. 불만으로 인한 이차적인 감정인 화는 내가 제어할 수 없는 몸의 반응이다. 이런 몸의 반응을 억지로 참게 되면 화병이 생긴다. 그러나 왜 이런 불만이 생겼는지 일차적인 감정은 내가 이성적으로 따져보고 정리하면 알 수 있는 감정이다. 문제는 대개 화가 나게 되면 '그냥 화가 났다'고 생각하지 화가 나게 되는 일차적인 감정이 무엇인지에 대해 제대로 인식하지 못한다는 점이다. '그냥 어떠어떠한 감정이다'는 표현은 오해의 소지가 많은 표현이다. 이런 표현을 자주 사용하게 되면 사고와 감정이 발전할 수 있는 기회가 없어지고, 부정적인 표현의 경우에는 그 부정적인 문제를 회피하는 것 이외에는 해결이 어렵게 된다. 책을 읽고 난 소감을 물으면 학생들은 "그냥 재미있다, 그냥 좋다."라고 말한다. 그러나 이런 표현은 나로 하여금 재미있게 만드는 무언가나 좋게 만드는 무언가에 대한 실체에 대한 분석과 이해 과정이 없는 표현이다. '그냥 화가 난다'는 감정도 마찬가지이다. 이런 표현은 나로 하여금 화가 나게 하는 실체를 감추게 한다.

급히 결재해야 할 문서가 있어서 교장 선생님을 기다리면서 세 번이나 확인했는데도 교장 선생님은 자리에 없고 전화조차 안 되어서 짜증이 났다고 하자. 짜증은 내가 의도적으로 선택한 것이 아니라 몸이 반응한 것이니 이차적인 감정이다. 그러면 왜 짜증이 났을까? 그냥? 아니다. 무언가 일차적인 감정이 있다. '오늘 처리 못하게 되면 문제가 생겨 조급해서, 내가 미리 결재를 하지 못한 것이 후회가 되어서, 교장실을 기웃거리는 내가 초라해보여서, 일과 시간에 결재를 못하면 일과 후에 전화를 해야 하는 것이 싫어서' 등등 무언가 일차적인 감정이 있는 것이다. 그런데 우리 모두는 대체로 그 일차적인 감정이 무엇인지에 대해 특별히 관심을 두지 않는다. 불만스런 상황이 발생하면 그냥 짜증이 나는 것이다.

불만 표현을 통해 갈등을 해결하기 위해서는 그 불만의 일차적인 감정이 무엇인지 따져보는 연습이 필요하다. 일차적인 감정을 정확하게 파악하지 못하면 열이 날 때마다 해열제를 먹는 것과 마찬가지로 갈등을 유발한 문제 사태는 해결되지 않을 것이고 같은 갈등이 생겨날 때마다 나는 화를 감수해야 한다. 불만이 생길 때마다 설령 일차적인 감정을 전달하지 않더라도 불만의 일차적인 감정이 무엇이었는지 살펴보는 습관을 들여야 한다. 그래야 나의 일차적인 감정을 제대로 성찰할 수 있는 능력이 생긴다.

그리고 이러한 성찰은 내가 그 문제 사태에서 꼭 그렇게 생각해야 했을까를 반성할 수 있는 계기가 되게 된다. 정미나 옮김(2018) 『인생학교: 정신-온전한 정신으로 사는 법』에서는 '내 안에 있는 또 다른 나를 관찰하기'를 철저히 하고, 감정 자체가 되지 말고 감정을 바라보는 능력을 갖출 것을 강조하고 있다. 자기 내면을 들여다보고 감정을 관찰하는 것만으로도 감정에 휘둘리지 않고, 감정을 억압하거나 부인하지 않고 감정의 회복력을 높일 수 있다고 강조한다. 앞의 지각한 학생의 예를 들어 보면, 이 학생이 다른 이유 때문에 짜증이 날 수 있고, 짜증을 제어할 수 없는 상태일 수 있는데 얼굴을 외면하고 짜증난 말투로 대답했다고 해서 이 학생이 교사인 나의 권위를 무시했다는 느낌을 받아야만 했을까를 내적 성찰을 통해 내 감정을 객관적으로 평가해 보는 것이다.

갈등 해결을 위해서 굳이 일차적인 감정을 전달해야 하는가? 이차적인 감정은 몸이 반응하여 표출되는 것이지만 일차적인 감정은 이성적인 판단에 따른 것이다. 이차적인 감정은 상대도 금방 파악을 하지만 일차적인 감정은 '내 감정'이고 '내 판단'이기 때문에 상대가 제대로 알 수 없다. 내가 말하지 않으면 상대는 내가 왜 화가 났는지 알지 못하는 경우가 많다. 그래서 일차적인 감정은 상대에게 알려주어야 한다.

일차적인 감정을 전달할 때는 갈등의 해결을 목적으로 전달해야 한다. 일차적인 감정 전달 방법으로 상대의 행동에 대해 내 느낌을 전달하는 방법으로 잘 알려진 '나 전달법(I-message)'을 활용하면 좋다. 나 전달법은 너를 비판하거나 비난하지 않고 그냥 내 감정만 전달하면서 내 바람을 덧붙인다. 나 전달법이 좋은 것은 너나 너의 행동에 대한 판단이나 평가가 없다는 점이다. 그리고 나의 바람을 받아들일지 아닐지는 전적으로 상대가 판단하는 방식이어서 감정을 악화시키지 않는다.

(3) 갈등 해결에 적절한 때와 장소를 택하라

갈등 상황이 발생하면 갈등을 일으킨 문제를 해결하기 위해서는 무엇보다 양자가 문제를 해결하고자 하는 공동의 의지가 바탕에 있어야 한다. 갈등 상황에서 단순히 스트레스를 해소하기 위해 감정을 표현하거나, 그 일로 인해 상대를 제압하기 위해 불만 감정을 표현하는 것이 되어서는 안 된다. 문제를 바람직한 방향으로 해결하고 싶다는 공동의 인식이 조성되지 않으면 어떤 경우든 불만은 또 다른 불만을 야기하게 되기 십상이다. 따라서 불만 감정의 전달은 먼저 문제 해결에 대한 공동의 인식이 조성될 수 있는 적절한 때와 장소에서 이루어져야 한다.

갈등과 불만이 생겼을 때 그 자리에서 일차적 감정/판단을 문제를 악화하지 않으면서 전달하는 것은 대단한 정신적 내공을 필요로 한다. 불만이 생기게 되면 나는 화라는 이차적 감정에 집중할 수밖에 없게 되어 일차적 감정/판단을 전달할 때도 화난 감정이 전달되게 된다. 상대도 내가 화가 났다는 것을 알기 때문에 어지간해서 나의 일차적 감정/판단을 냉정하게 받아들이기 어렵다. 그래서 비록 내가 일차적 감정/판단을 전달해도 상대는 자기방어적인 태도를 취한다. 더구나 상대가 자신의 잘못 때문에 내가 상처를 받았다는 것을 이미 알고 있는 상황에서 내가 그 잘못을 환기시켜 주면 상대는 본능적으로 자기방어 태도를 취하고 자기 잘못을 변명하거나 반격하게 된다. 그래서 아주 친밀한 사이가 아니라면 불만이 생긴 그때 그 자리에서 일차적 감정/판단을 표출하는 것은 피하는 것이 좋다. 둘 다 감정적으로 안정을 되찾았을 때 차분하게 나 전달법으로 그때 섭섭했다, 그래서 화가 났다 등의 감정을 표현하는 게 좋다.

불만 감정을 표현할 때 장소도 잘 선택해야 한다. 불만을 표현하기에 어떤 장소가 좋을까? 사람들에게는 누구나 공적인 이미지(public image)와 사적인 이미지(private image)가 있다. 김인자 역(2004) 『인간관계와 자기표현』에 따르면 공적인 이미지와 사적인 이미지 모두 스스로 생각하는 이미지인데, 공적인 이미지는 다른 사람들이 나를 어떤 사람으로 보아줄 것인가에 해당하는, 즉 다른 사람들의 눈에 비친다고 자신이 판단하는 이미지이고 사적인 이미지는 자기 자신이 스스로에 대해 생각하는, 즉 자신의 눈에 비친 자신의 이미지다. 사적인 이미지는 공적인 이미지와 같을 수도 있고 다를 수도 있다. 공적인 이미지와 사적인 이미지가 같든 다르든 사람들은 공적인 이미지를 좋게 하기 위해 노력하고, 만약 공적인 이미지가 손상 받을 위험에 처해지게 되면 본능적으로 방어적인 자세를 취하게 된다.

불만 표현의 장소로 적합한 곳은 상대의 공적인 이미지가 손상 받지 않을 장소여야 한다. 한 신입 사원의 예를 들어 보자. 김 과장은 늘 여사원들에게 개인적인 심부름을 시킨다. 새로 입사한 김 대리는 이에 대해 불만을 가지고 있었으면서도 다들 가만히 있으니 자신도 군말 없이 심부름을 해왔다. 여 사원들끼리 모이면 언제나 김 과장의 그런 태도는 불평 거리로 등장했다. 모두 이 문제를 해결해야 한다고 입을 모았다. 어느 아침 그렇잖아도 집에서 기분 나쁜 일이 있었는데 아침에 오자마자 김 과장이 개인적인 심부름을 시켰다. 김 대리는 자신도 모르게 화가 치밀어 올라 모든 사람이 다 듣도록 소리를 높였다.

"과장님, 옛날부터 제가 이 이야기를 하려다가 인제 입사해서 참았는데요. 과장님은 내가 심부름꾼으로 보이세요. 저도 당당하게 입사 시험 합격해서 들어왔단 말이에요."

모두의 시선이 두 사람에게로 쏠렸다. 이 상황에서 김 과장의 반응은 어떠했을까? 그리고 이런 문제의 해결을 위해 노력을 해야 한다고 늘 목소리를 높여 왔던 다른 여사원들의 태도는 어떠했을까? 김 과장은 느닷없는 반격에 어리둥절할 것이다. 김 과장은 갑자기 태도를 바꾸어 공식적으로 이렇게 사과를 할 수 있다.

"아, 그래요. 저는 김 대리님께서 아무 말이 없어서 그 문제에 그렇게 불만이 많은 줄 몰랐어요. 불만이 있었다면 내가 사과하죠. 진작 말씀해 주셨으면 제가 그런 실수를 하지 않았죠. 자, 김 대리, 그럼 이제 됐죠."

다른 사원들은 대체로 남의 일인 양 자기 일에 열중하면서, '그래 김 과장이 나빠. 언젠가는 이런 일이 터지리라고 생각했어. 김 대리 대단해.'라고 생각은 하지만 함께 김 과장을 욕했던 직원들마저도 김 대리를 거들지 않는다. 이 상황에서 김 대리를 거들면 그 내용의 타당성을 떠나서 누가 김 대리를 거들었는가가 중요한 문제가 될 수 있기 때문이다.

　그런데 이런 사과를 한 김 과장은 정말 사람이 변할까? 사람은 쉽게 변하지 않는다. 익숙한 잘못은 의식적인 노력으로도 해결되기 어렵다. 그럼에도 불구하고 왜 사과를 했을까? 김 과장은 모든 부하 직원들 앞에서 내가 부하 직원들의 말을 경청하는 사람이고 수용하는 사람이라는 이미지를 보여주고 싶었을 것이다. 자기 나름으로 의식 있는 상사인 것처럼 말을 했지만 여러 사람들 앞에서 부하 직원에게 공격을 받았기 때문에 공적인 이미지가 손상당했다고 생각한 김 과장은 이를 만회하기 위해 노력할 것이다. 김 대리가 보는 앞에서 위협적으로 다른 직원들에게 "내가 그렇게 나쁜 사람이었어?"라고 물어볼 수도 있고, 여전히 다른 부하 직원에게 심부름을 시키면서, "싫으면 안 해도 돼?"라는 말을 덧붙일 수도 있다. 그리고 언젠가 기회가 되면 김 대리에게 보복하여 자신의 공적 이미지를 만회할 기회만 엿볼 수도 있다.

　동생 앞에서 형을 나무라지 않는 이유도 이런 이유다. 특히 청소년들은 또래 집단에게 자신이 어떻게 비칠지에 대해 매우 민감하다. 그래서 이른바 학교 '짱'들은 다른 학생들 앞에서 추궁당하면 방어적인 자세를 취하기 마련이다. 교과 선생님이 담임 선생님이나 내가 좋아하는 선생님 앞에서 나를 혼내는 장면을 그려 보아라. 교장, 교감, 부장 선생님은 물론 동료 교사나 학부모도 마찬가지로 공적인 이미지가 손상당할 위험에 처하면 본능적으로 방어적 자세를 취하게 된다. 상대가 방어적인 자세를 취하면 갈등 해결에 적극 참여하기가 어렵게 된다. 그래서 상대의 공적인 이미지가 손상당하지 않을 장소를 택해야 한다. 흔히들 "솔직하게 말해 줘."라고 말하지만 여러 사람이 보는 앞에서, "그래, 네가 솔직하게 말을 해 달라고 하니까 하는 말인데. 그때는 네가 너무 심했어. 나도 네가 이상해 보이더라."고 한다면 이 말을 달가워할 사람은 별로 없다. 자신의 공적인 이미지가 그 지적으로 인해 심하게 손상 받을 우려가 있을 때는 더욱 그렇다.

(4) 구체적인 갈등 사건으로 한정하라

갈등을 해결하기 위해서는 불만을 야기한 구체적인 문제 하나에 제한해서 소통하는 것이 좋다. 일반적으로 갈등을 유발한 문제는 서로 민감한 문제여서 에둘러서 표현하려고 한다. 그런데 에두르는 표현 전략은 사건을 구체적으로 한정하기 어렵게 한다. 이런 전략은 상대가 반박하게 되면 나를 방어할 자리를 만들어 준다는 점에서는 이점이 있다. 그러나 상대가 무엇이 문제인지 정확하게 파악하지 못하게 하는 단점도 가지고 있다. 그렇다고 내가 에둘러 표현했기 때문에 상대는 구체적인 문제가 무엇인지 나에게 다시 짚어달라고 요구하기도 어렵다. 그런데 이처럼 두루뭉술하게 갈등이 해결되면 상대는 나와 막연한 거리감을 느끼기 쉽고, 이후 나를 만나는 것을 부담스러워할 수 있다.

이미 불만이 쌓여 있는 상황이라면 구체적인 문제에 한정하기가 아주 어렵다. 그래서 누적된 감정 폭탄을 터트리게 하는 구체적인 사건 하나가 대형 갈등을 유발한다. 이런 예는 부부 싸움에서 흔히 본다.

아내 : 양말을 아무 데나 벗어 던져 놓으면 나보고 어떡하라는 거예요?

남편 : 또, 왜 그래?

아내 : 한두 번 말했으면 들어야죠. 이게 뭐예요? 나는 뭐 이 집 가정부예요?

남편 : 누가 당신한테 가정부라고 했어.

아내 : 말로 해야만 아나요. 도대체 나라는 사람은 뭐예요?

남편 : 알았으니 애들도 있는데 그만합시다.

아내 : 지금 왜 그러는지 몰라서 그래요?

남편 : 아니, 해도 너무하잖아. 양말 벗어놓은 것 가지고 꼭 이렇게까지 해야 겠어.

아내 : 양말 하나면 내가 말도 안 해요. 도대체가 너무들 해요.

남편 : 뭐가 너무하다는 거야. 도대체 왜 그래.

이 정도 나가면 이제는 큰 싸움이 되고 만다. 양말 문제가 모든 집안의 문제로 확대되고 이것은 결국 시댁과 친정의 문제로 비화된다. 그러다 보면 문제가 되었던 양말은 결국 대화의 초점에서 사라져 버리고 말다툼은 전혀 다른 문제로 비화하고, 이 문제는 싸움할 때마다 단골 메뉴로 등장하는 것이기 때문에 상대방을 피곤하게 해서 감정을 심하게 자극하게 된다. 누적된 불만의 폭탄을 터트리지 않는 것은 참으로 어려운 일이다. 그러나 갈등을 해결하고 싶다면 묵은 문제로 확대하지 말아야 한다.

특히 평소부터 가지고 있던 불만을 가장 좋지 않은 상황에 꺼내지 말아야 한다. 평소부터 하고 싶었던 이야기가 있으면 불만이 생겼을 때 터뜨리지 말고 다른 기회를 찾아야 한다. '내가 언젠가 너에게 이런 이야기를 하고 싶었는데, 이번 기회에 아예 탁 터놓고 이야기해 보자, 이게 어제오늘의 일이 아니야, 한두 번 그랬다면 내가 말을 안 해요.' 등등 이런 표현을 사용하지 않아야 한다. 이런 표현은 사태를 오히려 더 악화시킨다. 문제가 되는 갈등을 해결하면서 상대의 인격을 무시하거나 사람을 아예 바꾸려고 하지 말아야 한다. 상대의 인품이나 성격을 거론하지 말고 문제가 되는 그 사건에 대화의 내용을 제한하도록 노력해야 한다.

(5) 네 탓이 아니라 내 잘못이라고 말하라

불만이 생기면 상대를 탓하기 쉽다. '네가 지각해서, 네가 소리를 질러서, 네가 내 말을 듣지 않아서, 네가 대들어서' 등등. 그러나 설령 상대가 잘못을 했더라도 불만의 구조를 잘 살펴보면 불만을 유발한 갈등의 직접적인 책임은 나의 일차적 감정/판단에도 있다는 것을 알 수 있다.

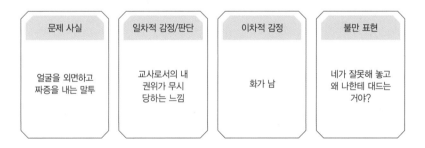

문제 사실	일차적 감정/판단	이차적 감정	불만 표현
얼굴을 외면하고 짜증을 내는 말투	교사로서의 내 권위가 무시당하는 느낌	화가 남	네가 잘못해 놓고 왜 나한테 대드는 거야?

이차적 감정은 일차적 감정/판단 때문에 생겨난 것이다. 그런데 일차적 감정/판단은 내 느낌이고 내 판단이다. 다시 말해, 동일한 문제 사실

에 대하여 다른 사람은 나와 같은 느낌을 받지 않을 수 있고 나와 같은 판단을 하지 않을 수 있다.

문제 사실	일차적 감정/판단	이차적 감정	불만 표현
얼굴을 외면하고 짜증을 내는 말투	내가 계속 추궁해서 짜증이 난 것 같다.	미안함	내가 계속 추궁해서 짜증났다면 미안한데, 그래도 선생님한테 짜증을 내면 안 되지 않겠어.
얼굴을 외면하고 짜증을 내는 말투	뭔가 짜증나는 일이 있었던 모양이다.	없음	네가 알았다니 다음에는 이런 일이 없도록 하자.

　모든 감정은 나에게도 책임이 있다. 설령 상대가 명확하게 잘못을 했더라도 상대의 잘못 때문에 화가 나는 것이 아니다. 상대가 잘못하는 것과 그것에 대해 내가 화를 내는 것은 분명 별개의 일이다. 30분 늦은 경우를 생각해 보자. 똑 같이 30분 늦었더라도 30분 기다리는 동안 아주 오래 된 친구를 만나 정신없이 이야기하다 보니 30분이 지났고 그 때 상대가 나타났다고 생각해 보자. 아니면 30분 기다리는 동안 이 사람 저 사람 피곤하게 하고, 초조한 상태로 전화는 안 되고, 비는 주룩주룩 내리고 하는 상황에서 상대가 나타났다고 생각해 보자. 두 경우 나의 반응은 모두 같을 수 있겠는가?

이것은 아내에 대한 남편의 폭언 문제에도 해당된다. 흔히들 남편이 아내에게 폭언을 했다면 시댁에서는 대체로 "오죽했으면 그랬겠느냐."고 한다. 하지만 아내가 오죽한 경우와 그것에 대해 폭언을 하는 경우는 전혀 별개의 문제다. 아내가 그런 잘못했다고 해서 모든 남편이 폭언을 하는 것도 아니며, 또 폭언을 한 남편의 경우도 아내가 그럴 경우마다 폭언을 하지도 않을 것이다. 아내가 잘못한 것은 잘못한 것이고, 남편이 폭언을 한 것은 폭언 그대로 남편 잘못이다.

하지만 대개의 경우 감정의 책임은 내가 아니라 상대에게 있다고 생각한다. '너 때문에' 내가 화가 난 것이지 지금 내 상황이 그런 너의 행동에 대해 화나게 만든 것은 아니라고 생각한다. '너 때문에'가 아니라, 내가 화가 난 것은 너의 행동에 대해 내가 화가 날만한 일차적인 감정/판단을 했기 때문이다. '네가 바가지를 긁어서 화가 난 것'이 아니라 '내가 지금 피곤해서' 화가 난 것이다. '당신이 양말을 아무 데나 벗어 놔서 화가 났다'가 아니라 '당신이 양말을 아무 데나 벗어 놓은 것을 보니 당신이 나를 전혀 고려해 주지 않는다는 느낌이 들어서' 화가 난 것이다. 사실, 남편은 정말 아내를 전혀 고려해 주지 않아서 양말을 아무 데나 벗어놓을 수도 있지만 대개의 경우는 익숙한 행동에 따라서 그런 행동을 한다.

일부 교사들은 상대에게 어떤 잘못된 사실이 있으면 그것을 바로잡아 주어야만 한다는 강박관념이 있는 듯하다. 일종의 직업병이다. 이런 강박관념은 상대가 무엇을 잘못했는지, 그 잘못을 하면 어떤 결과를 초래하는지를 지적해 주지 않으면 무언가 내 책임을 다하지 못한 느낌을 가지게 하는 듯하다. 그런데 상대가 그 지적을 잘 받아들이지 않으면 네가 잘못했고 난 너를 위해서 잘못된 사실을 말하는 것인데 왜 받아들이지 않느냐고 불만을 토로한다. 상대의 부정적인 태도는 갈등을 유발한다.

그런데 이런 갈등에 처하게 되면 '팩트 폭력'이라는 말이 있듯이 어떤 경우에는 사실이라고 사실만 되는 것은 아니라는 점을 기억해야 한다. 설령 상대가 그것이 내 잘못이라는 점을 인정하는 경우라도 그러하다. 실제로 내 눈에 잘못이 보이면 상대도 그것이 자기 잘못이라는 것을 알고 있는 경우가 많다. 또 내가 그 잘못을 고치라고 말하지 않더라도 그 잘못을 고쳐보려고 노력도 하는 경우가 많다. 그럼에도 불구하고, 상대가 공개적으로든 비공개적으로든 그 잘못을 지적하면 방어적이 된다. 이런 경우 상대의 잘못 때문에 갈등이 유발되거나 혹은 상대가 내 지적을 받아들이지 않아서 갈등이 유발되는 것이 아니라 내 강박관념 때문에 갈등이 유발되는 것이다.

(6) 몸에 밴 습관을 한 번에 바꾸려 하지 말라

갈등 상황에서 상대를 한 번의 지적으로 고쳐 놓겠다고 생각하지 말아야 한다. 자기 잘못을 안다고 하더라도 자신에게 익숙하고 습관이 된 것을 고치는 것은 반성문 백 번을 쓰는 것보다 더 어렵다. 몸에 밴 잘못은 아무리 노력해도 잘 고쳐지지 않는다. 그러니 한 번의 지적으로 잘못이 일순간에 고쳐지는 것은 텔레비전의 드라마나 소설에서만 가능하다. 일순간에 잘못을 고치기보다는 서로의 느낌을 공유하면서, 나의 행동에 대한 상대의 느낌을 알면서 점진적으로 고치도록 노력해 나가야 한다.

몸에 밴 잘못된 습관은 '그렇게 말해도' 잘 고치지 못하는 것이 인간이다. 오랫동안 담배 피우던 학생에게 "앞으로 절대 담배 피우지 마. 그럼 가만 안 두겠어!"라고 하면 그 학생이 설령 담배를 끊으려고 노력을 하겠지만 가만두지 않겠다는 말이 무서워 담배 피우는 사실을 들키지 않으려고 거짓말을 하게 될 것이다. 부모의 협박이 아이들의 거짓말을 조장하는 것처럼, 학교의 엄한 규율과 교사의 처벌이 학생들의 거짓말을 부추기는 경우도 있다.

평교사 때부터 지금까지 교장의 권위 의식과 그에 따른 불합리한 행동에 익숙해진 교장에게 내가 용기를 내어 그 문제를 한 번 지적했다고 해서 교장의 의식과 행동이 한 번에 고쳐지는 것은 아니다. 어렸을 때부터 '우리' 공동체 의식에서 살아온 경력 많은 교사는 개인을 앞세우는 젊은 교사들의 행동을 못마땅하게 여길 수밖에 없다. 교육실습을 나가는 4학년 예비교사들에게 이런 당부를 하곤 한다. 교사의 수업을 관찰하고 반성회를 할 때면 새로운 교육 이론이니 새로운 교수법이니 하는 것들을 들먹여서 지도교사 수업의 잘못을 지적하지 마라. 그분들은 그 수업에 익숙해지신 분이니 예비교사들이 수업의 잘못을 지적하더라도 쉽게 수업을 바꾸기 어렵고 기분만 나빠진다. 사실 그분들은 자기 수업의 문제점이 무엇인지 누가 지적하지 않아도 잘 알고 있는 경우가 많다. 반성회 때는 내가 그 수업에서 무엇을 배울 수 있었는가만 이야기하는 것이 좋다.

매일 지각하는 학생에게 "한 번만 더 지각해 봐라. 그때는 가만두지 않겠어!"라고 경고, 협박하기보다는 "우선 일주일에 두 번은 지각하지 않도록 노력해 보자."가 학생의 잘못을 고치는 데 더 효과적이다. '지각을 하면 너도 힘들지만 너를 나무라는 나도 힘들다.'는 일차적인 감정을 전달하고, 그 학생이 지각을 하는 습관을 조금씩 고치도록 도와주는 것이 갈등을 해결할 수 있는 현실적 방법이다. 일상 행동뿐만 아니라 우리가 사용하는 말도 습관이다. 그 습관의 문제점을 관찰하고 고치는 것은 하루아침에 결심한다고 완성되는 것이 아니다.

(7) 내 화가 아니라 상대의 입장에 집중하라

누구나 화가 나면 자신의 화를 정당화하려고 애쓴다. 사람은 본능적으로 자기중심적이기 때문에 상대를 탓하고 자기가 화를 내는 것은 당연하다고 여긴다. 자신을 정당화하다 보면 상대의 잘못이나 사회 구조적인 문제들을 비판하게 된다. '자기 자식을 몰라도 너무 몰라, 교장이라고 그렇게 말해도 되는 거야? 저 선생은 원래 그런 사람이야, 난 내 반 아이들을 다 관리해야 해' 혹은 '저 학생이 하필 내 반이야, 젊은 사람들은 예의가 없어, 저런 학생들만 지도하는 학교가 있어야 해, 교사가 자기들 봉이야?' 등등. 그리고는 '물론 나도 다 잘한 건 아니야. 그렇지만 문제의 시작은 그 사람이잖아!'라고 결론을 내린다.

감정을 폭발시키고 나서 정당화하는 것은 나를 화의 덫에 갇히게 한다. 난 잘못이 없고 그 사람 때문이고 사회 구조적인 문제 때문이니 하고 불만을 터뜨려도 문제가 해결되기는커녕 생각할수록 더 화가 나고 가슴의 상처만 깊어진다. 친한 동료에게 하소연을 해보기도 한다. 모두들 내가 화낼 만했단다. 같이 화를 내주기도 한다. 친한 관계일수록 더욱 그렇다. 그런데 이런 동의는 정서적 위안이지 합리적 해결 방법은 아니다.

동의를 구하다가 오히려 또 다른 갈등을 불러일으키기도 한다. "여보, 오후에 교장 선생님이 불러 갔더니, 미리 상의하고 전자결재 올려야지 맘대로 결재 올렸다고 듣기 싫은 소리를 하는 거야. 급해서 그랬다니까, 세상에, 아무리 급해도 교장하고 미리 상의를 했어야 한다는 거야. 자기는 늘 교장실을 비우고 나돌아나면서. 그게 말이 돼?"라는 아내 하소연에, "그랬구나. 화 났겠다. 근데 그래도 교장 입장에서는 자세한 설명이 필요해서 그랬지 않았을까?"라고 남편이 응대하게 되면 불만을 표출한 아내의 반응이 어떠할까?

화나거나 억울한 이의 하소연은 문제를 객관적으로 분석해 달라거나 문제의 해결책을 달라는 것이 아니라, '내 편인 당신이 내 아픈 가슴을 알아주세요.'라는 하소연이다. 그래서 '그 사람 입장에서는 그럴 수밖에 없지.' 혹은 '그러고 보니 당신도 잘못했네요.'라는 말은 객관적 반응일지 모르지만 둘 사이의 관계를 해치기 쉽다. 설령 하소연하는 사람이 잘못했더라도 화가 난 지금은 솔직한 느낌을 말할 때가 아니다. '나는 솔직한 사람이야.'라고 말하는 사람들은 항상 솔직하게 말하면서 상대를 아프게 하는, 이른바 '팩트'란 폭력을 휘두르는 위험한 사람들이다.

그러면 내 심리적 갈등과 불만이 가득한 상황에서 화를 어떻게 해야 할까? 문제를 해결하려면 내 화가 아니라 상대의 입장에 집중해야 한다. '분명 상대의 잘못인데 상대는 왜 그럴까?'라고. 상대를 알고 싶으면 로저스(C. Rogers)의 말처럼 상대에 대해 이해하지 말고 상대가 되어서 이해

해야 한다(Understanding not About him, but With him). 역지사지(易地思之)해
야 한다. '나'를 버리고 '너'가 되어보는 일은 어렵지만 갈등의 문제를 해
결하는 데 매우 가치 있는 일이다. 불행하게도 우리는 모두 다른 사람이
잘못이라고 생각하고, 다른 사람이 먼저 변하기를 기다린다. 갈등의 해
결은 공감에서 시작한다. 공감은 상대의 잘못을 먼저 비판하기보다 상대
의 입장이 되어, 상대가 느끼는 것, 생각하는 것, 말하는 것을 내가 말
하는 것처럼 느낄 때 비로소 공감의 기본이 마련된다. 상대가 내 마음을
헤아려주기를 기다리기보다 상대 입장에서 그의 감정과 마음을 헤아리
면 공감의 폭이 넓어지고 문제 해결의 길이 열린다.

정 리

❂ 불만 표현 방법 7가지

1. 행동이 아니라 대화로 해결해야 한다.

2. 일차적인 감정과 판단을 전달하라.

3. 갈등 해결에 적절한 때와 장소를 택하라.

4. 구체적인 갈등 사건으로 한정하라.

5. 네 탓이 아니라 내 잘못이라고 말하라.

6. 몸에 밴 습관을 한 번에 바꾸려 하지 말라.

7. 내 화가 아니라 상대의 입장에 집중하라.

제1부 참고문헌

이달곤(2005), 협상론. 법문사.

이창덕·임칠성·심영택·원진숙(2000), 삶과 화법. 박이정.

이창덕·임칠성·심영택·원진숙·박재현(2010,2017), 화법교육론. 역락.

전성철·최철규(2009), 협상의 10계명. 웅진윙스.

정민주(2008a), 협상의 개념과 전략에 관한 국어교육적 고찰, 국어교육학연구
　　　　제31집, 국어교육학회, 459-485.

정민주(2008b), 협상화법의 교육 내용 연구. 서울대 대학원 박사학위논문.

정인호·이은진(2015), 소크라테스와 협상하라. 청출판사.

나이토 요시히토 지음, 정경아 옮김(2009), 협상심리학. 지식여행.

Danial Goleman 지음, 장석훈 옮김(2006), SQ 사회지능. 웅진 지식하우스.

Jim Peterson 지음, 권순희·김민형·유지선·주혜영 옮김(2015), 듣기로 찾는
　　　　행복. 박이정.

Johnson & Johnson 지음, 박인우·최정임·이재경 공역(2004), 협동학습을 위
　　　　한 참여적 학습자. 아카데미프레스.

Jonathan Robinson 지음, 장윤정 옮김(1997), 사랑을 위한 기적의 대화. 박우사.

Kathleen 지음, 임칠성 역(1997), 대인 의사소통. 한국문화사.

Marshall B. Rosenberg 지음, 캐서린 한 옮김(2004), 비폭력대화. 바오.

Myers & Myers 지음, 임칠성 역(1995), 대인 관계와 의사소통. 집문당.

Nicholas Carr 지음, 최지향 옮김(2011), 생각하지 않는 사람들. 청람출판.

Philippa Perry 지음, 정미나 옮김(2018), 인생학교: 정신-온전한 정신으로
　　　　사는 법. 샘앤파커스.

Robert Cialdini 지음, 이현우 옮김(2002), 설득의 심리학. 21세기북스.

Ronald B. Adler 지음, 김인자 역(2004), 인간관계와 자기표현. 한국심리상담연
　　구소.

Thomson, L. L. 지음, 김성환·김중근·홍석우 옮김(2006), 지성과 감성의 협상
　　기술. 한울아카데미.

Fisher, R., Ury, W. & Patton, B.(1991), *Getting to Yes : Negotiating
　　Agreement Without Giving In*. Houghton Miffin Company.

Gulliver(1979), *Disputes and Negotiations*. Academic Press

Lewicki, Barry, Saunders & Minton(2004) *Essentials of Negotiation*.
　　McGraw—Hill international editions

Mayer B.(1990), *The dynamics of conflict resolution : a practitioner's
　　guide*. Jossey—Bass.

Moore, C. W.(1986), *The mediation process : practical strategies for
　　resolving conflict*. Jossey—bass

Olshtain, E. & Weinbach, L.(1993). Interlanguage Features of the
　　Speech Act of Complaining. In G. Kasper & S. Blum—Kulka
　　(Eds.), *Interlanguage Pragmatics* (pp. 108—122). New York,
　　Oxford : Oxford University Press.

Thompson & Hastie(1990) Social perception in Negotiation
　　Organizational Behavior and Human Decision Processes
　　47. 98—123.

교육 현장에서 학생이 행복한 그만큼 교사도 행복해야 한다.
그래야 학교가 행복해지고 교육하는 모든 일이 행복해진다.

제 2 부

{ 갈등 사례와 대화 }

교사와 학생 갈등 – 대화로 푸는 갈등

1장 교사와 학생 갈등

불쑥 불쑥 돌부리 같이 수업을 방해하는 아이,
일부러 그러는 걸까요?

> 김 교사는 학급의 학습 분위기를 조성하는 것에 가장 큰 가치를 두고 있다.
> 그런데 조용한 수업 분위기를 한마디 말이나 행동으로 방해하는 훈이라는
> 학생의 존재 때문에 교육의 가치관이 한 번에 와르르 무너진다. 매번 잘못했다고
> 반성하고 용서를 구하지만 또 그 행동은 반복된다. 아이에게 조정당하고 있는
> 듯한 기분 나쁜 감정이 든다. 이 학생을 어떻게 해야 할까?

김 교사는 교사는 수업으로 말해야 한다는 철학을 가지고 있다. 이 철학은 신규 시절부터 10여 년이 지난 지금까지 철두철미하게 지키려고 노력해 왔다. 수업 시간에는 업무 메신저도 꺼 놓고, 전화가 와도 받지 않는다. 이런 자신의 철학을 새 학년이 시작될 때마다 학부모회 때 학부모들이나 학급의 학생들에게도 늘 강조해서 이야기한다. 수업 분위기를 만드는 것은 일 년 중 가장 중요한 작업이기 때문에 심혈을 기울이지만 매년 3월은 그것 때문에 스트레스를 많이 받는다.

올해 김 교사는 3학년 담임을 맡았다. 업무도 작년보다 줄었고 흔히 교사들이 말하는 '꿀학년'을 맡아서 생활지도 면에서도 크게 신경 쓸 일이 없다는 이유로 동료 교사들의 부러움을 샀다. 하지만 그건 정말 일반

적인 이야기라는 것을 올해 이 학급을 맡으면서 알았다. 그렇다고 김 교사의 반이 눈에 띄게 시끄럽다거나 다른 반에 비해서 티가 나게 힘든 점은 없다. 또 수업 시간에 유난히 떠들거나 장난치는 학생도 없다. 새 학기가 시작되자마자 수업 시간의 분위기에 대해서 그리 강조를 했으니 대놓고 수업을 방해하는 학생은 없는 것이 당연했다.

그런데 조용한 가운데에 훈이라는 학생 한 명이 톡톡 끼어들어 이상한 말을 하는 것이 문제였다.

"아, 전쟁은 핵전쟁이지, 핵미사일에 가스를 담아서 폭발하면 다 죽을 텐데…. 우리 형 방귀 엄청 꾸린데…."

"나리~ 나리 개나리~ 개새끼가 물고요~"

때론 수업 중 교과와 관련된 자신의 상상 속 이야기를 혼잣말이지만 모두가 들리게 이야기할 때도 있고, 수업 시간에 조금이라도 다른 소리가 들리면 그 소리를 흉내 내기도 하고, 학습지를 풀고 있는 쥐 죽은 듯 조용한 상황에서 흥얼흥얼 콧노래를 부르기도 한다. 무의식중이라고 하기엔 너무나 의도적으로 그런 짓을 한다. 일부러 웃기려고 동요 가사를 바꾸어 부르기도 하고, 이상한 표정을 짓고 주변 아이들이 볼 때까지 계속 하기도 했다. 중요한 설명을 하는 중에는 일부러 김 교사가 대답하기 곤란한 야한 질문이나 우스꽝스러운 질문을 해서 순식간에 반 분위기를 망가뜨리기도 했다. 그 한 명이 시작하면 교실은 기다렸다는 듯이 물꼬가 터진다. 여기저기서 큰 소리로 웃고 다들 한 마디씩 얹으면 조용하던 교실은 금세 걷잡을 수 없이 혼란스러워진다. 그걸 진정시키는 데에 최소한 10분을 공들여야 한다.

김 교사는 그럴 때마다 지적도 하고 훈이와 개별 면담을 해서 타이르거나 격려도 해 보았지만 늘 그때뿐이었다. 오히려 김 교사와 이야기를 할 때에는 "선생님, 진짜 잘못했어요. 다신 안 그럴게요. 저도 모르게 그런 얘기들이 막 나와요. 엄마한텐 절대 말하지 마세요, 제발요." 등의 말을 하면서 두 손으로 싹싹 용서를 빈다.

그 모습에 마음이 약해져서 "그래, 선생님이 지켜볼게, 좀 노력해보자."라고 말하지만 다음 시간이 되면 언제 그랬냐는 듯, 어김없이 실실 웃는 얼굴로 수업 중에 불쑥 끼어드는 훈이의 얼굴을 볼 때면, 한두 번도 아니고 이제 그 아이가 일부러 자신을 골탕 먹이려고 하는 것 같다는 생각까지 든다.

교사를 갖고 노는 것 같은 한 명 때문에 김 교사는 수업 시간에 매번 돌부리에 걸려 넘어지는 것 같다. 더구나 어디에서 발을 걸지 알고 있지만 매번 똑같이 넘어지는 기분은 아주 별로다.

 마음의 소리

김 교사 : 쟤만 없으면 될 것 같은데…. 다른 착한 아이들까지 물들이고 내 수업을 방해하는 저 미꾸라지 같은 녀석. 웃겨서 웃는 아이들한테 뭐라고 그럴 수도 없고…. 수업시간마다 소리 지르고 화내는 나 자신이 너무 싫어. 그런데 왜 저렇게 엄마한테 말하지 말라고 애원할까? 엄마한테 말한다고 협박하면 말을 들으려나? 엄마를 만나야 하는 건가? 내가 지금 경력이 몇 년찬데 애 한 명 때문에 이렇게 쩔쩔 매는 내가 너무 자존심 상하고 싫다. 진짜 이런 맘을 먹으면 안 되는데…. 저 아이가 너무 너무 미워.

훈이 : 학교에서는 내가 말만 하면 애들이 웃고 쳐다보고 너무 신나. 내가 꼭 연예인이 된 것 같단 말야. 예능에 나오는 사람들처럼 애들이 나만 쳐다봐. 쉬는 시간에 내가 했던 말을 애들이 막 따라하고 진짜 웃기다고 막 칭찬해준다고. 조용한 교실에 내가 툭 한 마디 던져서 애들이 빵 터질 때 얼마나 신나고 짜릿한데~.

그런데 나만 그러는 거 아니거든. 다른 애들도 웃고 다 따라하는데 선생님은 꼭 나한테만 뭐라고 그래. 그래서 일부러 더 그러기도 해. 재밌잖아. 애들이 따라하고 수업시간에 막 웃고. 선생님 약 올리고.

선생님이 따로 불러서 나한테 화를 낼 때도 있지만 맛있는 과자도 주고 손도 잡아주고 그랬어. 학교에서는 내가 다른 애들보다 더 특별해지는 것 같아.

수업분위기를 신념으로 하는 교사와 느닷없이 끼어들어 수업을 방해하는 학생 간의 갈등이다. 지적할 때는 고분고분하면서 반복적으로 교사를 괴롭히는 학생은 수업 자체를 힘들게 하고 급기야 학생을 문제 학생으로 규정할 수 있다.

교사의 신념이 자칫 학생의 행동을 잘못 읽을 수 있다. 학생에게 질책보다는 인간적인 만남을 통해 이 문제를 푸는 방법에 동의를 구할 수 있을 것이다. 학생이 고의적으로 교사를 힘들게 하는 것이 아니라 끼어들기가 습관처럼 익숙해져서 한 번에 고치기 어려운 지경에 이르렀을 수도 있다. 그래서 학생의 행동을 무조건 막으려 하지 말고 학생이 자신의 욕구를 해결할 수 있도록 대화를 나눌 수 있다.

"너도 나와 약속했던 것처럼 수업에 끼어들지 않으려고 노력하고 있는 모습이 보여 참 고마워. 그런데 네가 노력해도 너 스스로 어쩔 수 없이 끼어들게 되나봐. 그런데 네가 끼어들면 선생님이 수업을 하다 기운이 확 빠지고, 그래서 수업을 제대로 할 수가 없네. 그럼 너와 다른 학생들 모두에게 피해가 가겠지? 그래서 이렇게 하면 어떨까? 네가 끼어들지 않고 조금만 기다리면 선생님이 수업 중간중간에 너에게 말할 기회를 줄게. 그러면 그때 네가 마음껏 네 말을 해. 대신 선생님이 네가 잘못했다고 하지 않고 네 말에 긍정적인 의미를 달아줄게."

내 수업 방식이 오히려 학생들의 평가에 도움이 안 된다면

> 이 교사는 수업 연구에 열정적이고 학생들의 성장에 기여하고 싶다. 그러나 교사의 수업 프로그램에 대하여 '평가'에만 관심을 가진 학생의 현실적인 비판에 교육 철학이 흔들리고 있다. 현실적으로 입시라는 교육체제 아래서 자신의 수업 방식이 학생들에게 실질적인 도움이 되는지에 대한 고민에 빠졌다.

이 교사는 작년에 1정연수를 받은 고등학교 교사다. 경력은 얼마 되지 않았지만 사범대를 다닐 때부터 전공에 대한 애정도 크고 자신이 좋아하는 과목을 학생들에게 정말 잘 가르쳐주고 싶었다. 그래서 임용고시를 볼 때에도 그냥 시험을 위한 공부를 하고 싶지 않았다. 각종 사이트에 들어가서 교사들의 고충에 공감하면서 그것이 자신의 고민인 것처럼 느껴졌고 최신 교육에서 유행하는 교수법에도 관심을 가지면서 배우려고 노력했다.

이 교사는 교사가 되어서도 각종 연수에 참여해서 자신이 가르치는 학생들에게 좋은 교육을 하기 위해 꾸준히 노력했다. 토론수업이나 독서수업, 서평쓰기 수업 등을 학생들과 함께 했다. 이제 4년 차에 들어섰지만 나름 보람도 컸다. 학생들은 교과서만 하던 수업과 비교해서 재미있다고 이야기해 주었고, 동료 교사들도 이 교사의 수업에 대해 관심을 가지고 있었다.

그런데 올해 초 첫 수업시간이었다. 이 교사는 다른 때처럼 의욕 넘치

는 모습으로 앞으로 자신의 수업에 대한 오리엔테이션을 하고 있었다. 꽉 짜여진 알찬 프로그램으로 내심 만족해하고 있었다. 그런데 그때였다.

"선생님, 그런데 평가는 어떻게 해요?"

"응, 그래. 여러분에게 가장 중요한 게 평가지요? 평가에 대해서도 수업 개요 설명 후에 차근차근 할 거예요."

"그냥 평가 어떻게 할 건지 그것부터 얘기해 주시면 안돼요? 사실 얘네들도 그게 제일 궁금할 거예요."

순간 너무 당황해서 말을 더듬었다.

"어… 그치… 그래도 조금만… 기다려볼래? 평가도 중요하지만…"

이 교사는 좀 비참하단 생각이 들었다. 이렇게까지 해야 하나 싶은 마음에 얼굴이 달아올랐지만, 첫 시간부터 화를 내고 싶진 않았다. 또 한 명의 학생 때문에 자신이 공들여 방학동안 만든 수업 프로그램에 대한 오리엔테이션을 망치고 싶지 않았다. 차분하게 설명을 마치고 평가에 대한 설명을 더 공들여서 했다.

"그래서 수행평가는 수업한 거에서만 나는 거 확실해요?"

다시 그 학생이 못 미덥다는 듯 물었다.

"그건 다른 반 들어가시는 선생님하고도 상의를 해서…"

"그럼, 아닐 수도 있단 거 아니에요? 그럼 그냥 교과서만 해주시면 안 되나요?"

"뭐?"

"교과서 수업만 하는 게 선생님들도 저희도 편하잖아요. 이것저것 골치 아프게 수업하지 말고요. 어차피 시험에도 안 날 거잖아요."

"맞아, 오히려 그게 더 편해요." 다른 학생들이 몇 마디 거들었다.

지금까지 이 교사는 자신의 수업 방식에 대한 믿음이 흔들렸던 적이 없었다. 짧은 경력이지만 학생들의 성장을 위한 좋은 수업이라고 확신했다. 그런데 평가는 좀 달랐다. 한 학년에 10개 반 수업을 세 명의 선생님이 나눠서 들어가는데, 자신의 수업 방식대로 모든 선생님이 하는 건 아니기 때문이다. 교무실에 돌아와서 이 교사는 고민에 빠졌다. 다른 선생님들처럼 교과서만 편하게 하고 똑같이 평가를 하면 나에게도 편하고, 학생들에게도 저런 소리를 안 들을 것 아닌가. 노력은 노력대로 하고 보람도 없으니 차라리 아무 것도 안 하고 싶었다. 앞으로 자신의 수업에 대한 신념의 근거를 어디에서 찾아야 하는지 혼란스러워졌다.

마음의 소리

이 교사 : 지금까지 내가 교사가 되기 위해서 고민했던 것들은 뭐지? 교사가 왜 되려고 했지? 학생들에게 좋은 교사가 되기 위해서, 수업을 잘 하고 내 수업을 듣고 학생들이 성장하는 모습을 보기 위해서 교사가 됐는데, 내 수업이 학생들에게 도움이 되지 않을 수도 있단 생각이 들었어. 입시에 나오는 문제 풀이나 시험에 나올 교과서 문항들을 구체적으로 풀이해주는 게 학생들에게는 더 도움이 되는 게 아닐까? 독서 토론 수업이나 쟁점 토론 수업을 학생들이 좋아하는 줄 알았는데…. 내가 너무 편협하게 생각했던 걸까? 교과서만 하는 선생님들은 이런 이유에서 그런 걸까?

지금까지 내가 맞다고 생각했던 내 교육적인 철학이나 신념이 뿌리째 흔들리고 있다. 지금껏 강조했던 내용들이 학생들에 의해 일방적으로 무시된다는 느낌이랄까? 지금은 어떤 방법이 맞는 것인지 혼란스럽기만 해.

학생 : 학종이다 뭐다 해서 선생님들이 새로운 수업 방식을 가지고 와서 이런 저런 수업을 우리한테 적용해. 솔직히 말하면 다 힘들어. 우리 스케줄이 학교만 있는 것도 아니고. 프로젝트 수업이다 뭐다 해서 조사를 해야 하거나 모둠별로 과제 준비를 하려면 잠은 포기해야 해. 그거 잘 발표하고 점수 좀 잘 받는다고 엄청 크게 달라지지 않는데. 차라리 수능을 잘 보는 게 낫지. 차라리 학교 시험에 나오는 교과서 수업을 하고 그걸로 시험 보고 수행평가까지 봤으면 좋겠어.

새로운 수업 방식은 다른 데서 해 보고 여기서는 우리가 원하는 것을 해 주어야 하는 것 아닌가? 진짜 짜증나. 저런 선생은 내 성적을 올리는 데 도움도 안 돼. 수업 시간에 다른 학생들하고 토론하고 이런 거 귀찮아. 애들도 내가 이런 얘기를 나서서 해주면 수업 끝나고 잘했다고 할 거야.

매번 해맑은 얼굴로 우리한테 이런저런 수업을 해보는 쌤들 보면 우릴 위하는 게 아니라 실험용 쥐같이 생각하는 건 아닐까? 하는 생각도 들어.

평가가 학생의 주요 관심사이지만 이 학생들이 다른 교사들의 수업 안내 시간에도 이런 태도를 보이진 않았을 것이다. 왜 내 수업에서만 이럴까? 가게에서 손님이 주인 맘에 들지 않는 반응을 보일 때는 손님을 탓할 것이 아니라 주인인 내가 무엇을 잘못했는지 확인해 보아야 한다. 수업을 설계할 때 교사는 손님격인 학생들의 요구와 흥미 등을 적극 고려하여야 한다.

"평가는 가장 중요하기 때문에 마지막에 이야기하게 된 거니 이해해 주세요. 일단 선생님 수업을 잘 따라오면 수능에도 도움이 될 거예요. 수능이 지식을 묻기보단 지식을 활용해서 통합적 능력을 평가하기 때문에 결국 이런 방향에서 출제가 되거든요. 그러면 학교 평가는? 내가 출제하는 학교 평가는 내 수업을 잘 따라오면 당연히 좋은 점수를 맞겠죠? 그럼 수행평가는? 그래요, 이 부분이 조금 문제인데…. 수행 평가는 다른 선생님들과 상의해야 해요. 아직 협의가 안 되었으니 확정적으로 말할 수는 없지만, 수행 평가도 결국 교과 능력을 신장시키는 것이기 때문에 다른 선생님들도 선생님 수업 방식에 맞추어 출제하고 평가하리라 생각해요. 그런데 어떤 경우에도 여러분이 내 수업을 받다가 평가 때문에 손해나지 않도록 할게요. 그리고 또 하나, 여러분이 평가에 아주 많은 관심을 가지고 있으니까 선생님도 수능 문제를 다시 분석해서 최근 경향이나 앞으로 어떤 경향을 수업과 평가에 적극 반영하도록 해 볼게요."

학생들에게 잘해 주는 것도 두려워졌어요

박 교사는 학생들과의 관계를 중요하게 생각한다. 내향적인 성격의 한 학생과도 친근한 관계를 맺으려고 한 것인데 학생은 그것을 오해해서 교사를 이성으로 보게 되었다. 당황한 교사는 결국 무조건 그 학생과 거리를 두었고 그 학생은 학교 게시판에 박 교사가 먼저 학생에게 사적인 관계를 맺으려고 했다는 글을 올렸다. 이 사건으로 박 교사는 매우 난처해졌다.

박 교사는 올해로 3년차 되는 고등학교 교사이다. 교사가 되기 전부터 박 교사는 각종 봉사활동이나 동아리 활동을 통해 학생들을 만나왔다. 학생들과 만나면서 교사가 되고 싶다는 의지와 각오는 더 굳어졌고, 학생들하고 하루빨리 교사로서 만나서 좋은 관계를 만들고 싶은 마음뿐이었다.

교사가 된 이후에도 '첫날 카리스마' 같은 선배 교사들의 말을 믿지 않았다. '첫날 카리스마'란 새 학기 첫날, 분위기를 엄하게 잡고, 교사가 만만하다는 것을 절대 보여주지 말아야 일 년이 편하다는 일종의 교단의 매뉴얼 같은 이야기다. 자신이 먼저 진심으로 다가가고 꾸준히 마음을 열고 보여주면 상대방도 변할 수 있다고 생각했기 때문이다. 그렇게 해서 지금까지 학생들은 자신을 엄한 교사이기보다 친근한 선배나 친구같이 대해주었다. 서슴없이 자신의 고민을 말하고 상담을 하러 오는 것이 마냥 좋기만 했다.

그런데 올해 영희라는 한 학생이 눈에 띄었다. 그 학생은 늘 혼자 있었고 어두웠고, 말수가 없었다. 그저 내성적인 성격인가보다 했지만, 다른 학생들에게 둘러싸여 있어도 신경이 쓰였다.

"영희야, 선생님하고 산책하지 않을래?"

교정을 거닐면서 영희는 역시 한 마디도 하지 않았다. 그렇게 교정을 두 바퀴 돌고 점심시간이 끝날 무렵, 박 교사는 영희에게 이런 말을 했다.

"영희야, 선생님은 늘 네 얘기를 들어줄 준비가 돼 있어. 언제든 와서 하고 싶은 말이 있거나 답답한 생각이 있으면 놀러와. 알았지?"

그 일이 있고 며칠 뒤, 영희가 교무실 밖에 서 있는 것을 보았다.

"어? 영희야, 선생님한테 놀러왔구나? 어서 와."

영희는 가끔 교무실에 놀러 와서 간식을 먹고 가거나 박 교사에게 가벼운 농담을 하기도 하였다. 그러던 어느 날, 영희가 뜻밖의 이야기를 하였다.

"선생님, 저 사실은요, 선생님 좋아하는 것 같아요."

"응? 하하하. 선생님도 너 좋아해. 넌 내 학생이잖아."

"그런 거 말고요. 진짜 남자로요. 남자로 선생님 좋아한다고요. 그냥 그렇단 얘기예요."

순간, 멍해져서 영희가 어떻게 교무실을 나갔는지, 자신이 무슨 말을 해서 보냈는지도 기억이 나질 않았다. 영희에게 잘해주고 신경 썼던 것이 영희에게 다른 감정을 만든 것 같아서 당황스러웠다. 이런 경우는 또 처음이라서 어떻게 해야 할지 막막했다. 동료 교사들에게 상담을 했지만 다들 별일 아니라는 듯, 장난스러운 반응뿐이었다.

"뭐야, 지금 자랑하는 거야? 좋겠다, 박 선생은!"

"조심해, 여학생들한테 친절하게 잘해주는 거 골치 아파질 수 있다구."

그날 이후로 영희에게 조금 어색해졌다. 그럴 수밖에 없었다. 영희가 교무실에 놀러 와도 예전과는 다르게 서먹하게 대하거나 일하고 있는 척, 바쁜 척 해서 영희를 그냥 돌려보냈다. 방과 후에 카톡이 와도 단답형으로 대답하거나 답하지 않는 날이 더 많았다. 그렇게 시간이 흐르고, 교장이 잠깐 보자고 했다.

"박 선생님, 혹시 반 학생하고 무슨 일 있었어요?"

"네? 그게 무슨 말씀이신지…."

"선생님 반에 영희란 학생이 학교 게시판에 글을 하나 올렸는데…. 한

번 읽어보시고 다시 얘기합시다."

게시판 글은 이랬다. 박 교사가 자신만 쳐다보고 수업시간에도 자꾸 자기 옆에만 서 있었단다. 쉬는 시간에도 자신에게만 말을 걸고, 점심시간에 데이트도 하자고 했다. 방과 후에 카톡도 하고 교무실에 놀러 가면 차도 타주고 과자도 주면서 가끔 손도 잡아줬다. 교사가 학생에게 이렇게 사적인 표현을 해도 되냐는 내용이었다. 기가 막혔다. 교장과 자초지종을 이야기하고 잘 마무리가 되었지만, 이제 남은 학기 영희 얼굴을 어떻게 봐야 할지 모르겠다. 또 영희에게 무슨 이야기를 어떻게 해야 할까?

박 교사는 학생에게 교사로서 관심을 기울였을 뿐인데, 갑자기 무섭고 두려운 생각이 들었다. 학생들을 어떻게 대해야 할지 혼란스러웠다.

 마음의 소리

박 교사 : 아이들하고 친한 관계를 맺고 싶었어. 언제든 자신들의 고민거리를 털어놓고 때론 부모님한테도 못할 얘기를 나누는 게 나였으면 했어. 또 내가 아이들에게 그런 존재라는 걸 확인받을 때면 더없이 행복했고 이 직업을 잘 선택했다는 긍지도 생겼어.

그런데 이번 일로 인해서 영희와는 돌이킬 수 없는 관계가 됐어. 내가 무슨 말을 해도 영희는 나를 쳐다보지 않아. 나 또한 학교 게시판에 그런 글을 올린 영희가 무서워졌어. 이런 관계로 한 학기를 더 보내야 한다는 사실이 막막하기만 해. 다른 교사들이나 학교 밖에까지 소문이 나면, 그 사람들은 날 어떻게 생각할까 별별 생각이 다 들어.

아이들하고 어떤 관계를 맺어야 하는 걸까? 진짜 동료 교사들처럼 수업 시간에만 교사로서 존재하고 다른 시간에는 확실하게 선을 그어야 하는 걸까? 앞으로 아이들을 만날 일이 혼란스럽고 두려워.

영희 : 늘 나는 학교에서 그림자 같은 존재였어. 아니, 그림자도 없는 투명인간이 맞다고 해야 하나? 그렇다고 왕따를 당한 적은 없어. 그냥 있는 듯 없는 듯, 그런 존재였지. 공부도 그럭저럭, 학교생활에서도 튀지 않으니 그동안 담임들도 날 신경 쓰지 않았어.

그런데 올해 담임은 자꾸 날 쳐다보고 신경 써 줬어. 그동안 담임들 중에는 나한테 말도 걸어보고 상담도 하자고 했지만 그때뿐이었는데, 이번엔 좀 달랐어. 용기를 내서 교무실에 갔을 때도 먼저 손을 잡아 주면서 잘 왔다고 했어. 방과 후나 밤늦게 톡을 보내도 친절하게 답해줬어. 때론 먼저 톡을 보내기도 하고. 점점 담임도 날 좋아하는 게 아닐까란 생각이 들었는데, 그래서 고백을 한 거였는데….

사실 어떻게 하자는 건 아니었어. 담임은 그날부터, 정확히 그때부터 날 본 체 만 체 했어. 충격이었어. 문자도 씹고 내가 찾아가도 대놓고 딴청을 피우더라. 배신당한 느낌이었어. 누가 먼저 잘해달라고 했나? 가만히 있는 사람을 들쑤셔놓고 이제 와서 자기가 피해 볼까봐 안절부절못하는 게 너무 짜증나.

그래서 학교 게시판에 그런 글을 올렸어. 그래도 아주 다 거짓말은 아니지 않아? 먼저 다가온 건 담임이잖아. 아직도 담임은 그 일로 나한테 말 한 마디가 없어. 그러게 책임지지도 못할 걸 왜 먼저 잘해줘서 일을 이렇게 만들었는지 모르겠어.

챙겨야 할 학생에게 다른 학생보다 더 많은 관심을 준 교사를 이성으로 보고 접근하다가 결국 게시판에 서운한 글을 올린 학생과의 갈등이다. 게시판을 통해 사태가 공론화되는 경우 제대로 처리하지 않으면 자칫 큰 문제를 야기할 수 있어서 교사와 학생 모두 상처를 입을 수 있다.

문제가 잘 풀리더라도 어쨌든 이 학생과는 일 년 동안 담임과 학생의 관계를 유지해야 한다. 그런데 엎질러진 물은 되담을 수 없다. 서로 인정할 것은 인정하되 더 이상 상처나 앙금이 남지 않도록 문제를 해결하는 대화가 필요하다. 특히 게시판에 글을 올릴 정도로 혼란스러운 학생의 감정을 좋지 않은 방향으로 부추기는 내용은 삼가는 것이 좋을 듯하다.

"네가 게시판에 글을 올린 것을 보고 깜짝 놀랐어. 네가 얼마나 힘들었으면 게시판에 글을 올렸을까 하는 안타까움도 있었고…. 진작 너와 이 문제에 대해 이야기를 했으면 좋았을 텐데…. 어떤 학생이 교사를 이성적으로 좋아하게 되면 교사가 그 학생에 대해 해야 할 역할을 할 수 없게 되어서 나도 많은 고민을 했어. 그래서 나도 너를 예전처럼 챙기고 싶지만 그렇지 못했던 거야. 네가 나를 비교적 잘 아니까 나는 네가 내 고민을 이해하고 있으리라 생각했는데…. 어쨌든 이런 기회로 내 고민을 말할 수 있어서 좋구나. 나도 게시판을 통해 네 마음을 잘 알았으니 이제 너도 내가 왜 그렇게 했는지 이해해줬으면 좋겠다. 그래야 우리 서로 일 년 동안 담임과 학생으로 잘 지낼 수 있지 않겠어?"

늘 억울한 아이, 그런데 늘 너 때문인 거 맞잖아!

> 정 교사는 육아휴직 중에 문제 학생과 소외 학생들에게 도움을 주는 좋은 교사가
> 되고 싶다는 신념을 갖게 된다. 그러나 복직 후 만난 상민이는 교사에게 무리한
> 요구를 하거나 거친 말을 하기도 하고 점점 더 큰 사고를 친다. 교실에서 친구와
> 싸워서 사과를 해야 하는 순간에도 교사를 원망하고 버틴다. 정 교사는 자신을
> 곤란하게 만드는 상민이가 밉다.

정 교사는 10년차 중학교 교사로 올해 3월에 복직을 했다.

일 년간 육아휴직으로 학교를 쉬었는데, 학교가 너무 그리웠다. 교사
로서 살아가는 것이 자신에게 중요하다는 것을 휴직 동안 깨달았다. 학
생들과도 잘 지내고 싶었고, 문제 학생이랄까, 소외된 학생들에게 교사
로서 도움을 주고 싶었다. 학생들에게 꼭 필요한 교사가 되고 싶다는 의
지가 쉬는 동안 더욱 견고해졌다. 하지만 두려움도 있었다. 일 년이란 시
간이 짧다면 짧을 수 있지만 다른 세계에 살다가 다시 그 세계로 들어가
는 두려움이랄까.

그렇게 두려움과 그리움, 설렘을 안고 교실로 들어섰다. 그런데 쉬는
기간이 무색하게도 교사의 직감이랄까, 첫 시간을 마치자마자 정 교사
는 이 교실에서 자신을 일 년간 괴롭힐 녀석들에 대한 촉이 왔다. 그 중
강력한 한 녀석이 눈에 띄었다. 그 아이는 턱을 괴고 정 교사를 뚫어지
게 보더니 물었다.

"선생님, 첫 시간인데 게임 안 해요? 작년 쌤은 재밌는 게임 많이 했는데…."

"응, 나는 안 할 건데. 교과서 펴세요."

상민이는 그저 쌜쭉 입을 내밀고 교과서를 폈다. 그렇지만 첫 시간 이후 상민이는 매 시간마다 점점 더 심하게 선을 넘었다.

"선생님, 피자 사줘요. 작년 쌤은 피자 걸고 우리 경쟁시키고 그랬는데."

"선생님은 작년 선생님이 아니에요. 10번 문제 다시 보세요."

"아우, 짜증나, 완전 노잼. 맨날 안 된대."

"상민아, 뭐라고 했지? 선생님한테 그런 말투는 예의가 없는 거 아냐?"

"칫, 뭐래, 짜증 나."

수업이 끝나고 교무실로 불러서 타일러야지 생각하고 넘어갔다. 그 일 이후로도 계속해서 상민이는 "짜증나, 재수 없어." 등등의 말을 하면서 수업 시간에 어처구니없는 것들을 요구했고 학급 학생들하고도 갈등이 잦았다. 정 교사는 이런 일이 반복되니, 타이르는 것도 달래는 것도 혼내는 것도 지쳤다. 그저 교실에서 어떤 사건이 일어나고 갈등이 생기면 '또 너니?' 하는 마음이 습관적으로 들었다.

그러다가 어느 날, 교실에서 큰 일이 터졌다. 점심시간에 교무실에 있는데 학급 반장이 뛰어 왔다.

"선생님, 큰일 났어요! 상민이랑 영호가 싸웠는데…."

정 교사는 이야기를 채 듣지도 않고 교실로 뛰어갔다. 영호는 이마에 피가 난 채 울고 있었고, 상민이는 씩씩거리고 있었다.

"상민이 너! 또 너야? 도대체 너 나한테 왜 그러니?"

정 교사는 급한 상황이었지만 자신의 목소리가 너무 크고 무서워서 자신도 깜짝 놀랐다.

옆 반 교사가 와서 반 학생들을 봐주기로 하고 정 교사는 영호를 데리고 보건실로 갔다가 다시 외과로 갔다. 이마를 조금 꿰맸다.

다행히 영호 부모님은 좀 놀라셨지만 이해하기로 했다. 대신 조건은 상민이의 사과였다. 그건 영호도 부모님도 원하는 것이었고 정 교사 또한 그래야 한다고 생각했다. 그런데 상민이는 똥고집이었다.

"내가 왜요? 난 잘못한 거 없어요. 걔가 먼저 놀렸단 말이에요."

"상민아, 아무리 놀려서 분하고 화가 났어도 그걸 폭력으로 대처하는 건 네가 용서받을 수 없어. 네 폭력에 대해서는 사과를 해야지."

"됐어요. 왜 선생님은 맨날 나만 갖고 그래요? 진짜 재수 없어."

순간, 정 교사는 사고가 났던 당시, 정황을 들어보지도 않고 상민이한테 먼저 대뜸 소리부터 지른 자신의 모습이 '오버-랩' 됐다. 그래도 사건을 잘 마무리하기 위해서는 상민이가 사과해야 한다. 그러지 않고 계속 고집을 부리면 영호 부모님도 참지 않을 것이다. 학교폭력 사건으로 넘어가기 전에 잘 마무리하고 싶었다.

사실, 교실의 모든 갈등의 원인은 상민이다. 영호가 뭐라고 놀렸는지는 모르겠지만 먼저 폭력을 휘두른 건 엄연한 잘못이다. 사과해야 할 일이 맞다.

"상민이, 너 사과 안 하면 이번 일 학교폭력으로 넘어갈 수 있어. 너 그럼 가해자가 되는 거야. 알아?"

"상관없어요. 어차피 범죄자 취급하고 있잖아요."

머릿속으로는 상민이의 마음을 이해해야 하고 이야기도 들어주고 공감해주어야 한다는 걸 알고 있었다. 상담에 대해 다 배웠고 교육 서적에도 늘 나오는 얘기니까. 그런데 실제로 이런 일이 일어나고 보니, 그 아이의 말은 듣기도 싫었다. 학생을 차별하는 교사가 된 것 같아 자책감이 들다가도

"늘 상민이 네가 먼저 그러는 거, 너만 그러는 거 맞잖아."

라고 시원하게 되받아치고도 싶었다.

 **마음의 소리**

정 교사 : 학교에서 잘 지내는 학생보다는 사각지대에 있는 학생들을 보호해주는 것이 교사의 역할이고 어른의 태도이다. 책이나 강의에서 접한 이런 말들이 나를 더욱 교사답게 만들었다. 그런데 복직하자마자 착실하게 쌓아 온 나의 신념이 무너졌다. 이런 게 현실이라는 건가? 나도 그냥 현실에 타협하는 교사여야 하는 건가?라는 생각 때문에 너무 괴롭다. 걔 하나만 없으면 우리 반은 정말 평화로울 텐데, 진짜 전학이라도 갔으면 좋겠다.

언제는 상민이가 아파서 며칠 결석을 했는데 너무 좋았다. 아이들도 잘 지내고 수업도 잘 되고. 상민이 한 명에게 쓰는 에너지가 너무 커서 학급에 들어갈 때 스트레스를 받을 정도다. 미운 자식 떡 하나 더 준다고 상민이한테 이런 저런 회유책을 써봤지만 더 선을 넘고 덤비고 나를 막 대한다. 빨리 내년이 돼서 상민이 담임을 떠넘기고 싶은 마음뿐이다.

상민 : 지금도 화가 난다. 영호 자식이 먼저 나를 놀렸다. 그건 애들도 다 들었고 다 봤다. 나한테 기생충 같은 새끼, 곰팡이 같은 새끼라고 했다. 너만 없어지면 된다고 했다. 나도 모르게 주먹이 나갔다. 나는 그 자식한테 전혀 사과할 맘이 없다. 근데 어른들은 돌아가면서 나를 붙들고 먼저 사과하라고 그런다. 나를 범죄자처럼 대한다. 교무실에서 교장, 교감 선생님하고도 얘기했다. 다들 나만 잘못했다고 말한다. 억울하다. 제일 짜증나는 건 담임이다. 담임이 오니까 그 새끼가 오버해서 울고 누워 있는데 그것만 보고 담임은 나한테만 소리를 질렀다. 그리고 무조건 사과하라고 했다. 학폭으로 협박하면서.

매번 그렇다. 담임은 내 말은 무조건 안 된다고 한다. 내가 말하면 날 쳐다보지도 않는다. 다른 애들이 얘기하면 장난을 쳐도 얼굴 보면서 웃고 같이 장난칠 때도 많은데…. 선생님이 나만 미워하는 거 우리 반 애들도 다 알고 날 무시한다. 진짜 짜증난다. 학교 다니기 싫다.

심한 말을 한 친구에게 폭력을 한 학생이 자신의 잘못만 따진다고 항의하면서 벌어지는 갈등이다. 학폭위 등 사태가 공론화되기 시작하면 대체로 결과된 행동을 문제 삼는 경우가 있는데 이런 경우 한쪽은 반드시 억울함을 호소한다. 어떤 경우이든지 반드시 자신만의 이유가 있기 때문이다. 특히 청소년은 자신을 제어할 수 있는 능력이 떨어지는 시기이다.

"아무리 놀려서 분하고 화가 났어도 그걸 폭력으로 대처하는 건 네가 용서받을 수 없어."라는 교사의 말 앞부분을 "영호가 모두들 있는데 너를 곰팡이 같은 새끼라고 해서 너 진짜 화가 많이 났겠구나. 이런 왜 그런 말을 다 하냐? 그래서 너도 모르게 폭력을 썼구나."라고 바꾸었다면 어떻게 되었을까? 첫 번째 교사의 말은 교사가 상민이에 대해 이해한 것이지만 두 번째 교사의 말은 교사가 상민이가 되어서 이해한 것이라고 할 수 있다. 잘못이 크든 작든 서로 자신이 저지른 잘못에 대해 사과하면 이 문제가 풀리지 않을까?

"너를 기생충, 곰팡이 같은 새끼라고 했다고? 그것도 친구들 다 있는 앞에서? 이런, 정말 화가 많이 났겠구나. 어떻게 그런 말을 다 할 수가 있냐? 그래서 너도 모르게 주먹이 나갔구나. 근데 그렇다고 해도 네가 주먹을 휘두른 것은 이유가 어쨌든 해서는 안 될 행동인 것은 너도 알지? 음…. 이렇게 해 보면 어떨까? 네가 주먹을 휘두른 것은 네 잘못이니 네가 사과하고 영호가 너에게 그런 나쁜 말을 한 것은 영호 잘못이니 걔가 너에게 사과하고. 그렇게 일단 서로 사과부터 하고 다음 일을 생각해 보자."

받는 게 당연한 아이들, 뭐 안 주면 아무것도 안 할 거니?

최 교사는 32년차 퇴직을 앞둔 원로교사다. 학생들이 다 손주 같고 사랑스럽다. 그런데 요즘 학생들이 매사에 대가를 요구하는 태도 때문에 고민이다. 도덕시간에 수업도 해 보았지만 요즘 아이들, 요즘 부모의 생각을 더 명확하게 알게 되었다. 교육의 이상과 현실 사이에서 혼란스러운 갈등을 겪고 있다.

최 교사는 올해로 32년차 교사다. 이제 조금 있으면 퇴직을 앞두고 있다는 생각에 하루하루가 소중하고 아쉽다. 학생들하고 지내는 시간이 얼마 남지 않았다고 생각하면 학생이 하는 말과 행동이 모두 귀엽고 사랑스럽다.

요즘은 동료 교사들 모임을 나가면 이런 말들을 제일 많이 한다.

"낙엽 떨어지는 것도 조심해야 해. 요새 애들도 학부모도 너무 무섭잖아. 그냥 푹 수그리고 조용히 퇴직하는 것만으로도 감사한 일이지."

최 교사는 그 말에 너무나 공감한다. '요즘 부모들', '요즘 아이들'이라는 말을 많이 하고 듣지만, 정말 우리 때와는 너무나 천양지차고 자신이 한참 젊은 교사였던 시절하고도 많이 다르다는 생각을 한다. 그래도 교직에 있는 동안은 최선을 다 하고 싶어서 교장이 나이 많다고 배려해주면 그러지 말라고 말한다.

"그냥 다른 선생님들하고 똑같이 업무 주시고 학년도 주세요. 그래야 내가 선생님들한테도 덜 미안하고 떳떳하지."

올해는 4학년을 맡았다. 학급 학생들도 다 예쁘고 착하다. 그런데 딱한 가지 문제가 있다.

"아이고, 교실 뒤가 왜 저렇게 더럽니? 누가 좀 치워볼까?"

"저거 치우면 뭐 줄 건데요?"

처음엔 말문이 턱 막혔다. 그래도 치우겠다는 의지는 있는 것 같아,

"선생님이 간식 나눠줄게!"

라고 말하곤 했다. 학생들은 언제 그랬냐는 듯이, 우르르 달려가서 교실을 치우고 앞으로 몰려 나와 조그만 간식에도 좋아했다. 나름 그 모습도 귀여웠다. 그런데 매사가 그런 식이라는 게 문제였다. 학생들은 모든 일에 대가를 바랐다. 좀 문제가 있다 싶어서, 자발적으로 아무 대가 없이 선행을 베푸는 사람에 대한 이야기도 해 보았는데, 그땐 그때고 자신의 삶에 적용을 하는 건 별개의 일이었다. 그리고 더 충격적인 것은 수업시간에조차 그런 일을 한 인물들에게 이런 이야기를 했다.

"그건 자기가 손해 보는 거잖아요. 바보 같은 짓 아닌가요?"

"아무도 알아주지 않는데 자기만 손해 보면 뭐 해요? 자기 걸 챙겨야 된다고 엄마가 말했는데…."

요즘 학생들의 사고방식이었다. 부모님 또한 가정에서 손해 보지 말라고, 자신의 것을 챙겨야 잘 살 수 있다고 말해준다. 그게 어쩌면 경쟁시대에 걸맞은 현실적인 교육 방식이란 생각도 할 수 있다. 학교에서 도덕시간에 하는 교육 방식이 시대에 한참 뒤떨어진 것이란 생각도 할 수 있다. 하지만 최 교사는 부쩍 자신이 나이가 들었는지, 세대차이인지, 어떻게 학생들에게 가치 교육을 해야 하는지 고민스러웠다.

"선생님, 이거 잘 하면 피자 쏘세요!"

"선생님, 우리 숙제 다 해왔는데, 아이스크림 어때요?"

오늘도 학생들의 당돌한 외침이 최 교사를 소란스럽게 한다. 어떤 일에 대한 정당한 대가는 필요하지만 매사에 대가를 바라고 대가가 주어지지 않았을 때는 모두 책임을 회피하는 태도가 학생들의 몸에 배이지 않았으면 좋겠다. 그런 걸 어떻게 교육할 수 있을까? 교사로서 또 세대의 어른으로서 고민이 되고 다른 동료 교사들의 생각은 어떤지 궁금하다.

 마음의 소리

최 교사 : 퇴직을 앞둔 내가 보기에 아이들이 다 내 손주 같다. 귀엽고 사랑스럽기까지 해서 간식 달라고 모여드는 모습조차도 귀여운 제비 새끼들 같다. 그런데 좀 지나칠 때도 있다. 보상을 해주지 않으면 아무런 행동도 하지 않고, 교사에게 무한정 요구하는 요즘 아이들의 모습에 실망스러울 때도 많다. 교사이기에 교육을 통해서 이런 아이들의 가치관을 바꿔주고 싶고, 교육적으로 접근하고 싶은데 가정에서조차 자신의 것을 챙기고 이득이 우선이라고 배워온 아이들의 사고방식을 바꾸는 것이 쉽지 않다.

좋은 사회를 만들기 위해서는 보상이 없어도 행동하는 사람들이 있어야 하고 그런 사람들을 기억하고 가치를 되새겨 주어야 하는 거 아닐까? 어떻게 학생들에게 현실과 이론이 딱 맞는 교육을 할 수 있을까?

학생 : 선생님이 뒤에 있는 쓰레기를 치우라고 시켰다. 내가 버린 것도 아닌데 왜 나한테 시키지? 손도 더러워지고 지금 하고 있는 것도 있는데 귀찮고 짜증났다. 선생님은 먼저 선행을 베풀면 좋은 사람이라고 이야기를 하는데 솔직히 자꾸 이런 거 먼저 하면 호구된다. 애들이 우습게보고 더 시킨다. 우리 엄마도 그랬다. 착하게 살면 호구된다고.

아이들이 귀여워서 당근을 주기 시작했는데 이제는 해야 할 일을 하면서 점점 더 비싼 당근을 요구하는 학생들과의 갈등이다. 당근이든 채찍이든 점점 강도가 심해져야 효과가 나타난다. 이것을 '크레스피 효과(Crespi effect)'라고 한다. 교육은 바람직한 행동(desirable behavior)을 하도록 가르치는 것이니 당근 없이 해야 할 일을 하도록 하는 것이 교육자로서의 책무이다.

학생들도 자신들이 해야 할 일을 당연히 해야 하는 것을 알고 있으니, 학생 모두에게 해야 할 일에 대해서 당근을 주지 않는 것이 교사의 역할이고 의무임을 인식시키도록 하는 대화를 통해 문제를 해결할 수 있지 않을까?

"이제까지 여러분이 청소를 하면 간식을 사 주었어요. 그런데 이제부터는 당연히 해야 할 청소를 하면 간식을 사 주지 않을 거예요? 왜 그런지 아는 사람? 간식비가 떨어졌다고? 하하하 그래요, 간식비도 만만치 않아요. 그런데 진짜 이유는 다른 데 있어요. 우리가 사용한 공간은 당연히 주인이 정리하고 청소하는 거지요? 우리는 이 공간의 주인이 맞지요? 그런데 당연히 해야 할 것을 하도록 하는 것이 교육이에요. 이런 교육을 받기 위해 여러분이 학교에 다니는 거예요. 그런데 내가 청소를 하는데 계속 간식을 사 주면 교육이 될까, 안 될까? 맞아요. 당연히 해야 할 청소를 하는데 간식을 사 주면 나는 교사로서 해야 할 일을 하지 못하는 거예요. 여러분도 배워야 할 것을 배우지 못하고…. 대신 당연히 해야 할 일을 할 때는 여전히 간식이 있을 수 있겠죠? 그리고 또 하나, 선생님이 여러분이 너무 사랑스럽고 고마워서 간식을 간혹 챙겨줄 순 있지만 그럴 때마다 우리 주는 사람에 대한 고마움을 잊지 않기로 해요. 그래야 선생님도 다음에 또 더 많이 주고 싶겠지요?

학교에서라도 자겠다는 아이를 어떻게 깨워요

강 교사는 10년차 고등학교 윤리교사다. 윤리는 비주류 교과이기 때문에 학생들의 관심을 끌기 위해 더 열정적으로 수업 연구를 했다. 그런데 수업 시간에 대놓고 자는 학생과 이야기를 하는 중, 학생의 태도에 마음이 상한다. 그 학생이 성적이 좋고 자신이 판단하여 수업을 듣는다는 담임교사의 말에 더욱 자존심이 상했다. 수업 시간에 자는 학생들을 어떻게 대처해야 하는지 고민스럽다.

강 교사는 학교에서 열정적인 교사로 이름 난, 올해 10년차 고등학교 윤리 교사다. 교장, 교감도 강 교사를 부를 때, '열혈 교사'라고 부른다. 그 말이 강 교사는 싫지 않다. 그만큼 교육에 열의가 있고 적극적인 건 자신의 능력과 노력의 결과물이라고 생각한다. 교직 10년차가 됐는데도 신규 때 같은 열정을 유지하고 있다는 건 큰 자부심이었다. 물론 그때와 열정의 모양은 좀 다르지만, 점점 더 성장하고 그러기 위해 노력하는 자신의 모습이 만족스러웠다. 학생들도 그걸 아는지, 학년 말 교원평가에서 늘 좋은 평을 듣는 편이다.

그런데 요즈음 강 교사는 고민이 생겼다. 수업을 듣는 학생들의 태도 때문이다. 강 교사는 자신의 과목이 수능에 나오지도 않는 비주류 과목이라 학생들에게 그닥 관심사가 아니라는 것을 알고 있다. 그래서 더 유난을 떨면서 수업 준비를 하고 자신의 과목에 대한 열의를 보인다. 다른 주요 과목인 국어나 사회 선생님들에게 일부러 찾아가서 이야기를 많이

나누고 자신의 과목과 융합해서 수업할 수 있는 방안을 찾기도 했다. 그래도 한계가 있었다. 학종이 생겨서 그나마 학생들은 수업을 들으려고도 하고 수행평가에 성의를 보이기도 하지만, 학생들의 영혼 없는 반응에 이러지도 저러지도 못하고 있다.

하루는 수업 중에 이런 일이 있었다.

"거기, 뒤에 누가 수업 시간에 그렇게 엎드려 있는 거니? 옆에 좀 깨워라."

"아이 씨, 누구야?"

흔들어 깨우던 친구가 금세 머쓱해 했고, 더 이상 학생들에게 깨우라고 말할 수 없어서 강 교사는 엎드려서 곤히 자고 있는 학생에게 다가갔다.

"일어나라, 지금 수업 시간이잖니."

"아이 ××, 냅둬."

순간, 어떻게 해야 할지 몰라서 머리가 멍해졌다. 교무실에서 선생님들끼리 자는 애들 깨우지 말자, 그냥 내버려 둬라, 자는 애들 깨우다가

욕먹었다는 말을 종종 들은 적이 있지만, 실제로 본인이 겪은 것은 처음이었다. 교실 분위기는 쥐 죽은 듯 고요해졌다. 이미 시작했다고 이 학생을 무리해서 깨우는 게 맞는 건가 싶기도 하고 욕까지 먹은 상황에서 그냥 수업을 계속 할 수도 없고, 판단이 서지 않았다.

"선생님, 그냥 수업 계속 해요. 걔 원래 계속 자요."

강 교사가 갈등하고 있는 것을 느꼈는지, 반 학생들이 먼저 말을 꺼내 주었고, 덕분에 못 이기는 척 수업을 계속 하였다. 수업을 마치고 그 학생을 교무실로 오라고 했다.

"너 왜 수업시간에 그렇게 자니? 어제 밤엔 뭐했어?"

"인강 들었는데요."

"그래, 잠깐 졸 수는 있지만 그렇게 대놓고 자는 거 나에 대한 최소한의 예의가 없는 거야. 그리고 선생님한테 욕을 하면 안 되지 않니?"

"선생님한테 한 거 아닌데요. 그 상황이 짜증이 난 거죠. 잘 때 누가 깨우는 거 젤 싫어하거든요. 그리고 전 학교에서 그 때 아니면 잘 시간이 없어요."

끝내 그 학생은 죄송하다는 말을 하지 않았고, 강 교사는 감정을 주체하기가 힘들어 학생을 교실로 일단 보냈다. 다음 수업을 들어가서도 그 학생의 욕과 그 말투, 순간 고개를 들어 자신을 노려보던 눈빛이 잊혀지지 않았다. 조용히 그 학급 담임교사를 찾아가서 그 학생에 대해 물어봤다.

"아, 성훈이요? 다른 선생님들도 오셨었는데…. 공부는 곧잘 해요. 성적이 좋은 편이죠. 부모님도 애 성적에 관심이 많으세요. 그래서 학원이

다 과외다 좀 무리해서 다니는 것 같더라구요. 주요 교과는 또 잘 들어요. 근데 본인이 안 들어도 된다 싶은 과목은 그냥 자는 것 같아요. 부모님 상담 오셨을 때도 얘기하고 애하고도 얘기했는데 변하질 않네요. 죄송해요, 강 선생님."

담임교사의 체념하는 듯한 말이 더 기가 막히고 자존심까지 상했다. 담임교사의 말에 따르면, 강 교사의 수업을 안 들어도 되는 수업으로 치부했다는 것 아닌가. 지금까지 수업에 대한 열정과 노력, 수업을 재미있게 해보려고 이것저것 시도했던 일들이 헛수고처럼 느껴졌다. 허무했다.

그 날 저녁, 울적한 마음에 친한 동료 교사와 저녁을 먹으면서 속상했던 이야기를 꺼냈다. 그런데 강 교사는 자신만의 고민이 아니란 걸 알게 되었다.

"강 선생, 근데 애들도 힘들지 않겠어? 낮엔 학교에서 내신이다 수행평가다 뭐다 해서 과제를 과목별로 내. 영상 만들고 편집하고 랩 만들고 어쩌고. 학종이 생기면서 애들이 학교 눈치를 볼 수도 있겠지만, 사실 애들 잡는 거야. 나, 누나 집에 얹혀 사는 거 알지? 우리 조카가 고2 거든. 걔 몇 시에 자는 지 알아? 새벽 3시에 자. 그것도 겨우겨우. 책상에 쓰러져서 잘 때도 있다고. 난 누나 집에 산 이후로 애들 수업 시간에 자는 거 못 깨우겠더라."

동료 교사의 말을 듣고 집으로 오는 내내, 생각에 잠겼다. 수업 시간에 자는 학생들, 어떻게 해야 할까? 깨워서 수업을 듣도록 하는 게 교사의 역할이라고 생각했는데 그게 아닐 수도 있겠단 생각이 들었다. 다시 그 학생을 보면 어떻게 해야 할까?

마음의 소리

강 교사 : 우리나라의 현실에서 내 교과가 학생들 입시에 별 영향을 미치지 않는 것도 안다. 그래서 힘이 빠질 때가 있지만 세상을 살아가는 데, 좋은 인간이 되는 데에 윤리나 철학은 반드시 필요하다고 생각한다. 그래서 더욱 다른 교과와 융합해보기도 하고 학생들한테 가르치고 싶은 것들을 재미있게 가르쳐보고자 노력했다. 그런데 수업 시간에 대놓고 엎드려 자는 그 아이 때문에 내 생각의 기둥이 뿌리 뽑히는 기분이다. 윤리 과목 교사인 것에 회의감이 들었다. 사실 임용고시 공부할 때도 너무 힘들었다. 비주류라는 것 때문에 교사 티오도 적게 나와 공부도 남들보다 더 했다고 자신한다. 그런데 그런 것들이 교직생활에서까지 이어질 줄은 몰랐다. 학생들에게 과목으로 차별받는 느낌이다.

그런데 며칠 전 친구의 이야기를 들으니 아이들 마음도 이해가 갔다. 힘들겠단 생각도 들었다. 그렇지만 난 교사다. 수업을 해야 하는데 수업 시간에 학생들이 자고 내 수업을 안 들으면 내 존재 이유는 무엇인가? 애들이 힘드니 자는 걸 묵인해야 하나?

성훈 : 어제도 2시 넘어서 잠이 들었다. 어떻게 잤는지 기억도 안 난다. 일어나보니 침대에 입던 옷 그대로, 안경 쓴 채로 자고 있었다. 일어나자마자 또 학교에 가야 한다. 정말 지겹다. 딱 하루만이라도 맘 편히 자고 싶다.

학교에선 과목마다 수행평가를 한다고 과제를 내야 한다. 어느 하나 쉬운 게 없다. 조별과제라도 받는 날엔 더 죽음이다. 애들하고 시간 맞춰서 만나고 얘기하고 역할 나누고…. 그러고 수업을 또 들어야 한다. 내신이 중요하다보니, 수업도 신경 써야 한다. 우린 기계가 아니다. 요즘엔 마치 대학을 위해 사는 로봇 같을 때가 있다. 그걸 참고 영혼 없이 하루를 살다가 나도 모르게 화가 폭발할 때가 있다. 날 귀찮게 하거나 그냥 이유도 없이 짜증이 나면 어디에선가 폭발을 한다. 나도 안다. 나도 내가 화를 내면서 좀 심하다고 느낄 때가 있다. 그렇지만 난 이게 내 잘못이라고 생각 안 한다.

열혈 교사의 수업에서 대놓고 자는 학생들과의 갈등이다. 수업 시간에 자는 학생들이 많아지는 것은 대한민국 교실의 공통적인 현상이고, 그 원인을 구조적인 문제에서 찾는다. 그런데 모든 수업 시간에 대놓고 자는 학생들이 아니라 내 수업에서만 대놓고 자는 학생들은 왜 그럴까?

자는 학생에 대해 이해하지 말고 학생이 되어서 생각해 보면 문제를 풀 수 있지 않을까? '나도 수업 시간에 자지 않아야 한다는 것은 한다. 그럼에도 눈이 잠기는 것은 어쩔 수 없다. 그냥 자지 않으려고 노력하는 내 모습이 오히려 초라해 보인다. 차라리 자자. 깨우는 사람은 더 밉다. 그냥 자게 두지, 또 초라한 모습을 보이라고?' 잠을 막을 수는 없다. 그러나 자지 않으려고 노력할 수는 있고, 나를 깨우는 사람에게는 미안해 할 수는 있다. 여기서부터 시작하도록 대화를 시도해 보면 어떨까?

"쏟아지는 잠을 어쩔 수 없지? 자고 있는데 깨우면 싫지? 그런데 네가 그냥 자는 데다가 깨우는 사람에게 짜증을 내니까, 나는 네가 내 수업이 아니라 나를 포기한 것처럼 느껴져. 그래서 정말 힘들구나. 그동안 내가 수업을 열심히 하니까 네가 잠을 자지 않으려고 노력했던 거 내가 알고 고맙게 생각해. 그래서 수업도 더 열정적으로 하려고 노력했단다. 그러니 성훈아, 잠이 오더라도 포기하지 말고 깨어 있으려고 노력은 해 보자. 그리고 너도 모르게 잠이 들었다면 깨우는 사람에게는 적어도 미안한 마음은 갖도록 해 보자. 그러면 내가 좀 덜 힘들겠구나."

초등학교 2학년 담임인 오 교사는 자신을 잘 따르고 좋아해주는 학생들이 예쁘지만 사소한 일에도 자기를 부르는 학생들 때문에 아무것도 할 수가 없다. 업무도 집으로 가져와 하다 보니, 잠도 모자라고 학생들이 부르는 환청에 시달리기도 한다. 오 교사는 학생들에게 자신의 일을 스스로 해결하는 방법도 가르치고, 오 교사 자신도 좀 홀가분하게 학교생활을 하고 싶은 마음에 이 문제를 좀 적극적으로 해결하고 싶다.

오 교사는 올해 발령받은 초등학교 신규 교사이다. 설레는 마음을 안고 첫 날 학생들을 맞았다. 오 교사는 2학년 담임을 맡았다. 학생들이 너무 예쁘고 귀여워서 그동안 임용고시 공부하느라 힘들었던 날들을 보상받는 느낌이었다. 아직 2학년이어서 그런지 수업시간이 끝나면 득달같이 달려와 서로 안아달라고 난리였다. 오 교사의 자리 앞에 빼곡하게 얼굴을 내밀고 어제 뭐 했는지, 엄마가 뭐라고 했는지 미주알고주알 이야기하기 바빴다. 학생들에게 사랑받는 것 같아서 오 교사도 뿌듯했다. 학생과 교사의 관계는 수업뿐 아니라 그 외 학교생활의 장에서도 가장 중요한 핵심이라고 생각했다.

그런데 학급에 영이란 아이는 유독 담임을 찾는 일이 잦았다. 무슨 일만 생기면 "선생님, 선생님!"하며 오 교사를 불러댔다. 물론 처음에는 어리니까 교사의 도움이 필요한 것이 당연하다고 생각해서 사소한 일이

라도 끝까지 들어주고 문제를 해결해주려 애썼다. 그런데 오 교사도 한계가 있었다. 한 반에 학생이 25명인데 영이는 연필심 부러진 것부터 원피스 끈 풀린 것까지, 정말 한도 끝도 없었다. 더 큰 문제는 영이를 봐주기 시작했더니 다른 학생들도 혼자서 잘 하던 걸 다 갖고 앞으로 나오기 시작했다는 것이다. 한 명 한 명 일일이 다 봐주다보니 일 처리가 두 배로 늘어졌다. 학생들이 하교하기 전에는 이야기를 들어주고 중재해 주느라 아무것도 할 수 없어 짜증이 났다. 학생들이 가고 나면 학교 업무에다 학습지나 과제물 피드백까지 시간이 부족해서 집으로 일거리를 싸들고 가서 해야 했다.

하루 이틀도 아니고 이런 일상이 반복되다 보니, 뭔가 해결책이 필요하다는 생각이 들었다. 퇴근 후에 집으로 돌아와서 잠이 들 때도 "선생님, 선생님…." 아이들의 목소리가 귀에서 맴돌았다. 계속 이러다가는 병원에 가야 할 지경이었다.

"영이야, 자기 일은 스스로 해결할 수도 있어야 해. 그게 진짜 멋진 사람이야. 손 씻는 건 혼자서 해 볼까?"

좋은 말로 타이르고, 선생님은 다른 일을 해야 한다고 아무리 설명해도 소용이 없었다.

"싫어, 싫어, 앙앙!"

무슨 말만 하면 울어버리는 영이 때문에 속수무책이었다.

"그만 좀 해!"

터질 게 터지고 말았다. 계속되는 영이의 생떼에 버럭 화를 내버렸다. 오 교사는 자기 자신을 보고 깜짝 놀랐다. 고작 이런 일로 어린 학생에게 화를 내다니, 자신이 정말 초라해졌다. 동료 교사들에게 고민을 토로해 보기도 했다.

"오 선생, 6학년도 그래. 애들은 만날 부르고 고자질하고, 그게 일상이야. 그냥 익숙해져야지."

"그냥 적당히 무시하고 내버려둬. 그럼 그러다가 말어."

오 교사는 정말 심각하고 진지하게 물어본 고민인데, 동료 교사들은 하나같이 웃으면서 대수롭지 않다는 듯 대답을 했다. 정말 자신이 너무 예민한 걸까?

"선생님, 영이가 누워서 안 일어나요."

"선생님, 영이가 화장실에서 안 나와요."

오늘도 오 교사는 우는 영이를 달래고 일거수일투족을 다 챙기느라 하루를 보낸다. 다른 학생들도 영이를 따라 어리광을 부리고 울어버리는 일이 잦아지는데 어떻게 해야 할지 모르겠다.

 마음의 소리

오 교사 : 어제도 밤에 잠을 자려고 누웠는데 영이가 "선생님~" 하며 우는 소리가 들리는 것 같았다. 문제는 이제 다른 아이들이 나를 부를 때도 그게 무슨 일이고 어떤 일인지 확인도 하기 전에 짜증이 나고 화가 난다는 것이다.

　오늘은 애들한테 버럭 화를 내면서 큰소리로 "왜, 또?" 하면서 짜증을 내는 나 자신을 발견하고 한참동안 멍해졌다. 이렇게 계속 지내다가는 아무래도 병원에 가야 할 것 같다. 업무 때문에 밤에 계속 집에서 일을 하다 보니 잠도 부족하고 더 예민해진다. 영이 때문에 그렇게 예쁘고 귀엽던 애들도 다 날 괴롭히고 귀찮게 하는 존재로만 느껴진다.

영이 : 우리 선생님은 너무 친절하고 좋다. 우리가 무슨 얘기를 해도 다 들어주신다. 지난번에는 주말에 엄마 아빠랑 놀이공원에 다녀왔는데 제일 먼저 선생님이 떠올랐다. 학교 가면 꼭 선생님한테 내가 얼마나 신났는지 얘기해 주고 싶었다. 선생님이 우리 엄마였으면 좋겠다.

　내가 부르면 선생님은 다 해준다. 우리 엄마는 무서운데 선생님은 안 그런다. 또 막 울면 선생님도 친구들도 다 들어준다. 난 우는 건 자신 있다.

사소한 일까지도 교사를 부르는 학생들 때문에 학생들에게 버럭 화를 내기까지 변해버린 교사의 갈등이다. 학생들의 모든 치다꺼리를 교사가 다 할 수 있으면 학생들과 아주 좋은 관계를 형성할 수 있다. 모든 사람에게 좋은 사람은 결국 아무에게도 좋지 못한 사람이 될 수 있다는 것을 염두에 두어야 한다. 그리고 스스로 해야 할 일을 할 수 있는 능력을 갖추도록 하는 것이 교육이다.

모든 학생들을 대상으로 자기가 할 일은 스스로 하도록 일정한 규칙을 세우고, 이 문제를 교사의 도움을 구하느냐 아니냐가 아니라 그 규칙을 준수하느냐 아니냐의 문제로 전환시키는 대화를 통해 이 문제를 풀 수 있지 않을까? 이런 대화 후 영이를 따로 불러 영이가 할 수 있는 규칙을 약속으로 지키도록 하면 문제를 해결할 수 있을 것이다.

"여러분이 모두 저를 잘 따르니 저는 정말 행복한 선생님이에요. 그런데 제가 언제까지나 여러분 옆에 있을 수는 없잖아요. 여러분이 스스로 할 수 있는 일은 여러분 스스로 하는 것이 맞죠? 그리고 그것이 선생님이 해야 하는 임무예요. 그래서 여러분이 혼자서 할 수 있는 일은 스스로 하도록 오늘부터 한 가지씩 규칙을 정할 거예요. 우선 우유 따기. 선생님이 우유 따는 법 많이 가르쳐 주었으니 우유는 여러분이 딸 수 있겠죠? 우유 따는 일은 이제부터 선생님에게 오지 말고 여러분이 하세요. 아, 그런데 난 아직도 안 되는데 어떡해요? 그럼 선생님에게 오지 말고 잘 하는 친구들에게 부탁해요. 그래서 그 친구에게 배우도록 하세요."

장난스러운 휴대전화 불법 촬영, 어떻게 해야 하죠?

윤 교사는 최근 수업을 하던 중 학생들의 불법 촬영의 피해자가 된 경험을 했다. 적절한 교육도 하고 학교에서 학생 휴대폰 사용에 대한 논의를 공론화해 보기도 했지만, 좋은 해결 방법은 찾을 수가 없었다. 또한 학생들에게 피해 받았던 경험 때문에 수업 시간뿐 아니라 학교 어느 곳에서도 주위를 살피면서 불안해하는 등 신경이 예민해졌다.

윤 교사는 중학교에 근무하고 있는 6년차 교사이다. 얼마 전, 윤 교사는 어디에 하소연하기도 어려운 어이없는 일을 당했다.

수업시간에 학생들끼리 킥킥 웃는 소리가 들렸다. 대수롭지 않게 생각하고 수업에 집중해야 한다는 말로 타일렀다. 학생들은 순간 조용해졌지만 얼마 지나지 않아 또 숨어서 웃는 소리가 들렸다.

"너희들, 뭐 하는 거니? 아까 선생님이 수업시간에 집중하라고 했잖아?! 뭔데 그래? 이리 가져와봐."

"아니에요. 선생님, 죄송해요. 정말 죄송해요. 이제부터 수업 잘 들을게요."

"뭔데 그래? 가져와 보라고!"

"죄송합니다."

학생들이 정색하고 고개를 푹 숙이면서 잘못했다고 용서를 비는데 더이상 이야기를 하는 것은 또 아닌 것 같고, 수업을 해야 하기도 해서 그

냥 넘어갔다. 그런데 화장실에 갔다가 우연히 학생들 이야기를 듣게 되었다.

"야, 담임 진짜 웃기지 않냐? 완전 극혐짤이야."

"그거 우리 단톡방에 올려봐. 인기 폭발이겠다. 진짜 완전 담임 인생 짤 아니냐?"

순간 화장실에서 뛰어나가고 싶었지만 차마 그럴 수 없었다. 학생들이 수업시간에 교사의 사진을 찍거나 영상을 찍어서 웃긴 표정이나 엽기적인 사진으로 편집을 한 모양이었다. 굉장히 수치스럽고 학생들 앞에 원숭이가 된 것 같아서 괴로웠다.

이 일이 있은 뒤, 학년 교사들과 회의에서 휴대폰 사용 교육에 대한 필요성을 강력히 주장했고, 학생들에게 상대방의 동의가 없는 불법촬영은 범죄라는 교육도 했다. 학생들은 너무 잘 알고 있는 듯 교육에 임했고 대답도 아주 정답만 넙죽넙죽 말했다. 그런 모습을 보고 있자니 얄미운 생각마저 들었다. 학생들에게 교사로서 교육을 했지만, 무참히 짓밟힌 자신의 인권은 어떻게 지켜야 하는가 하는 생각도 들었다.

아무래도 이대로 있을 순 없다는 생각이 들어서 그 당시 수업시간에 자신을 보고 웃었던 학생들을 교무실로 불렀다. 조심스럽게 그 날 일을 이야기했다. 학생들은 처음에는 아니라고 절대 그런 적 없다고 발뺌을 하다가 화장실에서 하는 이야기를 다 들었노라고까지 이야기하니 그제야 인정했다.

"얘들아, 선생님이 잠이 안 와서 그래. 그래서 그 사진을 어떻게 했니?"

"어디에 올리진 않았어요. 그냥 얘하고 저하고 우리 반 애들 몇 명하고만 같이 봤어요. 그런데 다른 사이트나 SNS에 올리지만 않으면 괜찮은 거 아니에요? 저희 신고하실 거예요?"

한숨이 나왔다. 자신들이 한 행동이 얼마나 무서운 결과를 초래하는지조차 인지하지 못하는 것 같았다. 그저 재미있으니까 하는 거고 친구들하고 한번 웃으면 그만인 걸로 생각하는 학생들의 행동에 윤 교사는 며칠 밤낮을 잠도 못 자고 불안해했던 것이 기가 막히면서도 허무했다.

윤 교사는 그일 이후로 수업시간에도 학생들이 책상 밑으로 무엇을 하는 것인지 유심히 보는 버릇이 생겼다. 교내에 다닐 때도 주위를 살피면서 걷고 화장실에서도 이리저리 둘러보면서 불안해했다. 정말 그 학생들이 자신의 사진을 삭제했을까? 다른 반에도 여기저기서 자신의 사진이 돌아다니면서 웃음거리가 되고 있진 않을까? 윤 교사는 불법촬영물의 피해자들의 삶이 이럴 것이란 생각이 들었다.

 마음의 소리

윤 교사 : 뉴스에서 불법촬영, 몰카의 피해자라는 걸 보기만 했지, 내가 그 피해자가 될 거란 생각은 못했다. 직접 당해보니 교실에 들어가기가 두려워진다. 또 어디에선가 아이들이 내 모습을 찍고 있을 거란 생각이 들어서 감시당하는 기분이다. 그렇다고 우리 반 아이들을 신고할 순 없지 않나?

  아이들이 잘못된 행동을 하면 바로잡아야 하는 게 교사인데 아이들은 뻔하고 진부한 도덕 교과서 같은 이야기엔 꿈쩍도 안 한다. 나만의 생각인가 해서 교사들과 이야기도 해보았는데 다른 교사들도 나와 같이 당한 일들이 한두 가지가 아니었다. 이대로 사회현상이라고 치부해선 안 될 것 같다. 교사도 이렇게 찍어서 조롱거리로 만드는데 학생들끼리는 더할 게 아닌가.

학생 : 사실 담임 얼굴 찍어서 클로즈업으로 편집해서 좀 놀긴 했다. 담임 표정이 디게 웃길 때가 있는데 그 순간을 포착했다. 또 담임이 어떤 날은 구멍 난 양말을 신고 왔는데 그게 너무 웃겨서 좀 찍었다. 그렇다고 그걸 막 애들 전체 톡방에 올리진 않았다. 그냥 친한 친구한테만 보여줬다. 근데 그게 잘못인건가? 연예인 얼굴 가지고도 막 편집하고 그러지 않나? 페북이나 유튜브 같은 데에만 안 올리면 되는 거 아닌가?

교사를 휴대폰으로 불법 촬영하여 장난 거리로 여기는 학생들로 인해 빚어진 갈등이다. 아무리 사소한 행위일지라도 불법에 관한 문제는 분명하게 대처해야 한다. 사소한 불법이 제재를 받지 않아 익숙해지면 사회적인 문제가 될 수 있기 때문이다. 바늘 도둑이 소 도둑이 되는 이유는 자라면서 그럴 수도 있지 하는 생각으로 그 행동을 방치했기 때문이다.

경찰이나 법조계 인사들에게 특강 등을 통해 불법 촬영 자체가 범죄 행위임을 분명하게 알려서 학생들로 하여금 자신들이 범죄 행위를 저지르고 있다는 인식을 갖도록 해야 한다. 교사 차원에서는 왜 이런 행위가 남을 해치는지에 대해 교육적으로 접근할 수 있을 것이다.

"얘들아, 작은 돌멩이 하나에도 개구리는 죽을 수 있다는 말 알고 있니? 그런데 왜 우린 개구리가 죽는지 모를까? 선생님은 그게 개구리들이 울지 않아서라고 생각해. 그래서 오늘은 선생님이 너희들에게 선생님 속상한 이야기를 해보려고 해. 누군가의 얼굴과 신체는 나름대로 개성 있고 소중한 거란다. 너희들이 보기에 웃기고 놀리고 싶은 대상이 될지라도 그 사람에게는 그게 그 사람 자체거든. 너희들은 재미있고 단순히 놀잇거리로 한 번 해본 것일 수 있지만 맞는 개구리들은 아프고 상처받고 죽을 수도 있다는 거 알아줬으면 좋겠다. 선생님 앞에서 너희들 휴대폰에 있는 선생님 사진을 비롯해서 다른 친구들 얼굴이나 신체 사진이 있다면 지금 같이 보는 앞에서 지워줄 수 있을까? 우리 지금 당장 다 같이 실천해 보자."

똑똑한 학생의 멋대로 행동,
규칙은 창의성을 저해하는 것일까요?

하 교사는 6학년 성준이라는 아이를 만나게 되었다. 성준이는 머리는 좋고 성적은 뛰어나지만 늘 지각을 하고 준비물이나 과제를 챙기지 않았다. 학급 아이들은 성준이에 대해 볼멘소리를 하면서 성준이를 핑계 삼아 자신들의 잘못을 정당화하기 시작했다. 그리고 시간이 지날수록 성준이는 아이들로부터 점점 멀어져 가고 있다.

오늘도 역시 그랬다. 성준이는 1교시가 시작된 후에 교실에 터덜터덜 들어왔다. 교실 뒷문으로 들어오면서 교사를 스윽 올려다보곤 고개를 꾸벅하고 자리에 앉았다.

"성준아, 아침에 왜 이렇게 늦게 오는 거야? 몇 시에 일어나니? 전날 밤에는 뭐했어?"

"그냥 책 보다가 좀 늦게 잤어요."

"휴… 성준아, 10분만 일찍 오자."

"네."

하나마나한 이야기인 걸 알고 있다. 그렇지만 다른 학생들의 눈도 있으니 이렇게라도 해야 한다.

하 교사는 아직 경력이 얼마 되지 않아 늘 고학년 담임을 맡았다. 올해도 6학년을 맡고 있다. 5, 6학년만 맡다보니 이젠 고학년의 심리도 어느 정도 알 것 같고, 교육과정이 학년군으로 묶여 있어 수업을 하기에도 수월하다.

그런데 올해는 성준이라는 아이가 이 교사를 심란하게 만든다. 성준이는 말썽을 부리거나 골치 아픈 사고를 치는 학생이 아니다. 오히려 그게 아니라는 점이 이 교사는 더 난감하다. 성준이는 늘 학급에서 일등을 도맡아 한다. 부모님은 다 대학 교수인데다 가정환경도 부족함이 없어 보인다. 그런데 생활 태도는 영 꽝이다. 지각은 일상다반사, 과제나 준비물 모두 챙기는 일이 없다. 생활적인 면에서는 형편없지만 성적은 뛰어난 학생. 성준이는 그런 학생이다.

"선생님, 성준이도 안 했는데 왜 자꾸 그냥 넘어가요?"

"내가 언제 그냥 넘어 갔니, 성준이한테도 얘기했잖아."

이미 학생들의 잣대는 성준이에게 기울어져 있었다. 다른 학생들은 담임 선생님이 성준이가 공부를 잘한다는 이유만으로 감싼다고 오해하고 있었다.

"그거 우리랑 다르잖아요. 칫, 성준이가 공부 잘한다고 봐주는 거예요?"

학생들의 이런 볼멘소리는 늘 하 교사를 괴롭혔다. 더군다나 자신들의 잘못을 성준이를 핑계로 삼아 변명을 해댔다.

"성준이도 이렇게 했는데, 왜 우리만 뭐라고 해요?"

학기 초에는 문제가 있을 때마다 매번 불러서 이야기를 해보았는데, 얼마 전에는 성준이가 이런 말을 했다.

"선생님, 그냥 저 좀 내버려두시면 안돼요? 공부는 알아서 할게요. 저 원래 집에서도 엄마 아빠가 뭐라고 간섭 안 하시거든요. 오히려 누가 뭐라고 간섭하고 참견하면 더 하기 싫어져요."

"성준아, 학교는 그런 곳이 아니야. 공동생활을 하고 친구들하고도 원활하게 지내는 것 또한 공부야. 함께 살려면 지켜야 하는 규칙과 질서가 있는데, 네가 하고 싶은 대로만 하면 그걸 열심히 지키는 다른 친구들은 뭐가 되니?"

"지들도 안 하면 되잖아요. 난 그런 거 안 하고도 잘 하니까 상관없는 거 아니에요? 지들이 나처럼 못하니까 질투하는 거지, 내가 직접 피해주는 건 없잖아요."

"그러면 친구들하고 잘 지낼 수가 없어."

"잘 안 지내도 괜찮아요. 그런 애들하고는 잘 지내고 싶지도 않아요."

말문이 다 막혔다. 자신의 무질서한 생활 습관을 그냥 내버려두라니. 그러려면 학교는 왜 다니느냐는 말이 턱까지 차올랐지만, 간신히 참았다.

그렇게 혼자 사는 것 같은 태도로 학교를 다니는 것 자체가 다른 학생들에겐 피해다. 다른 학생들도 처음 몇 번 성준이가 준비물을 안 가져오거나 지각을 하면 그런대로 이해하고 빌려주기도 했다. 그런데 회가 거듭될수록 불만이 이만저만이 아니었다. 더군다나 성준이가 학업성적이 뛰어나다는 걸 안 이후로 학생들은 성준이를 봐주지 않았다. 얄미운 거다.

"선생님, 성준이는 우리가 안 빌려줘도 상관없다고 했어요. 선생님은 왜 자꾸 성준이만 챙기고 성준이한테만 빌려주라고 하세요? 쟤가 먼저 우리랑 하기 싫다고 했어요."

학생들은 이제 성준이를 비아냥거리면서 배제시키고 성준이 또한 그런 친구들과 말도 섞지 않았다. 하 교사는 스스로 왕따이길 선택하는 성준이와 점점 성준이에게 적대감을 갖는 학생들 사이에서 어떻게 해야할지 모르겠다.

 마음의 소리

하 교사 : 매일 자기 맘대로 행동하는 성준이가 이제는 얄밉다. 나도 교사이기 전에 사람인데 반 아이들의 마음이 이해가 된다. 공부를 잘하고 머리가 좀 좋다고 멋대로 학교생활을 하는 건 교사로서 가만 두고 볼 수가 없다. 수업 시간에도 다른 책을 펴고 있어서 자리로 가 확인해 보면, 이미 다 완벽하게 해 놓았다. 할 거 다 했으니 자기 마음대로 하겠다는 거다.

성준이도 우리 반 학생인데 다른 아이들하고도 잘 지내게 하고 싶고, 사회성이라는 것의 중요성도 알려주고 싶다. 어떻게 하면 성준이가 학교생활을 잘할 수 있도록 도와줄 수 있을까?

성준 : 학교 참 재미없다. 다 아는 걸 듣고 있자니 시간이 아깝다. 그 시간에 좋아하는 과학 책 한 권 읽으면 그게 더 낫겠다. 반 애들도 담임이 나만 이뻐한다느니, 어쩌니 징징대는 게 수준 떨어진다. 그렇게 재미없는 학교를 일찍 가고 싶겠나? 과제하는 시간도 아깝다.

난 시간을 좀 더 잘 쓰고 싶을 뿐이다. 그게 훨씬 이익이지. 애들하고도 잘 지내고 싶지 않은데. 담임이 날 좀 빨리 포기했으면 좋겠다.

잘난척하면서 성적이 좋은 한 학생이 늘 규칙을 어겨 다른 학생들이 볼멘소리로 그 학생을 멀리하면서 빚어지는 갈등이다. 이런 갈등을 풀지 못하면 교사의 책무를 다하지 못할 뿐만 아니라 성준이에게 끌려다니면서 학급 전체를 망치는 결과를 낳을 수도 있다.

자식이 부모에게 "내가 알아서 할 터이니 나 좀 그대로 놔둬!"라고 하더라도 부모는 부모의 책임 때문에 그대로 둘 수 없는 것과 마찬가지로 학생의 잘못을 바로잡아야 하는 것이 교사의 책무이고 역할이다. 학생과 논리적인 대화를 통해 설득할 것이 아니라 교사로서의 역할과 책무라는 점을 들어 학생이 납득하도록 하여 갈등을 풀어야 한다.

"네가 공부도 잘하고 워낙 똑똑해서 부럽고 내 아들이었으면 하는 생각을 할 때도 있어. 근데 생각해 봐. 네가 보다시피 네가 그렇게 지각을 하거나 준비물을 잘 안 챙겨 오니까 다른 학생들이 너를 핑계 삼아 다 너처럼 하겠다고 하는 상황이잖아. 왜 그럴까? 네가 공부도 못하고 똑똑하지 못해도 그랬을까? 다른 학생들이 너를 그냥 질투해서 그랬을까? 난 아니라고 생각해. 다른 학생들은 네가 공부도 잘하고 똑똑하니까 질투도 나지만 한편으로는 네가 친구로서 자랑스러운 거야. 네가 자신의 기준이 되기를 원하고 그래서 생활에서도 모범이 되기를 원하는 거야. 넌 충분히 그걸 할 수 있는 능력이 되잖아. 그리고 무엇보다도 말이야, 난 널 그대로 두고 볼 수가 없는 사람이란다. 나도 너 그냥 두고 싶어. 그러면 나도 편하고 너도 편해. 그러나 나는 네 선생님이야. 네가 잘못하면 선생님은 아무리 하기 싫어도 네 잘못을 바로잡아야 하는 의무가 있어. 그게 내 의무거든. 그래서 네가 잘못하면 다른 학생들과 똑같이 항상 지적하고 볼 때마다 귀찮게 할 수밖에 없어. 그건 너도 이해해 주어야 해."

　　교무실이 너희 집 안방이니?

> 백 교사는 교무실에서 상주하다시피 하는 학급 학생 은혜 때문에 고민이다.
> 은혜는 교무실에서 정말 행복해 보인다. 교사들 또한 싹싹하고 일을 잘 도와주는
> 은혜가 교무실에 오는 것을 싫어하지 않는다. 하지만 백 교사는 은혜가 교무실에
> 있는 게 불편하다.

　　중학교 2학년 담임인 백 교사는 요즘 출근하기가 두렵다. 교무실에 들어서면 늘 은혜가 있다. 은혜는 선생님들 사이에서 '교무실 지기', '참새 방앗간'이란 별명으로 불릴 정도로 교무실에 붙어서 산다. 문제는 은혜가 백 교사의 반 학생이라는 거다. 백 교사도 학급 학생이 아니면 우스갯소리를 하면서 농담도 주고받고 은혜와 잘 지낼 수 있는데, 은혜가 반 학생이다 보니 좀 지나치다는 생각이 드는 것이다.

　　"백 선생님, 은혜 오늘도 왔네요? 백 선생님은 좋으시겠어요."

　　"백 선생, 부담임 왔어, 부담임!"

　　같은 교무실 교사들은 남의 속도 모르고 놀려대면서 재미있어 하지만 백 교사는 정말 고민이 되었다.

　　"은혜야, 교무실에 왜 자꾸 오는 거야?"

　　"선생님 편하게 해드리려고 그러죠. 왜요? 가면 안 돼요?"

　　"아니, 안 된다기보다. 선생님 안 도와줘도 되니까 그냥 교실에서 너 하고 싶은 거 하면서 있으면 돼."

"그게 제가 하고 싶은 거예요. 선생님들이랑 이런저런 얘기도 하고 심부름도 하면 재밌어요. 애들이랑 노는 것보다 전 그게 더 좋은데요?"

은혜는 정말 수업 시간을 제외하면 교무실에서 상주하듯 있었다. 쉬는 시간마다 오는 건 물론이고, 점심시간, 청소 시간, 하교 시간에도 교무실에 와서 청소도 하고 선생님들 심부름도 했다. 하물며 다른 과목 교사들 옆에서 수행평가 채점도 하고 노트 정리도 했다. 정말 교무 실무사라고 해도 부족함이 없었다.

그런데 백 교사는 그런 점이 더욱 불편했다. 은혜가 교무실을 드나드니 학생들 평가 후 채점을 하거나 선생님들과 편하게 학생들 이야기를 나누는 것도 눈치가 보였다. 교사인데 왜 교무실에서 학생 눈치를 보고 신경을 써야 하는지 점점 예민해졌다. 더구나 몇몇 교사들은 노골적으로 눈치를 주기도 했다.

"은혜, 백 선생님 반이죠? 교무실에 올 때마다 있네?"

학생에게는 대놓고 뭐라고 못하니, 담임인 백 교사에게 웃으면서 말은 하지만 명확한 눈치였다.

"은혜야, 선생님은 은혜가 선생님이 부를 때만 교무실에 오면 좋겠어."

"싫어요, 저는 교무실이 편해요. 선생님들이 저를 편하게 대해주시고 도와드리면 서로 좋은 거 아니에요? 왜 다른 선생님들은 저 와서 좋아하시는데 선생님만 싫다고 불편하다고 그러세요?"

"여기는 교무실이라 선생님들 공간이기도 하고, 학생들 평가지 채점도 해야 해서 선생님들이 불편해하실 거야."

"아닌데, 선생님들 나 오는 거 디게 좋아하는데? 선생님만 싫어하는 것 같은데? 왜 저만 싫어하세요?"

백 교사는 더 이상 대화를 이어나갈 수가 없었다. 그런데 문제는 이게 다가 아니다. 다른 학생들도 교무실에 가면 안 되냐고 성화였다.

"선생님, 왜 은혜만 거기 가 있어요? 저도 갈래요. 저도 초콜릿 주세요. 왜 은혜만 특혜를 주세요?"

무작정 교무실에서 놀겠다는 학생과 다른 학생들의 아우성까지. 백 교사는 이 일을 은혜의 마음이 안 다치도록 현명하게 처리하고 싶다.

 마음의 소리

백 교사 : 은혜가 교무실에 있는 게 너무 불편하다. 우리 반 학생이라 다른 교사들하고 편하게 이야기 나눌 때 눈치가 보이기도 하고, 교사들 공간에 학생이 매일 와 있는 게 마뜩찮다. 그것도 우리 반 아이라서 조심스럽다. 또 다른 교사들이 은혜에게 이것저것 잡일을 시키는 게 거슬린다. 그런데 은혜에게 오지 말라고만 이야기할 수도 없고, 지난번엔 그렇게 이야기했다가 은혜만 속상하게 해서 미안했다. 어떻게 이야기를 해야 은혜도 이해하고 나도 편해질 수 있을까 고민이 된다.

은혜 : 교무실에 가는 거 꿀잼이다. 쌤들이 다 내가 오는 걸 좋아한다. 쌤들이 하는 일을 하면 내가 꼭 대단한 일을 하는 것 같고, 어른이 된 것 같다. 컴퓨터로 이런 저런 일을 처리하다 보면, 내가 꼭 필요한 사람이 되는 것 같다. 그런데 담임은 내가 교무실에 가는 걸 싫어한다. 지난번에도 이야기를 꺼냈는데, 내가 아주 딱 잘라서 싫다고 했다. 내가 자기한테 피해를 주는 것도 아니고, 나도 도움이 되는 일을 하는 건데 도대체 왜 오지 말라고 하는 건지 모르겠다.

담임교사가 교무실에서 주로 노는 학생에게 주의를 주는 것에 대해 학생이 동의하지 않으면서 벌어지는 갈등이다. 교무실은 교사들의 공간임에도 불구하고 몇몇의 교사들이 교무실에서 노는 학생을 귀여워하기 때문에 교사가 더욱 곤혹스럽다.

교사는 설 자리와 앉을 자리를 가리도록 교육해야 한다. 그러나 이러한 교육이 이 학생을 귀여워하는 다른 교사들이 있어서 자칫 담임교사의 개인적인 불만으로 오해받기 쉽다. 학생이 교무실에서 노는 것 때문에 귀여움이라는 이익을 얻고 있다는 점을 인정하되, 학교 규칙을 강조하기보다는 학생이 충분히 이해할 수 있도록 설득하여 학생 스스로 교무실 출입을 자제하도록 하는 것이 좋겠다.

"교무실에 와서 노니까 선생님하고 친해지고 귀여움 받고 하니까 좋지? 나도 다른 선생님들이 너를 귀여워해서 참 좋아. 그런데 은혜야, 교무실에서 놀면 선생님들과 친하게 지낼 수 있으니까 너처럼 교무실에서 놀고 싶은 친구들이 있겠지. 사실 그 친구들도 교무실에서 놀아도 되냐고 묻고 있어. 그리고 이 친구들이 너만 교무실에서 노니까 너를 질투하고 내가 너를 편애한다고 말하는데, 나도 딱히 대답할 말이 없네. 은혜야, 학생들은 학생들만의 공간이 있듯이 선생님들은 선생님들만의 공간이 필요해. 채점도 해야 하고, 쉬기도 해야 하고, 학부모도 만나야 하고, 다른 선생님들과 학생 일로 상의도 해야 해. 이런 곳이 교무실이야. 그래서 네가 교무실에 오는 것을 귀여워하는 선생님들도 있지만 불편해하는 선생님들도 계시겠지? 그래, 실제로 그런 분들이 계셔. 그래서 그런 선생님들이 선생님한테 불만을 토로하고 있단다, 너를 교무실에 오지 못하게 하라고 말이야. 자, 이러니 네가 어떻게 하면 좋을까?"

교사와 학부모 갈등 – 대화로 푸는 갈등

2장 교사와 학부모 갈등

유익한 교육활동인데 한 아이 때문에 그만두어야 하나요?

> 권 교사는 학급특색활동으로 독서와 글쓰기를 하고 있다. 올해도 그간 꾸준히 해오던 독서와 글쓰기, 일기 쓰기를 통해 아이들의 꿈을 키워주고 자기표현력을 성장시켜 교육활동에 성과를 내보려고 한다. 그런데 발음을 교정 받으러 다니는 한 학생의 부모에게 이런 활동에 대한 항의 전화를 받았다. 권 교사는 자신의 이야기는 들어보지도 않고 학생의 상태만 가지고 불만을 쏟아내는 부모 때문에 자신의 교육방침에 대한 회의를 느꼈다.

권 교사는 학급특색활동으로 독서와 글쓰기를 정해놓고 학생들을 지도한다. 국어 분야의 전문성을 기르기 위해 학업도 계속하고 관련 연수회도 열심히 참석하며 연구를 해왔기 때문에 이 분야에 대한 자부심도 가지고 있다. 새 학기가 되면 학생들에게 먼저 독서와 일기 쓰기 지도를 하고 학급 형편에 따라 시기를 조절하여 글쓰기를 지도한다. 그 결과물을 학급문집으로 엮어 펴내기도 했다.

학생들의 글쓰기는 아침자습 시간을 활용해서 주제에 맞는 글을 써보도록 하고 독서지도는 창의적 체험활동 시간을 이용하여 그림책을 읽어주고 이야기 나누기 등 다양한 활동을 한다. 글쓰기와 일기 쓰기는 처음에는 간단히 써 보도록 하고 점차 몇 줄 이상 쓰기 등 분량을 늘여가며 지도하면 나중에는 저학년들도 자기 생각을 몇 페이지씩 글로 표현할 수 있게 된다.

권 교사는 학생들의 일기장에 빠짐없이 댓글을 달아주고 학생들의 문장력이 늘어가는 것을 보며 뿌듯함을 느낀다. 글쓰기와 일기 쓰기를 통해 문장 지도도 하고 인성교육에도 많은 도움을 받기 때문에 게을리 할 수 없는 활동이다. 매년 학부모 만족도 조사에서도 학부모들은 이러한 권 교사의 교육활동에 대해 매우 만족하고 있다는 결과가 나와 권 교사는 힘이 들더라도 학급특색활동을 계속해야겠다는 다짐을 하고 있다.

근래에 사생활 침해의 소지가 있다고 하여 학생들의 일기장 검사를 지양한다는 지침이 와서 일기 쓰기는 권장하지만 일기장 제출은 학생들의 의지에 따라 자유롭게 하도록 하고 있다. 자신을 돌아보고 자신에 대한 글을 써보는 것은 이제 막 문장 쓰기를 배우는 초등학생들에게는 꼭 필요한 활동이기 때문이다.

올해 2학년을 맡은 권 교사는 여느 해와 마찬가지로 3월 초에 독서와 일기 쓰기 지도를 하고 학생들에게 집에서 스스로 일기를 한 번 써 보게 했다. 다음날 일기장을 제출받아 일일이 읽어보고 일기 쓰기가 처음인 만큼 학생들 모두에게 칭찬하는 말을 써서 피드백을 해주었다. 그리고 다음 주부터 가능하면 일주일에 두 번씩 일기장을 내도록 안내하였다.

그런데 학급 운영에 대한 안내가 나가고 며칠 후, 학부모로부터 항의 전화를 받게 되었다.

"선생님, 우리 영수는 발음 지도를 받으러 다니고 있는데, 갑자기 일기 쓰기와 받아쓰기를 하면 어떻게 따라갈 수가 있겠어요? 1학년 때에는 하지도 않던 걸 왜 갑자기 하는지 모르겠어요. 3, 4학년에 가서 해도 될 것을 왜 벌써 하는 거지요?"

"1학년에서는 문자 입문기 한글 지도를 하고, 2학년이 되면 교과서에도 있듯이 문장을 읽고 구성할 수 있도록 간단한 문장 쓰기 지도를 해요. 일기 쓰기는 1학년 때는 그림일기를 썼고, 2학년이 되어서 문장으로 된 일기 쓰기 지도를 한 다음에 간단히 써보게 했습니다. 한두 줄을 써도 된다고 했으니 부담 갖지 않으셔도 됩니다. 받아쓰기는 미리 받아쓰기 표를 보고 연습한 후에 글자 익히기 차원에서 하는 것이지, 그것을 가지고 아이들을 나무라거나 점수 비교를 하지는 않으니 걱정하지 않으셔도 돼요, 어머니."

권 교사의 설명에도 학부모는 도중에 말을 끊으며 교사의 지도 방침에 문제를 제기했다.

"선생님, 아무리 비교를 안 한다고 하시지만 아이들이 서로서로 옆에서 빤히 다 볼 텐데 우리 애가 다른 애들한테 놀림감이 되면 책임지실 건가요? 그렇지 않아도 발음이 늦어서 애들이 놀릴까봐 얼마나 노심초사하는지 아세요?"

영수 어머니는 점점 목소리가 커지더니 나중에는 상당히 격앙된 어투로 따지다가 이 전화로 인해 자신의 아이에게 불이익이 돌아가면 가만있지 않겠다는 경고를 남기고 전화를 끊었다.

다른 대부분의 학부모들은 학교에 와서 상담할 때 선생님이 학생의 일기를 보고 칭찬하는 말을 써 주셔서 고마웠다는 말과 함께 독서 지도에 신경을 많이 써주시는 것 같아 좋다고 했는데… 학생들에게 유익한 교육활동을 학부모 한 사람의 반대에 부딪혀 하지 말아야 하나? 아무리 좋게 이해해 보려고 해도 권 교사의 말은 듣지도 않고 중간에 끊으면서 자기 말만 하고 전화를 끊어버린 부모의 태도에 권 교사의 화가 가라앉지 않았다.

작년에 이 학교로 전입해 왔을 때 옆 반 교사가,

"선생님, 여기서 너무 열심히 하려고 하지 마세요. 오히려 부작용 나요."

하던 말이 떠올랐다.

학부모가 자신의 아이만 생각하며 교사에게 무례하게 따지고 협박성 있는 말을 내뱉을 때도 수긍하며 듣고 있을 수밖에 없는 교사의 입장에서 교직에 대한 회의까지 밀려와 발걸음이 무거워진 권 교사는 주말 내내 명예퇴직이라도 해야 하나 하며 힘든 시간을 보냈다.

마음의 소리

권 교사 : 1학년 때에 하지 않았던 일기 쓰기를 시작하려고 하니 아이가 집에서 엄마에게 일일이 물어가며 글을 쓰는 게 귀찮은 건가? 아이가 자신이 판단한 정도의 수준에 이르지 못한다고 하여 다른 학생들의 교육 기회까지 주지 말아야 하는 건가? 남들보다 더 관심 가지고 노력하는 교사의 수고를 저렇게 몰라줄까? 아이가 다른 아이들과 비교가 될까 봐 걱정스러운 마음은 이해할 수 있다. 그런데 다른 학생들과 학부모들은 대부분 찬성하고 만족하는 수준의 교육활동을 자신만 반대하고 있다는 것을 알고 있을까?

영수 어머니 : 우리 영수는 아직 발음이 서툴러 발음교정을 받으러 다니고 있는데 1학년 때 하지도 않던 일기 쓰기와 받아쓰기를 왜 벌써 시작해? 집에서 아이가 일기 쓸 때 뭘 쓸지 글자는 어떻게 쓰는지 일일이 물어보니 정말 답답해. 발음도 서툰 아이에게 받아쓰기를 시키기도 힘들어. 그리고 다른 아이들은 받아쓰기에서 90점 100점을 받는데 우리 아이만 20점을 받았으니 친구들 앞에서 얼마나 창피했겠어? 선생님은 우리 애가 상처받을 거 생각도 안 하는 것 같아. 내가 이런 말을 한다고 우리 영수에게 피해가 가면 선생님한테 가만있지 않을 거야.

일기 쓰기에 교육적 의의를 두고 적극적으로 일기 쓰기 지도를 하는 교사와 일기 쓰기 준비가 아직 안 되었다고 생각하는 학부모 사이의 갈등이다. 학생의 발달 정도가 늦어 신경이 곤두서 있는 학부모는 교육적 의의보다 내 자식 중심적으로 판단할 수밖에 없다. 교사가 강조하는 교육적 의의를 쉽게 수긍하기 어려울 수 있다.

갈등의 초점은 교육적 의의보다 자녀에게 미칠 수 있는 부정적인 영향이다. 따라서 교육적 의의와 함께 학부모의 걱정을 해소시키는 대화를 통해 이 문제를 풀어갈 수 있을 것이다.

"영수가 아직 준비가 안 되어 있는데 평가까지 한다고 생각하셔서 걱정이 많으셨군요. 제가 미리 부모님과 상의했으면 좋았을 것을 하는 생각이 듭니다. 우선 일기나 받아쓰기 점수는 공개하지 않습니다. 그러니 다른 학생들과 비교되는 것은 걱정하지 않으셔도 될 것입니다. 영수는 제가 좀 신경 써서 잘한 부분을 찾아 칭찬하도록 하겠습니다. 영수도 내가 이런 것을 잘했구나 하고 칭찬을 받게 되면 즐겁게 일기를 쓰게 되고, 그러다 보면 일기 쓰는 능력이 훨씬 좋아질 것입니다. 대신 영수가 꼭 고쳐야 할 것은 부모님께 제가 따로 상의 드리도록 하면 좋겠습니다. 교육과정을 보면 2학년 때 일기 쓰기를 못 하면 다음 학년에 가서 너무 힘들어요. 그러니 영수가 2학년 때 일기 쓰기를 제대로 할 수 있도록 부모님과 제가 함께 노력해 보면 좋을 것 같아요."

　시도 때도 없는 학부모의 민원 전화, 드라마 각본 수준

> 정 교사는 학교생활 태도가 엉망인 한 학생의 학부모에게 자주 항의 문자나 전화를 받는다. 학생이 수업 중에 딴짓하고 친구와 다투어 주의를 주면 그 부모는 정 교사의 의도를 왜곡하여 한밤중이나 아침 출근 시간 가리지 않고 전화를 하거나 장문의 문자를 보내 따지고 든다. 학생의 다툼이나 태만을 모두 담임교사의 잘못으로 몰아가고 학생이 결석할 때도 담임 핑계를 대며 교무실이나 교장실로 전화하여 항의한다. 경력도 짧은 정 교사는 이 일을 혼자서 감당하기가 너무 힘들다.

　우리 학교엔 유명인사가 있다. 바로 민규라는 아이다. 민규는 자기중심적이고 선생님이나 친구들에게 말할 때도 조심성 없이 생각나는 대로 함부로 말해서 친구들과 다툼이 잦고 교우관계도 좋지 않다. 공부시간에도 의욕이 없어 학습에 집중하지 못하고 산만한 행동으로 수업을 방해하거나 주어진 과제를 제때 완성하지 못해서 교사로부터 주의를 받는 일이 잦다. 그러다 보니 민규에게 학교는 재미없는 곳이었고, 1학년 때부터 이 핑계 저 핑계를 대며 결석도 자주 하는 편이었다. 그런데 민규보다 더 유명인사는 민규 어머니다.

　민규 어머니는 매일 집에서 민규에게 학교생활에 대해 꼬치꼬치 캐묻고는 민규가 자신의 입장에서 하는 말만 듣고 교사를 원망하는 전화나 문자를 수시로 담임에게 보낸다. 그리고는 담임 때문에 아이를 학교에 보낼 수 없다며 결석을 시키기 일쑤였고, 교무실이나 교장실로 항의 전

화를 하는 일이 이틀에 한번 꼴이다. 이러다 보니 학교에서는 민규가 담임 기피 대상 1호로 알려져 있다.

올해는 민규가 정 교사 반이 되었다. 정 교사는 경력이 몇 년 안 된 신참 교사로 책임감 있고 열정 가득한 선생님이다. 정 교사도 민규에 대한 소문을 들어서 익히 알고는 있지만 '아이를 사랑해주며 진심을 가지고 대하면 괜찮겠지.'라는 긍정적인 다짐을 하고 민규를 대하기로 했다. 그래서 늘 그렇듯 올해도 역시 점심시간에 한 모둠씩 돌아가며 같이 식사하면서 대화를 나누고 학생들과 가깝게 지내려고 노력했다.

정 교사는 민규가 학급에서 친구들과 원만하게 지내고 학습 활동에도 흥미를 갖게 하려고 더 세심하게 관심을 기울였다. 하지만 민규는 공부에 집중하지 않고 딴짓을 하며 수업과 관련 없는 엉뚱한 말을 하거나 친구들에게 시비를 거는 등 수업에 방해되는 행동을 서슴지 않았다. 정 교사는 민규를 달래기도 하고, 때로는 따끔하게 충고도 하며 학급 울타리 안으로 끌어들이기 위해 갖은 노력을 했는데, 그런 날에는 어김없이 민규 어머니의 항의 전화나 장문의 메시지를 받았다.

민규 어머니는 학교에 전화해서 민규가 잘못한 이유를 장황하게 설명하고는, "선생님, 우리 민규가 선생님 때문에 얼마나 스트레스 받고 있는지 아세요?"라는 말로 전화를 끊었다.

메시지는 아침이고 밤이고 시간을 가리지 않고 오는데, 내용은 대개 '우리 민규가 어떤 활동을 하기 싫어서 안 하는데 선생님이 억지로 시켰다.', '우리 민규가 친구와 다투었는데 선생님이 우리 아이 마음은 헤아리지 않고 결과만 보고 상대 아이 편만 들었다.' 등 자신의 아이가 잘못한

일을 교사의 잘못으로 몰아가는 식이었다.

　민규가 학교 가기 싫어서 결석할 때도 꼭, '선생님 때문에 아이를 학교에 보낼 수 없어요.' 하는 문자를 보냈다. 1학년 때부터 늘 그런 식으로 결석을 시켜 민규는 결석 횟수가 많았다.

　아무리 의욕 넘치는 정 교사도 아침 출근길이나 퇴근 후에 민규 어머니의 전화와 메시지와 실랑이를 하다 보면, 하루 종일 머리가 띵하고 가슴이 두근거리며 진정이 되지 않았다. 결국 병원에 다니면서 상담 치료도 받아야 했다.

　얼마 전, 체육 시간에 민규는 줄넘기를 가져오지 않았다고 혼자 그 자리에 앉아있었다. 정 교사는 짝꿍의 줄넘기로 번갈아 가며 줄넘기를 하자고 했지만, 민규는 필요 없다며 앉아서 딴짓을 계속하여 수업 시간 내내 신경 쓰이게 만들었다. 그리고는 집에 돌아가 부모에게 무슨 말을 했는지 방과 후, 민규 어머니는 교무실로 전화를 했다.

"교감 선생님, 담임 선생님이 수업 시간에 우리 아이를 배제시켰어요."

교감 선생님도 민규 어머니에 대해 알고는 있지만, 워낙 민규 부모의 전화가 잦으니까 정 교사를 교무실로 불렀다. 정 교사는 그동안 민규에 대해 정리해 두었던 파일을 들고 가서 교감 선생님께 상황 설명을 하였고 교감 선생님도 수긍하였다. 하지만 교감 선생님도 "정 선생, 힘내." 이 한마디뿐, 문제가 해결되진 않았다.

교장 선생님과도 면담을 했는데, "정 선생이 너무 온실 속 화초처럼 커서 그래." 하며 민규 어머니에게 어떤 조치를 해주지는 않았다.

정 교사는 답답했다. 아직 경력도 얼마 안 된 교사가 감당하기에는 너무 벅찬 일에 교장, 교감 선생님마저 소극적인 태도를 보이고 해결은 담임에게만 미루어버리는 것 같아 더 힘이 빠지고 학교가 두려워졌다.

 **마음의 소리**

정 교사 : 민규는 학교생활을 제대로 하지 않아 걱정이 많아. 학급으로 끌어들여 잘해보려고 해도 꿈쩍도 안 해. 그러고는 집에 가서 부모님께 자기는 아무 잘못이 없는데 선생님이 자기만 미워한다고 말을 해서 오해를 키워. 더 이해할 수 없는 건 부모가 자기 자식 말만 믿고 학교에 전화를 하고 시도 때도 없이 문자를 보내서 날 괴롭힌다는 거야. 하루 종일 머리도 아프고 너무 힘들어서 병원까지 다닐 정도로 어려워. 내 생활 자체가 무너지는 느낌이야. 교장, 교감 선생님도 아무런 조치를 해주지 않고 참으라고만 하니, 민규 엄마를 정말 일 년 내내 나 혼자 감당해야 하는 거야?

민규 엄마 : 우리 민규가 친구와 다툴 때는 다 이유가 있어서 그런 건데 선생님은 결과만 보고 아무 잘못도 없는 우리 아이만 혼내. 여태까지 이 학교 모든 교사들이 그랬어. 선생님이 우리 민규를 잘 감싸고 돌봐주면 내가 흥분을 안 하지. 우리 애만 낙인찍어서 다른 애들한테도 우리 민규가 무조건 잘못했다는 생각을 심어주는 것 같아. 다른 애들 앞에서 그렇게 무안 주고 꾸짖으면 우리 민규는 뭐가 되겠어?
　선생님 때문에 민규가 힘들어하고 학교도 가기 싫어하니 교장 선생님한테 전화해서 따져야겠어.

학생의 말만 근거로 교사에게 시도 때도 없이 항의하는 학부모와의 갈등이다. 자주 문제를 일으키는 학생의 부모 입장에서는 학생의 자잘한 학교생활까지도 신경이 곤두설 수밖에 없다. 그러나 이런 스트레스를 시도 때도 없이 일방적으로 교사에게 항의하는 것은 교사에게 심한 스트레스를 주어 정상적인 교육을 하는 데 방해될 수밖에 없다. 학생의 바람직한 발전을 위해서는 합리적인 방법으로 이 문제를 해결해야 한다.

이 사태는 잘못된 학교 환경에서 비롯된 것으로 구조적인 문제라고 할 수 있다. 이런 구조적인 문제의 피해를 교사 혼자 담당할 수 없다. 위 사례처럼 시도 때도 없이 교사에게 항의하는 학부모에 대해서는 학교 차원에서 대응 방안을 마련해야 한다. 예를 들어, 정상적인 교육을 방해하는 학부모의 항의는 학교에 보고하도록 의무화하고, 이 문제에 대해 교사 개인이 아니라 동학년이나 학교에서 대응하도록 하는 것이다. 그리고 이런 대응책을 학년 초에 모든 학부모에게 정식으로 공지하여야 한다. 학교 차원의 공식적인 대응이 없이 교사 개인이 이런 문제를 해결하도록 하는 것은 학교의 직무유기이다. 교사에게 욕이나 협박을 하는 학부모의 경우도 마찬가지이다.

학교 차원의 대응이 없이는 이 문제를 풀 수 없기 때문에 여기에서는 이런 대응을 전제로 학부모와의 갈등을 풀 수 있는 대화를 고려해 보았다.

"민규가 친구 때문에 짜증난다고 해서 속이 상하셨겠네요. 민규가 그렇게 말을 하니 왜 그런 일이 일어났는지 이쪽저쪽 말을 들어보아 확인을 해보겠습니다. 혹시 학교에서 문제가 있었다면 당연히 그것을 바로잡도록 해야겠죠?

어머님, 그렇지 않아도 저도 어머님과 이야기를 좀 나누고 싶었는데 마침 연락을 잘해 주셨습니다. 민규가 학교에서 내주는 과제를 안 하거나 결석을 해서 속이 상하기는 하지만 민규가 그러는 데에는 민규 나름의 속 이유가 있다고 저는 믿어요. 그 이유를 해결해 주면 문제가 해결된다고 생각해요. 그래서 민규에게 계속 각별한 애정과 관심을 가지고 지켜보고 있거든요. 그런데 민규 이야기와 다른 학생들 이야기를 다 들어보면 민규가 왜 그러는지 저 혼자로는 그 이유를 잘 파악하기가 어렵네요. 그래서 민규 문제를 부모님과 함께 해결하는 것이 좋겠다고 생각하고 있어요. 민규가 학교에서 즐겁고 유익하게 학교생활을 하도록 문제의 원인을 찾아 해결하는 것이 무엇보다 우선이잖아요. 학교에 한번 나오셔서 민규 문제에 대해 좀 진지하게 이야기를 나눠보시면 좋겠어요.

그런데 어머님, 어머님께서 계속 문자와 전화를 하셔서 제가 지금 정상적인 수업을 하는 것 자체가 어려워요. 저도 지금 이 문제로 정신과 치료를 받고 있어요. 이런 경우에는 학교에서 학교 규정에 따라 저도 이 문제를 학교에 보고할 수밖에 없어요. 학부모가 계속 항의하게 되면 학교 차원에서 문제의 원인을 정확하게 파악하여 그 문제를 해결하도록 되어 있거든요. 학교 차원에서 대응을 하면 좀 더 나은 방안이 나오겠죠. 어쨌든 학교에 보고하는 것은 내 의지와 상관없이 규정이 그래요. 이점은 양해를 부탁드립니다."

어머니, 아이 얘기를 어머니 아니면 누구랑 하나요?

정우는 친구를 놀리거나 심한 장난을 걸어서 다른 학부모로부터 항의 전화를 자주 받는 편이다. 이런 정우에게 강 교사는 때로는 부드럽게 달래기도 하고, 때로는 엄하게 타이르기도 해보지만 교사의 말을 전혀 받아들이지 않고 자기 맘대로 행동하는 정우 때문에 힘들기도 하고 지치기도 했다. 그래서 어머니께 전화를 하면 본인은 왜 그런지 모르겠다며 발뺌하다가 본인의 건강을 이유로 스트레스가 심하니 전화하지 말아 달라는 말까지 하였다.

학교마다 한 학기에 일주일 정도씩 공식적인 상담 기간이 있긴 하지만, 교사가 학생의 학습면이나 생활면에서 상담이 필요하다고 생각되면 별도로 학부모에게 전화를 하여 학생 교육을 위한 상담을 한다. 교육은 학교에서만 한다고 되는 것도 아니고 가정과 협력해서 발을 맞춰야 효과가 더 크기 때문이다.

강 교사 반에는 교사의 끊임없는 관심이 필요한 정우라는 학생이 있다. 어제도 정우가 화장실에서 친구를 밀쳐 문 뒤로 넘어져 다칠 뻔했다고 학생들이 와서 강 교사에게 이야기를 했다. 강 교사는 같이 있던 학생들을 불렀고, 정우가 이유도 없이 갑자기 친구를 밀었다는 사실을 확인하였다. 처음에는 정우가 이 사실을 인정하지 않고 자기주장만 하다가 옆에서 본 친구들이 모두 그랬다고 하니, 그때서야 슬그머니 수긍을 했다.

학생들이 하교한 후에 강 교사는 정우 어머니께 전화를 걸어 낮에 있었던 일을 설명하였다.

"걔가 정말 왜 그럴까요? 저도 이유를 잘 모르겠네요."

"정우 어머니, 학부모 공개수업 때 정우의 수업 태도를 보시고 어땠나요?"

"좀 많이 산만한 것 같았어요. 선생님이 하시는 말에 집중을 못하더라구요."

"그런데 어머님이 산만하다고 하신 그날 수업 태도가 다른 날보다 훨씬 잘한 정우의 모습이었어요. 정우는 수업 시간에 자신이 관심 있는 것 외에는 집중하지 않고 소리를 지르고 다른 친구들이 공부하고 있는데도 교실에 누워 있어요."

"집에서 생활하는 것과 너무 달라서 선생님이 이야기하는 내용이 상상이 안 돼요. 너무 당황스럽네요. 일단 집에서 이야기를 좀 해볼게요."

"아, 네, 저도 최선을 다해 지도하겠습니다. 어머님도 가정에서 잘 도와주셨으면 좋겠어요. 힘들긴 하지만 어머님이랑 저랑 잘 지도하면 분명히 좋아질 겁니다. 일관성 있게 같이 지도해요."

그렇게 좋게 전화를 끊고, 며칠 뒤 정우가 교실에서 친구를 때려 이마를 멍들게 한 사건으로 정우 어머니와 다시 통화하게 되었다.

"선생님, 제가 몸이 좀 안 좋아서 이런 전화 받고 나면 스트레스를 많이 받아요. 어린이집 다닐 때는 한 번도 이런 전화 받아 본 적이 없는데 학교에서 이렇게 전화를 받으니까 제가 너무 스트레스가 심해요."

"제가 학교에서 해결할 수 있는 것은 해결하고 어머니 도움이 필요한 것만 연락드리고 있어요. 어머니 입장은 이해하지만, 다른 친구들이나 부모님들의 처지에서도 한 번 더 생각해 보시면 좋겠어요."

"사실 제가 지병이 있어서 좀 예민해요. 그래서 이런 전화를 받으면 스트레스 받아서 며칠 동안 아무 일도 못 해요. 다른 어머니들한테도 몇 번 전화를 받았는데 너무 힘들었어요. 그러니 앞으로 이런 전화는 하지 않으셨으면 좋겠어요."

학생은 학교에서 문제를 자주 일으키는데 정우 어머니는 본인의 건강을 이유로 담임에게 전화를 하지 말라고 하니, 그럼 정우의 문제는 누구와 이야기를 해야 하는 건가? 강 교사는 적지 않은 경력에 이런 학부모는 처음이라 너무 어이가 없었다.

 마음의 소리

강 교사 : 정우가 다른 학생들에게 피해를 끼치면 다른 학부모들과도 문제가 생기고 학교에 항의까지 들어오는데 정우 엄마는 건강을 핑계로 전화를 하지 말라고 하니…. 교사 혼자 힘으로는 도저히 나아지지 않고. 교사는 가정에서도 포기한 아이를 다 책임져야 하는 사람인 거야? 학교와 집에서 같이 협력해서 교육을 해야 효과가 있지. 부모가 저렇게 말하니 나도 어떻게 해야 할지 모르겠어.

정우 엄마 : 우리 정우가 어린이집 다닐 때는 안 그랬는데 학교 가서 왜 그런지 모르겠어. 집에선 아무 문제가 없는데 학교에서 이상해졌으니 학교 책임 아니야? 학교에서 선생님이 제대로 교육해야 할 일을 왜 집으로 전화를 하는 거지? 안 그래도 몸이 아파서 힘든데 이런 전화 받으면 스트레스가 심해져서 더 힘들어. 다른 학부모들 일도 학교에서 일어난 일은 학교에서 처리해야지. 왜 집까지 전화하게 만드는 건지 모르겠어.

지병 때문에 학생 문제로 스트레스를 받고 싶지 않다는 학부모와 학생의 문제를 해결하고자 하는 교사 사이의 갈등이다. 학교가 교육의 중심 주체이지만 가정과 사회도 교육의 주체이다. 부모라고 이런 사실을 모를 수 없고 자식을 위해 어떤 노력이라도 하고 싶을 것이다. 다만 학부모는 학교의 계속되는 연락에 몸과 마음이 지쳤을 수 있다.

학부모에게 교육에서 부모의 책임과 의무를 말하게 되면 학부모는 학교의 책임만 더 강조하게 될 것이다. 부모의 지병 문제가 아니라 학생에게 초점을 맞추고 지금 이런 문제가 해결되지 않으면 계속 악순환이 될 것이라는 점을 강조하는 대화를 통해 이 문제를 해결해 볼 수 있다.

"어머님 몸도 좋지 않으신데 정우 문제로 연락을 해서 어머님이 더 힘들어지셨네요. 저도 어머님 사정을 잘 알기 때문에 연락드리기가 정말 망설여졌어요. 어머님께 연락을 드리지 않고 학교 안에서 해결할 수 있도록 이것저것 다 해보았는데도 해결이 안 되네요. 부모님 도움 없이는 정우 문제를 해결할 수가 없어요. 어머님께 연락을 안 드리면 어린이집처럼 겉으로는 문제가 없는 것처럼 보이지만 결국 문제가 더 심화될 수밖에 없어요. 그래서 힘드시더라도 지금 부모님과 학교가 함께 이 문제를 해결해야만 할 것 같아요. 몸이 안 좋으셔서 힘드시겠지만 함께 이야기를 하다 보면 어머님 부담을 최소화하면서 학교가 더 노력할 수 있는 방법을 찾을 수 있을 것 같아요."

아이를 안 키워 봐서 엄마의 심정을 모른다고요?

홍 교사 반에는 지호를 중심으로 한 놀이 집단이 형성되어 있었는데 수영이가 전학을 오면서 이 집단에 들어가 주도권을 갖게 되자 친구들이 지호를 멀리하게 되었다. 지호 어머니는 이 사실을 알고 담임을 찾아와 학교폭력위원회를 열어 달라고 하였다. 윤 교사는 학생들을 불러 사실 확인을 하고 잘못이 있으면 사과시키겠다고 했는데 학부모는 윤 교사를 향해 애를 안 키워 봐서 엄마의 심정을 모른다며 원망한다.

초등학생은 3학년쯤 되면 몇몇이 모여 소집단을 만들고 주로 그 집단에 속한 학생들끼리 논다. 그런데 이 소집단이 쭉 가는 건 아니고 금세 없어지기도 하고 새로운 집단으로 바뀌기도 하여 학생들은 이 집단에 갔다가 저 집단에도 갔다가 한다. 또래 집단의 성향과 문화에 따라 이랬다저랬다 하기 일쑤여서 교사들도 그러려니 한다.

얼마 전, 홍 교사의 반에서도 이런 변화가 생겼다. 수영이가 전학 오면서 일어난 일이다. 원래는 지호가 반에서 남자들 사이에 주도권을 가지고 놀이 집단을 주도해왔다. 그런데 지난주에 수영이가 우리 반으로 전학을 오면서 놀이 집단에 변화가 일어났다. 수영이가 전학 온 지 이틀도 안 돼 학생들이 우루루 수영이 주변에 모여들기 시작했다. 지호도 수영이와 가까이 하게 되었고 어느새 수영이도 지호의 집단으로 들어와 같이 놀게 되었다.

그런데 한 집단 안에서 주도권을 쥐고 싶어 하는 학생이 두 명이 있다 보니 분위기가 삐걱대기 시작했다. 작은 일에도 둘의 의견이 충돌하기 시작한 것이다. 방과 후에 축구를 하자, 놀이터에서 놀자 등 별 것 아닌 걸로 각을 세우니 나머지 학생들도 흔들리기 시작하고 놀이 집단도 재구성이 되었다.

수영이가 이사 온 학교 근처의 큰 아파트 단지에는 우리 학교 학생들이 많이 살고 있고 우리 반 친구들도 당연히 많았다. 그러다보니 자연스레 수영이를 중심으로 해서 그 아파트의 친구들이 모여 노는 날이 많았고 그 아파트에 살지 않는 지호가 피해를 보게 된 것이다.

지호는 조금 더 먼 일반 주택에 살고 있어서 친구들과 어울리려면 수영이네 아파트 놀이터까지 가서 놀아야 했다. 그날도 지호가 수영이네 아파트 놀이터에 갔는데 같은 반 친구인 윤수가 나서서,

"여긴 우리 아파트 애들만 노는 곳이야. 너네 집은 이 아파트가 아니잖아."

하며 지호를 막아섰다. 그러자 옆에 있던 수영이도,

"맞아. 여긴 우리 아파트 놀이터야."

하며 맞장구를 쳤다. 지호는 깜짝 놀랐다. 얼마 전까지만 해도 지호를 따라서 잘 놀던 윤수가 갑자기 수영이와 같이 자신을 배척하다니….

저번에 놀이터에서 같이 놀다가 수영이가 지호의 신발을 놀이터 구석에 감추는 바람에 곤란을 겪기도 했던 터라 지호는 마음이 상할 대로 상하여 집으로 돌아가 어머니한테 이 사실을 알렸고 지호의 어머니는 학교로 찾아와 담임인 홍 교사에게 하소연 하며 학폭위원회를 열어 달

라고 하였다. 홍 교사는,

"지호 어머니의 말씀은 잘 들었습니다. 지호가 상처를 많이 받았겠어요. 제가 내일 지호와 수영이, 친구들을 불러서 사실 확인을 해보고 잘못한 점이 있으면 사과하도록 할 테니 어머니께서 속상하시더라도 조금만 기다려 주시면 안 될까요?"

하며 지호 어머니를 달랬다. 그러자 지호 어머니는 안색이 변하며 홍 교사를 향해,

"선생님이 아이를 안 키워 봐서 엄마의 심정을 이해를 못 하시네요. 2학년 때 선생님은 아들 둘을 키운 경력 많으신 분이라서 아들 키우는 엄마의 심정을 잘 이해해 주셨는데…."

하며 인신공격성 발언까지 서슴지 않았다. 지호가 주도권을 쥐고 친구들을 데리고 놀 때는 아무 말이 없다가 입장이 바뀌자 그것을 못 견뎌하며 학폭을 열겠다는 지호 어머니의 마음이 한편으론 이해되기도 했다. 하지만 교사의 개인 신상에 관한 말을 기분대로 마구 던지고, 작년 담임과 비교까지 하는 학부모에게 한 마디 대꾸도 못하고 마음의 상처만 받은 홍 교사는 더 속상했다.

 **마음의 소리**

홍 교사 : 애들이 이 집단에 갔다 저 집단에 갔다 하면서 놀기도 하고 장난을 치기도 해. 늘 이런 문제로 다툼이 생겨. 지호 어머니의 입장도 이해하지만 누가 잘못한 게 있으면 그 자리에 있었던 다른 친구들의 말도 다 들어 봐야 내가 판단을 하지. 그리고 잘못한 점이 있으면 서로 사과하도록 지도한다고 하는데도 굳이 학폭을 열어 달라느니 애를 안 키워 봐서 자기 심정을 모른다느니 하며 교사를 인신공격하고 그것도 모자라 2학년 때 선생님과 비교를 하다니 정말 할 말이 없어. 이렇게 언어폭력을 당하면서까지 교사를 해야 해?

지호 어머니 : 수영이가 전학 오기 전까지는 우리 지호가 그 아파트 애들하고도 잘 놀고 아무 문제가 없었어. 그런데 수영이가 오고부터 애들이 수영이 말만 듣고 우리 지호를 따돌리고 있어. 이건 그냥 넘어갈 문제가 아니야. 학폭을 열어서 꼭 따지고 넘어가야 해. 담임 선생님도 내가 이런 말을 하면 피해자인 우리 지호 편에서 들어줘야지, 애를 안 키워 봤으니 남자 애 키우는 엄마의 마음을 어떻게 알겠어. 2학년 때 선생님은 엄마의 입장을 잘 이해해 줬는데 정말 속상하네.

친구들 사이에서 주도권을 뺏긴 학생의 어머니가 아이를 낳지 않아서 자기 마음을 이해하지 못한다고 교사를 원망하면서 빚어지는 갈등이다. 친구들로부터 배척당한 자식의 아픔이 크기 때문에 교사가 자기편을 적극적으로 들어 주지 않으면 부모는 어떤 트집을 잡아서든 교사를 원망했을 것이다. 아무리 그러하다 하더라도 교사 개인 신상에 관한 이야기를 꺼내는 것은 매우 잘못된 일이다.

그럼에도 불구하고 어머니가 격앙된 상황에서 어머니가 하는 원망의 잘잘못을 따지게 되면 문제가 풀리지 않는다. 일단 어머니를 진정시켜 문제를 객관적으로 볼 수 있도록 해야 한다. 그리고 다시는 신상에 관한 이야기를 꺼내지 않도록 짚어야 한다.

"예, 제가 아이를 낳지 않아 어머니의 마음을 이해하는 데에는 한계가 있을 것입니다. 지호가 정말 걱정되시지요? 저도 내가 맡은 학생이 그런 일을 당했다니 교사로서 정말 걱정됩니다. 그리고 저도 친구들로부터 배척당해 본 경험이 있기 때문에 적어도 지호가 입은 상처가 어떤 것인지는 잘 알고 있습니다. 그 상처가 뼈저린 것이어서 지호가 이런 일로 다시는 상처를 입지 않았으면 좋겠어요. 이런 마음은 저나 어머니나 똑같을 것이에요. 어머니, 제가 지호 이야기를 들었으니 이제 다른 아이들 이야기를 들어보아야 하지 않겠어요. 다른 학생들 이야기를 듣지 않고 무조건 그 학생들을 나무라게 되면 자칫하면 지호가 지금보다 더 큰 상처를 받을 수도 있어요. 어떤 일이 있었는지, 왜 그랬는지를 알아야 다시는 이런 일이 발생하지 않도록 제대로 지도를 할 수 있지 않겠어요? 그래서 속상하더라도 조금만 기다려 달라는 것입니다. 지호 문제는 제가 할 수 있는 데까지 지도를 할 것입니다. 그런데 어머니, 왜 그런 이야기를 했는지 심정은 이해가 되지만 어머니가 제가 아이를 낳지 않았다는 제 신상을 공개적으로 말씀하시어 제가 가슴에 큰 상처를 받았어요. 지호 문제와 상관없이 이 부분은 제가 어머니에게 정식으로 사과를 받고 싶어요."

배움을 교과서로만 판단하지 마세요

박 교사는 프로젝트 학습에 전문적인 소양을 가지고 있어 맡은 학년의 교육과정을 재구성하여 학생들에게 적용시키고 있다. 프로젝트 수업을 하면 학생들은 교과서의 중요한 학습 내용을 별도의 학습장에 학습 과정과 결과를 정리하고 이것을 각자의 파일에 보관한다. 교과서의 학습 내용을 재구성하여 수업하기 때문에 교과서의 물음 칸에는 직접 답을 쓰지 않는다. 그런데 이것을 본 학부모가 교과서 내용을 빠뜨렸다고 항의 전화를 하였다. 교과서로 공부했던 시대의 부모들은 박 교사의 수업방식이 불만이다.

박 교사는 프로젝트 학습에 전문적인 소양을 가지고 있어 한 달에 한 번 정도는 프로젝트 학습 특성에 맞는 교과와 단원을 선택해서 교육과 정을 재구성하여 학생들에게 적용시키고 있다.

프로젝트 수업을 성공적으로 이끌기 위해 학생들에게 프로젝트 학습 방법을 지도하는 한편, 학기 초 학부모총회 시간에 프로젝트 학습에 대해 학부모님께 안내를 하고 안내장도 발송하였다. 일부 교과의 몇 단원은 교과서의 학습 내용을 원리를 중심으로 재구성하기 때문에 교과서 자체를 수업하지는 않지만 프로젝트 학습을 수행하는 과정에서 그 단원의 필수 학습요소는 다 짚고 넘어간다는 것을 알리는 내용이다.

학생들은 여태까지 늘 하던 수업 방식이 아닌 새로운 방식의 수업에 대해 흥미와 관심이 높고 수업에 적극적으로 참여하여 박 교사는 이 수업에 만족하고 있었다.

그런데 학기 말에 지원이 어머니에게 항의 전화를 받게 되었다.

"선생님, 왜 국어와 사회 교과서 일부를 빠뜨리셨죠?"

"네, 제가 학부모총회 때 말씀드린 바와 같이 일부 교과의 단원은 교과서의 학습 원리를 재구성하여 별도 계획을 짜서 프로젝트 수업을 했습니다. 이에 대한 안내장도 보내 드렸고요. 지원이의 학습 결과물 파일을 보시면…"

"그래도 교과서는 하셔야 하는 거 아닌가요? 전 그래도 눈으로 확인할 수 있는 게 필요해요. 프로젝트 학습도 하면서 교과서도 해 주셨으면 좋겠는데요."

박 교사는 중간에 말을 끊고 자기 할 말만 하는 지원이 어머니에게 마음이 상했지만, 차분하게 할 말을 이어갔다.

"프로젝트 학습을 하고, 교과서도 다루게 되면 학생들이 같은 내용을 두 번 배우게 됩니다. 그러면 교육과정 상 시간 제약이 있어 어떤 내용은 제대로 공부할 수가 없어요. 그리고 프로젝트 학습으로 공부한 내용에서 학생들이 어려워하는 부분이 있을 때는 교과서로 한 번 더 복습합니다."

"그런데 제가 집에서 교과서로 아이를 따로 가르치다 보면, 아이가 아는 게 하나도 없어요. 교과서가 비어 있다 보니 제가 불안해서 붙들고 가르치게 되거든요. 이중으로 부모가 아이 공부를 봐줘야 하는 거 너무 번거로워요. 학교가 왜 있는 겁니까? 프로젝트 학습이다 뭐다 해서 새로운 학습을 하는 게 좋긴 하지만, 아이가 작년보다 학습 능률이 떨어지는 걸 확 느껴요. 선생님도 좀 고민해 주세요."

지원이 어머니와 전화를 끊고 나서, 박 교사는 생각이 복잡해졌다. 부모님들의 불안한 마음을 이해 못 하는 건 아니지만, 학기 초에 프로젝트 학습 방법에 대해 상세히 알려 드린 것은 무시하고 불쑥 전화를 걸어 수업에 대해 이의를 제기하고 나오는 학부모의 태도가 섭섭한 건 어쩔 수 없었다.

마음의 소리

박 교사 : 학부모 세대는 대체로 교과서로만 수업을 받은 세대여서 교과서 내용을 다 다루지 않으면 공부를 다 하지 않은 것으로 생각해. 그러나 요즘에는 학교와 학급 실정에 맞게 교육과정을 재구성하고 필요에 따라 교과서 외의 자료도 얼마든지 수업에 활용하고 있고 프로젝트 학습, 거꾸로 학습, 토의·토론 학습 등 학생들에게 흥미롭고 유익한 방법을 적용해 개성 있는 수업을 진행하고 있어. 이렇게 다양한 수업 기법과 참신한 내용을 학습에 적용하려면 교사의 노력이 훨씬 더 필요하지만, 질문에 답을 적지 않은 교과서 페이지만 보고 항의하는 학부모에 대해 어떻게 설득해야 하나?

지원이 어머니 : 아이 교과서가 완전히 새 책이야. 일 년 동안 공부를 했으면 책에 흔적이 남아야 하는 건 당연한 거 아냐? 아이한테 확인해 봐도 뭘 배웠는지 설명을 제대로 못 하는데 뭘 가르쳤다는 거야? 이래갖고 학교를 믿고 애 교육을 맡기겠어? 교과서를 안 하는 건 불안해. 다른 반에서는 다 배운 것을 우리 반만 안 하면 우리 아이만 뒤떨어지는 거잖아. 어쨌든 프로젝트 학습을 하더라도 교과서는 다 했으면 좋겠어.

이런 대화 어때요?

교과서로만 공부를 하던 학부모가 학습 원리를 재구성한 교사의 교육 방식에 항의를 하면서 빚어지는 교육 갈등이다. 우리나라 교육의 여건 때문에 교과서 본문으로만 교육하던 방식은 매우 오래된 잘못된 관행이었다. 이런 오래된 관행은 교육 내용 재구성과 같은 탈관행적 교육에 의심을 품게 한다.

부모의 입장에서 부모의 근심을 이해하고 인정할 필요가 있다. 그리고 학습 원리에 의한 교육 내용 재구성도 결국은 교과서가 중심이라는 점을 강조하는 대화를 통해 그 의심을 풀어 줄 수 있다.

"교과서가 깨끗한 것을 보고 가장 기본이 되는 교과서 내용을 빠뜨리고 교육하고 있는지 않은가 걱정되셨나 보네요. 교과서가 깨끗하니 그런 걱정을 하실 만도 했을 거예요. 교과서 내용을 빠뜨리면 안 되죠. 교과서가 얼마나 중요한데요. 그런데 교과서에 답을 달아가면서 교과서를 가르치는 것보다 교과서에서 강조하는 학습 원리를 제대로 익히는 것이 더 효과적이어서 지금은 교과서 학습 원리를 중심으로 교육 내용을 재구성하도록 하고 있어요. 그래야 암기 위주의 교육이 아니라 제대로 된 교육을 받게 되거든요. 교육 내용을 재구성한다고 해서 교과서 내용을 하나라도 빠뜨리지 않아요. 재구성할 때 가장 기본이 되고 중심이 되는 것이 교과서이거든요. 그런데도 학부모님들께서 혹시 교과서 내용을 안 가르치는 것 아니냐 오해를 하실 것 같아서 제가 학년 초에 교육 내용 재구성에 대해 그 점을 강조해서 설명을 드렸어요. 기억나실지 모르겠지만… 사실 깨끗한 교과서를 보면 불안한 것은 저도 마찬가지예요. 내가 가르쳐야 할 교과서 내용을 혹시 하나라도 빠뜨리지는 않았나 다시 살펴보고 또 살펴보고 있어요. 그러니 교과서 내용을 빠뜨렸나 걱정하지 않으셔도 됩니다. 그래도 혹시라도 제가 빠뜨린 내용이 있을지도 모르니 어느 부분이 빠졌는지 구체적으로 알려주시면 제가 다시 확인을 해보겠습니다. 지원이 어머니가 수업에 관심을 가져 주셔서 고맙습니다. 어머니같이 다른 부모님들도 수업에 좀 더 관심을 가져 주시면 참 좋겠어요."

학생들이 싸우는 것도 교사 책임이라네요

> 준호는 친구에게 시비를 걸거나 해서 자주 다툼이 일어난다. 공부시간에는 돌발
> 행동으로 수업의 흐름을 깨기도 한다. 그래서 담임교사로부터 조용히 하라는
> 말을 많이 듣는 편이다. 이번에는 또 수업 중에 친구와 싸움이 일어났는데,
> 친구를 향해 의자를 집어던지기까지 했다. 싸운 아이들 둘 다 꾸중을 했는데 준호
> 아버지가 전화를 하여 수업 시간에 싸운 것도, 아이가 학교를 싫어하는 것도 최
> 교사의 책임이라고 따진다.

최 교사의 반에는 공부시간에 자주 수업과 관련 없는 이야기를 큰 소
리로 떠들거나 친구에게 시비를 걸거나 하여 수업의 흐름을 끊어 놓는
준호가 있다. 아무리 주의를 주어도 그때뿐, 행동이 고쳐지지 않아 자연
히 준호는 최 교사의 주의를 많이 듣는다. 담임인 최 교사는 준호로 인
해 스트레스가 이만저만이 아니다.

그날도 한창 수업 중에 준호가 맞은편에 앉은 경민이를 향해 의자를
집어던지고 싸움이 벌어져서 얼른 둘을 떼어 놓고 다그치게 되었다.

"경민이가 저보고 뭐라고 하잖아요."

"아니에요. 준호가 먼저 쉬는 시간에 뭐라고 했어요."

"그래서 공부시간에 의자까지 던지며 싸운 거야?"

최 교사는 둘 다 잘못한 점을 들어가며 야단을 쳤다. 그러자 경민이는
곧바로

"선생님, 공부시간에 싸운 것 잘못했어요. 다시는 그러지 않을게요. 죄송해요."

하며 용서를 구하는데, 의자까지 던지며 소리를 지르고 싸움을 벌인 준호는 계속 경민이가 먼저 시비를 걸었다고 변명을 늘어놓으며 씩씩댔다. 그러자 최 교사는 준호를 향해,

"쉬는 시간에 있었던 일을 공부시간까지 끌고 와서 의자 던지고 싸워서 되겠니? 경민이가 놀려서 화가 났을 것이라는 점은 이해해. 그런다고 그 화를 의자를 던지는 것으로 해결하려고 하면 안 되지 않겠어? 물론 너야 의자로 경민이를 맞힐 생각은 없었겠지만 만약에 네가 던진 의자에 경민이가 맞았더라면 어떻게 됐겠어? 어떤 화든지 폭력으로 해결하려는 것 자체는 잘못이라고 생각하지 않아?"

하고 엄하게 야단을 치고, 둘 다 방과 후에 반성문을 쓰게 하고 집으로 보냈다.

그런데 얼마 후 준호 아버지에게서 전화가 왔다.

"선생님 때문에 우리 준호가 학교 가기 싫답니다. 선생님이 우리 준호의 말을 무시하고, 경민이랑 같이 싸웠는데도 경민이보다 우리 준호를 더 혼냈다면서요? 선생님이 아이의 자존감을 올려줘야 하는데 오히려 자존감을 떨어뜨려서 제가 이렇게 전화했습니다."

"네, 수업 시간에 싸움이 났습니다. 그 때, 준호가 경민이를 향해 의자를 집어던졌습니다. 그래서 수업을 중지하고 싸움을 말리고 둘 다 야단을 쳤습니다. 서로 사과하라고 했는데 준호는 경민이가 먼저 시비를 걸었기 때문에 자기 잘못이 없다고 끝내 사과를 하지 않네요. 경민이가 준호에게 학습지 안 하냐고 한 것을 오해해서 싸움이 시작되었어요. 준호가 폭력을 사용하여 그것을 나무랐는데 준호는 경민이가 먼저 잘못했고 자기는 잘못이 없다고 끝까지 우겼어요. 그래서 준호가 자칫하면 어떤 문제를 폭력으로 해결하는 것을 정당한 해결 방법으로 생각할 수 있을 것 같아서 걱정이 되어 준호에게 한두 마디 더 이야기를 했습니다."

그러자 준호 아버지는,

"우리 애는 마음을 알아주면 그렇게까지 욱하지 않습니다. 선생님이 우리 준호의 말을 무시하고 야단만 치니까 우리 애가 더 화가 난 것 아닌가요? 그리고 공부시간에 애들이 그렇게 싸우게 될 때까지 선생님은 뭐 했습니까? 수업 시간에 애들이 싸우는 건 선생님 책임 아닌가요?"

라며 준호가 위험한 행동을 한 것에 대해 한 마디 사과도 없이 싸움의 책임을 교사에게 전가하며 계속 따지고 드는 바람에 최 교사는 앞으로 애들을 잘 살피겠다고 하고 대화를 끝내고 말았다. 준호 아버지가 준호의 잘못을 수긍하고 고치려는 의지가 없었기 때문에 대화를 계속 이어나갈 수가 없었다. 최 교사는 전화를 끊고도 한참 동안 불편한 마음을 가라앉히느라 힘이 들었다.

 마음의 소리

최 교사 : 준호는 왜 저렇게 교사의 말을 듣지 않을까? 공부 시간에 제대로 공부하는 법이 없이 쓸데없는 소리나 하고 친구와 싸움을 일으키고 정말 골치 아파. 그걸 지적하면 저만 나무란다고 부모에게 말하고. 그리고 아이의 말만 듣고 자신의 아이가 더 큰 잘못을 했는데도 그에 대한 반성은 없이 상대방 친구와 담임교사의 잘못만 따지고 드는 준호 아버지도 대화가 안 돼. 수업 중에 일어난 싸움은 선생님 책임이라고 떠밀며 아이의 폭력을 고치려고 하는 마음이 없으니 어떻게 교육하겠어? 교육은 학부모와 학교가 서로 힘을 모아 노력을 해도 될까 말까 하는데, 저렇게 집에서 폭력에 대한 책임 전가를 하고 있으니 아무것도 하고 싶지가 않네.

준호 아버지 : 준호가 잘못이 없다는 데도 담임이 아이의 말을 들으려고 하지도 않고 우리 준호만 야단을 치면 어떻게 해? 경민이가 먼저 시비를 걸어 싸움이 난 건데. 이런 건 중립적으로 처리를 해야지, 담임이 우리 준호만 야단치니 아이의 자존감이 떨어지고 아이가 학교에 가기 싫다고 하지. 더구나 공부시간에 담임이 잘 감시를 하면 아이들이 어떻게 싸움을 하겠어? 공부시간에 싸우는 건 교사 잘못이지. 그리고 아이가 화가 났는데 빗자루나 의자가 눈에 보이겠어? 얼마나 화가 났으면 그걸 던졌겠냐고? 경민이가 우리 준호에게 먼저 잘못한 걸 가지고 우리 아이만 더 야단을 치면 안 되지.

폭력으로 화를 해결해서는 안 된다는 지적을 한 교사와 자기 자식의 말을 듣지 않고 무조건 나무랐다는 학부모 사이의 갈등이다. 사건을 여러 측면에서 분석할 수 있지만 자기 편한 방식으로 사건을 분석하여 자신에게 이롭게 해석하는 것은 일반적인 일이다. 그런데 사건의 초점이 다르면 문제를 일으킬 수 있다.

　학부모는 싸움의 원인에 초점을 두고 준호가 억울하다는 판단을 하고 있고 교사는 싸움의 원인보다는 해결 과정에 초점을 두고 준호에게 교육적인 처치를 내렸다. 교사가 자신의 교육적인 관점을 설명하는 대화를 통해 이 문제를 해결할 수 있다.

　"준호 마음을 몰라주고 야단을 쳤다고 들으셔서 화가 나셨네요. 싸운 것에 대해서 준호와 경민이 모두에게 야단을 쳤지만 준호에게 더 야단을 친 게 되었네요. 그런데 준호에게 더 야단을 친 것은 싸움 때문이 아니라 준호가 경민이에게 의자를 집어던진 것 때문이에요. 싸움이 없으면 좋겠지만 싸우고 화해하고 그러면서 성장하는 것이라 화가 나면 싸울 수 있다고 생각해요. 문제는 '화가 났을 때 그 화를 어떻게 해결하느냐'인데… 아무리 화가 나더라도 폭력으로 해결하는 것은 잘못된 것이라는 것을 스스로 깨닫지 못하면 또 화가 났을 때 어린 마음에 자기도 모르게 다시 폭력으로 문제를 해결하기 쉬워요. 그래서 화가 나면 누구나 폭력을 쓰고 싶은 마음은 들지만 서로 잘못을 인정하여 사과하면서 해결해야 한다는 말을 강조하다 보니 준호가 자기에게만 야단을 치는 것으로 받아들였나 보네요. 준호도 의자를 집어던진 것은 자기도 모르게 한 행동이고 그것이 잘못이라고 생각하고 있으니 다음에는 폭력으로 해결하지는 않을 것입니다."

　　학교에서만 새는 바가지?

> 민지는 성격이 활발하여 쉬는 시간에 친구들을 잡으러 복도를 뛰어다니거나
> 친구들에게 곱지 못한 말을 해서 선생님께 가끔 주의를 받는다. 얼마 전
> 청소시간에 자신이 흘린 쓰레기를 줍기 싫어서 발로 앞 친구 자리로 슬쩍 밀었다.
> 그걸 본 유 교사는 그러면 안 된다고 타일렀다. 그런데 집에 가서는 자기가
> 그러지 않았다고 억울해하며 울었다는 것이다. 그 일로 부모는 학교에 전화를
> 하여 선생님께 항의하는 일이 벌어졌다.

"선생님, 우리 민지가 집에 오자마자 큰 소리로 막 울었어요. 이게 무
슨 일이죠?"

방과 후 학생들이 모두 하교를 하고 교실 정리정돈을 하던 유 교사는
흥분된 목소리의 학부모 전화를 받게 되었다.

"민지가요? 글쎄요, 왜 그럴까요?"

"우리 민지가 쓰레기를 지영이 자리로 보내지 않았는데도 성훈이가 선
생님께 일러서 선생님이 저보고 뭐라 그랬다고 울고불고 난리가 났어요."

"아, 아까 급식 먹은 후에 집에 가려고 가방 챙길 때 민지가 발로 자기
책상 밑에 있던 쓰레기를 앞에 앉은 지영이 의자 밑으로 보냈어요. 그걸
저도 봤어요. 그래서 사실 확인을 한 다음에 자기 쓰레기는 자기가 주워
야지 친구 자리로 보내면 안 된다고 말했어요. 그걸로 혼을 내거나 하진
않았습니다."

"1학년 때는 이런 일이 한 번도 없었거든요. 우리 민지가 규칙을 잘 지키는 애라 이런 일이 처음이에요. 집에서도 절대 거짓말을 하고 그러진 않아요. 그래서 속상하다고 큰소리로 울었어요. 선생님이 자기만 미워하는 것 같다고요."

"친구와 관련된 잘못을 지적했더니 자기만 미워하는 것으로 느낀 모양이네요."

하고 전화를 끊었다. 그러나 민지 어머니의 말과는 달리 민지는 성격이 지나치게 활발하여 쉬는 시간에 친구들을 잡으러 복도를 뛰어다니거나 친구들에게 곱지 못한 말을 해서 선생님께 가끔 주의를 받는 학생이다.

그날 청소시간에 일어난 일만 해도 자신이 흘린 쓰레기를 줍기 싫어서 앞에 앉은 친구 자리로 슬쩍 밀어서 그렇게 된 것이다. 그래서 민지에게 "자기 쓰레기는 자기가 주워야 해."라고 말했을 뿐이다. 그런데 집에서는 자기가 그러지 않았다고 울기까지 했다니 만약 교사가 보지 않았다면 영락없이 성훈이가 거짓말을 한 게 되어 버렸을 것이다.

지난번에는 민지가 복도에서 친구를 잡으러 뛰어가다가 옆 반 친구와 부딪혔고, 그 친구는 넘어져서 울었다. 하마터면 큰 사고로 이어질 뻔했던 일이었다. 민지가 복도에서 뛰다가 주의를 받은 건 그 외에도 몇 번 더 있었다. 또 얼마 전에는 동네에서 반 친구를 놀렸다고 그 친구 어머니에게 피해를 호소하는 전화를 받기도 하였다.

민지 어머니는 민지가 집에서 하는 행동만 보고 동네나 학교에서 하는 행동이 어떤지는 모르고 있다. 하지만 집에서도 주의해서 보면 분명히 어떤 단서가 되는 행동이 있을 것이다. 나이 차가 많은 언니들 아래서 이쁨만 받고 자라 가족들이 그것을 눈치 채지 못했을 뿐이지. 밖에서만 새는 바가지가 있으랴?

저렇게 자신감에 차 있는 민지 어머니에게 유 교사가 해 줄 말이 떠오르지 않았다.

 마음의 소리

유 교사 : 민지는 부모가 생각하는 것처럼 규칙을 잘 지키는 애가 아닌데…. 민지가 학교에서 보이는 모습과 집에서 보이는 모습이 다르다는 걸 왜 부모만 모를까? 학교에서만 그러는 아이는 없다. 적어도 지금까지 내 경험으로 봤을 때, 학교에서는 망아지 같은데 집에서는 양 같은 아이는 없어. 혹여 있다면 그건 부모나 가정의 심각한 문제다. '우리 애는 절대 안 그런다, 그럴 애가 아니다.'라는 말을 들을 때마다 어쩜 저렇게 자기 자식을 모를까란 생각이 들면서 안타깝기도 해. 자기 자식을 이해하려고 하는 건 좋으나 너무 절대적으로 믿고 학교에 항의부터 하려고 하면 아이 교육을 위해서 아무것도 할 수 없어.

민지 어머니 : 우리 민지는 규칙을 잘 지키는 애라서 자기 쓰레기를 친구에게 보내는 짓은 하지 않아. 선생님이 딴 아이들이 한 말만 듣고 우리 민지를 혼내서 아이가 집에 와서 큰소리로 울었어. 얼마나 마음이 아프던지. 혹시 애들한테 왕따를 당하는 거 아닐까? 1학년 때는 이런 일이 한 번도 없었어. 우리 부부가 애를 얼마나 애지중지 키우는데, 학교에서 선생님이 우리 아이만 미워하는 것 같아서 이런 일을 당하니까 너무 속상해. 진짜 이런 일이 또 생기면 가만있지 않을 거야.

학생의 말만 듣고 교사의 잘못을 항의하는 학부모와 이런 항의에 억울해하는 교사의 갈등이다. 누구나 자기 편한 대로 말을 한다. 잘못을 한 학생들도 마찬가지이다. 부모에게 사실을 말하면 부모에게 또 혼나기 때문에 자기변명을 늘어놓거나 거짓을 말하기 마련이다. 학부모는 양쪽의 말을 다 들을 수 없기 때문에 일단은 학생의 편에 서서 판단을 하기 마련이다. 특히 학교로 항의하는 학부모는 더욱 그렇다.

이런 경우 사실 관계를 명확히 따져 학생의 잘못을 지적하거나 다른 학생의 피해를 언급하면 문제 해결이 어려울 수 있다. 교사가 판사의 마음으로 판결하기보다는 그 학생이 잘 되기를 바라는 학부모의 마음으로 이해하는 태도가 우선되어야 한다.

"이런, 민지가 엉엉 울었다고요? 청소시간에 조그만 문제가 있어서 민지를 조금 나무랐는데 민지는 그것이 많이 억울하다고 생각했던 모양이네요. 민지가 지금은 좀 안정됐어요? 오늘 청소시간에 민지가 자기 쓰레기를 발로 앞에 앉은 친구에게 슬쩍 밀었다고 다른 친구가 말을 했어요. 자기 쓰레기는 자기가 주워야 한다는 것을 제가 계속 강조해서 그 학생이 말을 한 모양이에요. 사실 저도 보았지만 혹시 민지 발에 우연히 걸려 밀린 것일 수도 있고 해서 민지에게 '네가 밀었니?'라고 확인을 했어요. 민지가 솔직하게 잘못을 말했기 때문에 대견하기도 해서, '그럼 친구가 네 쓰레기를 주워야 하잖아. 그러니 다음부터는 자기 쓰레기는 자기가 줍도록 하자.'라고 말했어요. 그런데 민지가 무언가 억울했나 보네요. 억울하게 두면 안 되죠. 무엇이 억울했는지 어머님이 좀 알아보셔서 저에게 알려 주시면 제가 다시 이야기를 해 보면 어떨까요?"

상담받는다고 정신병자는 아니에요!

태호는 학교에서 친구들의 학용품을 훔치기도 하고 담임교사가 현장 학습비를 걷는 자리에서 지폐 몇 장을 슬쩍 가져가기도 했다. 그 뒤에는 친구의 휴대폰을 훔치다가 걸려서 학생부에 보고하여 징계를 받을 상황이었으나 학부모의 애원과 담임의 노력으로 징계를 면하게 되었다. 신 교사는 부모에게 상담 선생님께 상담을 받아보라고 권유했지만, 부모는 아이를 정신병자 취급하느냐며 따지고 오히려 담임의 태도를 문제 삼겠다고 하며 언어폭력을 가했다.

중학교 1학년인 신 교사 반에서 학생들이 학용품이나 지갑을 잃어버리는 일이 종종 일어났다. 얼마 전에도 신 교사가 교실에서 현장학습비를 걷다가 잠깐 다른 곳으로 눈길을 돌린 사이에 누군가가 지폐 몇 장을 슬쩍 빼가는 사건이 발생하였다. 신 교사는 학생들에게 돈을 가져간 사람은 친구들 모르게 교탁 안에 살짝 가져다 놓으라고 하고 다른 반으로 수업을 들어갔다.

점심시간에 교실 앞을 지나가던 신 교사는 학생들이 모두 식당으로 가고 아무도 없는 교실에서 교탁에 돈을 가져다 놓는 태호의 모습을 보았다.

신 교사가 방과 후에 태호를 불러 상담을 해보니 그동안 학급에서 일어났던 분실 사건이 모두 태호의 소행으로 드러났다. 그 후로 신 교사는 태호를 교무실로 자주 불러서 이야기도 나누고 태호 스스로 생각할 시간을 갖도록 하는 등 태호의 도벽을 고쳐 보려고 노력을 했지만, 그때뿐이었다.

또 며칠 뒤에는 친구의 휴대폰을 훔쳤다가 친구들과 신 교사에게도 발각되었는데, 태호를 추궁해 보니 휴대폰을 학교 바로 옆 고등학교에 다니는 자기 형에게 주었다고 해서 받아오게 했다. 고가의 휴대폰을 훔친 일은 친구들도 다 알게 된 사항이고 징계사유에 해당이 되므로 신 교사는 학생부장께 보고하고 태호 부모에게도 전화를 하였다.

"태호 어머니, 태호가 친구의 물건이나 휴대폰을 훔치기도 하고 심지어 선생님이 현장 학습비를 걷고 있는 도중에 그 돈까지 손을 댔습니다. 제가 학교에서 타이르기도 하고 꾸중도 하며 태호의 버릇을 고치려고 했지만, 이 일이 몇 번씩 반복되어서 이렇게 전화를 드립니다. 특히 친구의 휴대폰을 훔친 것은 징계사유에 해당되어 학교에서 조치를 취할 것 같습니다."

"죄송합니다. 태호가 초등학교 때는 이런 일이 없었는데 왜 그럴까요? 집에서는 반듯한 아이인데 중학교 가서 왜 그러는지 모르겠네요. 선생님, 제발 징계만은 면하게 해주시면 안 될까요? 부탁드립니다. 제가 집에서 태호를 잘 타일러서 다시는 이런 일이 없도록 하겠습니다."

태호 부모는 담임에게 사죄하며 징계를 면하게 해달라고 사정사정하여 신 교사는 노력해 보겠다고 하고 전화를 끊었다. 신 교사는 학생부장을 만나 태호 부모의 말을 전하고 교실에서도 꾸준히 지도하겠다는 전제 하에 태호를 징계하지 않기로 하였다. 그리고 태호 부모에게 다시 전화하여 이 사실을 전하였다.

"태호 부모님, 제가 학생부장님께 가정과 학교에서 잘 지도하겠다고 하여 태호를 징계하지 않고 한 번 더 지켜보기로 했습니다."

"아, 네. 고맙습니다."

"그런데 태호와 이야기해 보니 태호도 가능하면 안 하고 싶고, 하지 않으려고 노력을 하지만 자기도 모르게 잘못을 저지르고 있다고 하네요. 태호도 자기가 왜 그런지를 모르겠다고 괴로워하고 있어요. 그래서 어쨌든 태호를 돕고 싶어서 이 이야기를 상담 선생님과 나누었더니 상담을 통해서 이 문제를 해결한 사례들이 꽤 있다고 합니다. 상담에 대한 인식이 많이 달라졌지만 저도 아주 조심스럽긴 해요. 그래도 어쨌든 태호를 도와야 하니 상담 선생님 말씀처럼 상담을 한번 받아보면 어떨까요?"

그러자 태호 부모는 펄쩍 뛰며 흥분했다.

"아니 지금 선생님께서 우리 태호를 정신병자 취급하세요? 아이가 어쩌다 한두 번 실수한 걸 가지고 선생님이 그런 식으로 말을 하니 기분이 안 좋네요. 우리는 선생님의 태도를 문제 삼을 수도 있어요."

처음에는 학생이 징계를 받을까 봐 전전긍긍하며 사죄하던 부모가 징계를 면하게 되자 상담을 해보라고 권유하는 담임교사에게 그 말을 문제시하겠다며 오히려 화를 내다니. 가정에서나 학교에서 학생이 심리적인 불안정이나 욕구불만 사항이 없는지 살펴보고 원인을 찾아서 아이의 도벽을 고칠 생각은 하지 않고 담임교사의 상담권유에 대해서 흥분하고 문제 삼겠다고 하는 부모의 태도에 신 교사는 정말 어이가 없었다. 사람이 어떻게 화장실 갈 때와 나올 때의 마음이 저렇게 다를까?

마음의 소리

신 교사 : 그동안 교실에서 종종 일어난 도난 사건이 다 태호의 소행이었어. 중학교
1학년인데 그 대범함에 놀랐어. 그냥 어른들이 타이르기엔 횟수도 너무 잦아서 상담이
필요해 보여. 그런데 그 부모란 사람들은 아이 징계만 면하게 해달라고 사정을 할
땐 언제고 상담 얘기를 꺼내자마자 길길이 뛰니, 참, 사람 마음이 이런 건가? 요즘도
상담을 받으면 정신병자라고 생각하는 사람들이 있단 사실에 더 놀랐어. 그냥 앞에
주어진 문제만 해결하면 된다는 식으로 아이에 대해 생각하다니…. 거꾸로 나한테
화를 내는 태도에 정말 황당했어.

태호 부모 : 우리 아이가 초등학교 때는 이런 일 없이 반듯하게 자랐는데 중학교
가서 왜 그런지 모르겠어. 그리고 선생님도 애가 한두 번 실수를 한 것 가지고 애를
문제아처럼 대하는 건 참을 수 없어. 정신 상담까지 받는 건 우리 애를 낙인찍는
거잖아. 혹시 그게 아이들 사이에서 소문이라도 나봐. 난 그렇게 우리 애 미래를
망칠 수 없어. 분명히 좋아질 거야. 우리 애를 정신병자로 몰면 담임이고 뭐고 다
신고해버릴 거야.

학생

의 징계를 면하게 해 주고 다시 이런 일이 생기지 않도록 상담을 권유한 교사와 자식을 병신병자 취급한다면서 항의를 하는 학부모 사이의 갈등이다. 교사는 징계를 면했으니 내 상담 권유를 자연스럽게 받아들이리라 여길 수 있지만, 자식의 상담 권유를 받은 학부모는 자식이 정신적인 문제를 가진 것으로 보는 것은 아닌지 하는 의심과 함께 담임이 나 몰라라 하겠다는 의지의 표현으로 받아들일 수 있다.

이런 경우 학부모는 상담 권유에 반응을 하지만 의도에 대해 의심이 들고 정서적으로 불안해질 수 있다. 불만을 가진 사람의 머리(말)와 가슴(의도)과 배(기분)를 함께 들어야 한다. 이런 상황에서 학생이 심리적으로 심각하다거나 혹은 상담의 효과를 언급하게 되면 상황을 더 악화시킬 수 있다. 학부모의 불안을 해결하면서 긍정적인 기분이 들 수 있도록 대화를 나누어 이 문제를 해결할 수 있다.

"상담 이야기에 놀라셨군요? 그러시다면 미안합니다. 말씀드렸듯이 저도 태호를 지도하기 위해 백방으로 노력했지만 계속 이런 문제가 발생해서, 조용하게 상담 선생님의 자문을 구한 것입니다. 상담 선생님들은 그 분야 전문가들이시잖아요. 그랬더니 상담 선생님이 마침 태호와 같은 사례를 해결한 경험이 있다고 자기에게 보내라고는 하는데… 태호가 상담 받는다는 것이 밖에 알려져서 좋을 일은 없잖아요. 그래서 저도 고민 고민했어요. 고민하다가 이 일은 먼저 부모님과 상의를 해보아야 한다고 판단해서 말씀드리는 것입니다. 상담 선생님은 상담을 비밀로 한다고는 하지만 혹시 태호가 상담을 받게 되면 절대 비밀로 해 달라고 제가 확인하고 또 확인할 것입니다. 그리고 태호가 잘 변화하고 있는지 저도 적극적인 관심을 가지고 계속 지켜볼 것이에요. 부모님과 저 그리고 상담 선생님이 함께 나서서 이번에는 꼭 태호가 다시는 실수하지 않게 노력해 봅시다."

부모님 아이만 학교폭력에서 너그러울 순 없어요

학교에서 자주 사고를 치고 다니는 진수가 후배의 자전거를 억지로 빌려 타고 제때에 돌려주지 않았다. 하루가 지난 후에야 학교 자전거 주차대에 슬쩍 가져다 놓고 후배에게는 말도 하지 않아 후배가 담임교사에게 알렸다. 이 사건은 학교폭력이 될 수도 있는 사안이어서 담임교사가 집으로 전화를 했다. 진수 부모는 그 정도의 일로 학교폭력이라고 하느냐고 상급기관까지 들먹이며 협박하고 담임이 자신의 아이를 미워한다며 항의하는 적반하장의 태도를 보인다.

진수는 중학교 2학년 남학생으로 학교에서 사고를 많이 치는 편이다. 얼마 전에도 평소 알고 지내던 중학교 1학년인 후배가 싫다는데도 자전거를 억지로 빌려 타고는 약속한 날짜에 돌려주지 않았다. 하루가 지난 후에야 학교 자전거 주차대에 슬쩍 가져다 놓고 자전거 주인인 후배한테는 돌려주었다는 말도 하지 않았다.

후배는 자전거 사건과 그 외에도 저번에 그 후배가 새로 산 유명 브랜드의 체육복을 빌린다고 뺏어가서 입고는 3일 후에 돌려준 일 등 진수의 거친 행동으로 인해 불편했던 사항을 담임교사에게 이야기했다. 후배의 담임교사는 이 사실들을 확인하기 위해 진수를 불렀다.

"진수, 너가 후배의 체육복과 자전거를 싫다는데도 빌려간 것 맞지?"

그러자 진수는 억지로 한 건 아니고 후배가 빌려줘서 그냥 빌린 것뿐이라고 발뺌을 하고 전혀 반성의 기미를 보이지 않았다. 후배의 담임교사는 진수의 담임인 윤 교사에게 이 사실을 알리고 진수에 대한 지도와 재발 방지를 당부했다.

윤 교사는 이번 기회에 진수를 제대로 지도해야겠다고 생각하고 진수의 부모님께 전화했다.

"진수 어머니, 진수가 최근에 학교에서 몇 가지 일들을 벌여서 제가 몇 번 불러서 이야기를 했는데도 이번에 또 일이 생겨서요."

"네? 무슨 일인데요?"

"후배 자전거를 싫다는데 억지로 빌려서 타고 약속한 날짜에 돌려주지 않았어요. 그다음 날이 되어서야 학교 자전거 주차대에 가져다 놓고 후배에게는 말도 하지 않았답니다."

"자전거는 돌려준 거지요? 그러니까?"

"그 후배는 자기도 자전거를 사용해야 해서 안 빌려주고 싶은데 선배가 말하니까 무서워서 빌려줬나 봐요. 그리고 저번에는 후배의 유명 브랜드 체육복을 억지로 뺏어 입고 3일이나 지나서 돌려줬어요. 이건 학교폭력이 될 수가 있어요."

"아니, 학교폭력이라구요? 뭘 그런 걸로 학교폭력이라고 한답니까? 어쨌든 돌려줬지 않습니까?"

"가해 학생은 별거 아니라고 생각하고 한 행동이어도 피해 학생이 심리적으로 부담을 느꼈다면 학교폭력이 될 수 있어요. 후배 학생이 체육복과 자전거를 빌려주고 싶지 않은데 무서워서 어쩔 수 없이 빌려주었다니…"

"그럼 우리 진수가 학교폭력 가해자라는 말씀인가요?"

"상황이 그렇게 보일 수도 있다는 거죠."

"그 후배가 학교폭력으로 신고를 했나요?"

"현재 학교폭력으로 신고가 들어와 있지는 않습니다."

"그런데 왜 학교폭력이라고 하시는 거죠?"

"학교폭력으로 단정을 한 게 아니고, 그렇게 볼 수 있는 사안이니 진수를 주의시키고 잘 지도해 보자는 뜻으로 말씀을 드린 겁니다. 지금 진수를 바로잡지 않으면 또 다른 문제가 생길 수도 있어 저도 안타까운 마음에 이렇게 협조를 구하는 전화를 드렸어요."

"담임 선생님이 우리 진수를 찍어 놓고 나쁘게 보시는 거 아니에요? 담임 선생님이 그러시면 안 되죠."

"어머니, 저는 그동안 진수가 학교에서 여러 번 사고를 쳤어도 부모님께 말씀드리지 않고 계속 지도를 해 왔는데 그런 말씀을 하십니까? 오늘 건은 그 후배 학생이 내일이라도 신고를 하면 학교폭력 사안이 될 수 있으니 미리 대응하자고 말씀을 드린 겁니다."

"그럼 제가 그 부모와 연락을 해 보겠습니다."

"그렇게 하세요."

하고 전화를 끊었는데, 진수 어머니는 이 전화 내용을 녹음해서 퇴근한 진수 아버지에게 들려주었다. 그리고 다음날 아침, 진수 아버지는 출근 전인 윤 교사에게 항의 전화를 했다.

"제가 어제 진수 엄마가 녹음한 전화를 들어 봤는데요, 우리 애가 한 행동 그 정도로 학교폭력이라뇨? 담임이 학생을 감싸 줘야 하는데 먼저 학교폭력이라고 하다니 너무 심하십니다. 내가 너무 화가 나서 교육청에 전화를 할까, 학교재단에 전화를 할까, 교장실로 전화를 할까 하다가 교육청에 아는 사람도 있는데 겨우 감정을 누르고 선생님한테 전화를 한 겁니다."

하며 협박하는 투로 말을 하였다. 자신의 아이가 저지른 잘못에 대해 먼저 사과하는 것이 아니라 학교폭력이라는 말을 붙들고 늘어지며 담임교사에게 잘못을 뒤집어씌우려는 학부모의 태도에 윤 교사는 화가 났다. 아침 출근도 하기 전에 전화해서 자신의 아이가 잘못한 점을 사과는커녕 오히려 상급기관을 들먹이며 담임을 협박하는 진수 아버지에게 따끔하게 한마디 하고 싶었지만 꾹 참았다.

"진수 아버지, 제가 진수를 밉게 보는 건 아니구요, 그동안 진수가 한 일에 대해 부모님도 아셔야 할 것 같아 전화 드린 겁니다. 지금 출근해야 해서 바쁘니 나중에 다시 이야기하시죠."

윤 교사는 출근하는 내내 그리고 수업을 하는 동안 계속 '학교폭력'이니 '진수를 찍어 놓고 나쁘게 본다'느니 하는 진수 아버지의 말들이 머리를 맴돌았다. 진수를 아끼고 고쳐 보려는 담임의 이야기를 어떻게 그런 식으로 받아들일 수 있을까?

 마음의 소리

윤 교사 : 진수는 학교에서 사고를 많이 치고 다녀 골치 아파. 이번 건은 학교폭력 사안이 될 수도 있어서 부모님과 대책을 세우고 상담하려고 한 건데…. 진수 부모는 자신의 아이가 저지른 잘못은 못 보고, 학교폭력이라는 말을 붙들고 늘어지며 담임교사에게 잘못을 뒤집어씌우려 해. 그리고 교육청까지 들먹이며 협박하는 건 아니지. 그건 아이의 잘못을 고치는 게 아니라 오히려 아이의 잘못을 더 키워 주는 행동이야. 그 부모는 왜 그걸 모를까?

진수 부모 : 우리 애가 한 그 정도로 학교폭력이라고? 결과적으로 물건도 돌려줬고 아이를 때린 것도 아니잖아? 그 정도 사안이면 담임이 학생을 감싸 줘야 하는데 먼저 학교폭력이라고 하다니 너무 심해서 화가 나네. 교육청에 전화를 할까, 학교 재단에 전화를 할까, 교장한테 전화를 할까? 내가 이번에만 참는다. 그리고 애들이 장난도 치고 실수도 하는 거지, 그걸 감싸 주지도 않고 징계를 받게 하다니 그런 교사는 교사 자질이 없는 거 아냐?

학생의 잘못은 생각하지도 않고 유독 '학교폭력'이라는 말만 가지고 항의를 하는 학부모와 학생의 잘못을 고쳐보기 위한 담임교사의 갈등이다. '학교폭력'은 학부모에게 매우 민감한 표현이다. 특히 피해자 학생의 담임이 아니라 같은 편이라고 생각하고 있는 우리 담임에게서 학교폭력이 될 수 있다고 말을 듣는 순간 학부모는 실망감을 느낄 수 있고 이런 실망감이 배신감으로 발전될 수 있다.

화가 난 학부모의 말은 그 언어적 의미와 함께 그 말을 하는 의도와 그 말을 할 때의 기분을 같이 들어야 한다. 사례에서 담임이 학부모에게 학교폭력이라는 말을 사용하는 순간 진호 편이어야 한다고 생각했던 학부모는 실망감과 배신감을 느끼면서 진호가 학교폭력과 무관해야 한다는 의도와 함께 진호가 학교폭력의 가해자가 될 수 없다고 사건을 분석해 가면서 논리적으로 방어하고 있다. 교사가 함께 논리적으로 따지게 되면 학부모는 점점 더 자기 방어적으로 갈 수밖에 없다. 문제에 대한 해석보다는 문제 자체에 초점을 맞추어 대화를 시도하여 이 문제를 풀 수 있을 것이다.

"학교폭력이라고 말씀드려 미안합니다. 그런데 이런 일이 또 발생하게 되면 피해를 당한 학생쪽에서 학교폭력 운운할 가능성이 높아서 경각심 차원에서 부모님께 그 말씀을 드린 것입니다. 이번 사건이야 진수가 자전거를 가져다 두었고 자전거를 빼앗겼다는 학생이 신고를 하지 않았지만 후배의 담임 선생님이 정식으로 이 문제를 거론했기 때문에 자칫 학교폭력위원회가 열릴 뻔했습니다. 물론 학교폭력인가 아닌가는 학폭위에서 판단을 하겠지만 진수가 학폭위와 조금이라도 관련되면 안 되죠. 아버님, 진수가 아버님 아들이듯이 진수는 내가 담임하는 학생입니다. 아버님이 진수 걱정하는 마음이나 제가 진수 걱정하는 마음은 다 똑같다고 생각해요. 저도 내 학생이 학폭위에 조금이라도 관여되는 것이 정말 싫습니다. 아버님, 진수가 후배가 원하지 않는데 체육복을 빌리고 자전거를 빌리는 데에는 무슨 이유가 있을 것이라 생각합니다. 그 이유를 알아서 다시 이런 문제가 생기지 않도록 부모님과 제가 함께 힘을 합쳐야 하지 않을까요?"

실패한 실험을 성공한 것으로 조작해 달라구요?

고등학교에서 화학을 담당하고 있는 장 교사는 학생들과 팀을 짜서 실험 주제를 정하고 설계하여 실험을 진행했는데 결과는 바라는 대로 나오지 않고 실패하였다. 하지만 실패한 실험에서 배울 점도 많고 학생들이 실험 과정에 성실하게 참여하여 학생 연구논문 발표대회에 출품하여 상도 받았다. 이것을 토대로 해서 학생부에 기록을 해 주었는데 한 학생의 어머니가 실험결과를 성공한 것으로 써 달라며 장 교사를 곤란하게 하고 있다.

학기 말이 되면 고등학교 교무실은 쉴 새 없이 바빠지고 긴장감이 감돈다. 성적 처리에다 학생부 기록까지 교사들이 정신을 집중해서 해야 할 일이 산더미이기 때문이다. 그중에서도 가장 신경 곤두서게 하는 일이 세특이다. 세특이란 교사가 학생부에 올리는 과목별 세부 특기사항을 말한다. 세특이 대입 수시전형에서 차지하는 비중이 크기 때문에 교사들은 학생, 학부모와 팽팽한 신경전을 벌여 가며 일을 해야 한다.

화학을 담당하고 있는 장 교사는 학기 초에 팀을 구성하고 학생들과 협의해서 프로젝트를 진행하여 학생 연구논문 발표대회에 내보내고 그 과정과 결과를 누가기록 했다가 학생부에도 올린다.

올해 1학기에 맡은 3학년 한 팀은 그 지역 특산물인 단감을 재료로 한 발효식품을 개발하기로 했다. 장 교사와 팀원들은 실험 설계를 하고 여러 가지 변인 통제를 하여 몇 달에 걸쳐 실험을 진행했는데, 발효 과정에서 다른 변인이 작용했는지 결과는 바라는 대로 나오지 않았다. 하지만 학생들이 실험 설계도 꼼꼼히 하고 실험 과정에도 성실히 잘 참여했기 때문에 이 과정을 PPT로 제작하여 학생 연구논문 발표대회에 출품해서 2등이라는 성과를 올렸다. 김 교사는 실험에 참가한 학생들의 세특에 이러한 과정과 결과를 세세하게 기록하고 학생들에게도 통보하였다.

그런데 다음날, 주영이가 교무실로 찾아왔다.

"선생님, 이거 엄마가 작성한 세특인데요, 이렇게 고쳐 써주세요."

하며 서류 한 장을 내밀었다. 화학 실험이 성공하여 단감 발효 깍두기 제품이 완성되었다는 내용이었다. 장 교사는 학생에게 안 된다고 하며 돌려보냈다. 그러자 그 학부모에게서 전화가 왔다.

"선생님, 우리 주영이가 명문대학을 목표로 하고 있어서 학생부가 엄청 중요해요. 그러니 제가 써 드린 대로 실험이 성공한 걸로 좀 써 주세요."

"어머니, 그건 어렵습니다. 수시 때문에 학생부가 중요하긴 하지만 실험 결과보다 학생이 실험에 참여한 태도나 성실성 이런 게 더 중요하고 실패한 실험에서 배울 점도 많기 때문에 이런 것을 강조해서 써 드렸습니다."

장 교사는 완곡하게 설명을 했지만, 학부모는 납득할 수 없다며 계속 실험결과에만 매달렸다. 그러면서 실험결과를 성공한 것으로 했으면 학생 연구논문 발표대회에서 1등도 할 수 있었을 거라는 원망까지 했다. 장 교사는,

"주영이가 식품영양학과에 진학하게 되면 이 실험을 추수 연구하여 더 발전시킬 기회도 있다고 기록했으니 대학에서도 이런 과정을 더 가치 있게 평가할 겁니다."

하고 설득했는데도 아랑곳하지 않고 계속 실험이 성공하여 맛과 영양이 우수한 제품을 개발했다고 써 달라는 소리를 했다. 그러자 장 교사는,

"실험에 참가한 다른 학생들의 세특에는 모두 실험이 실패했다고 기록 돼 있는데 주영이 것만 성공했다고 쓸 수도 없고, 교사의 양심을 가지고 실험결과를 조작해서 써 줄 수는 없습니다."

하고 전화를 끊고 말았지만, 세특을 쓸 때마다 되풀이되는 학부모의 막무가내식 서술 강요에 마음이 씁쓸하기만 했다.

수업 시간에 엎드려 자는 학생의 수업 태도가 진지하고 탐구적이며 발표를 열심히 한다고 써 달라고 우기기도 하고, 한두 번 참가한 봉사 활동을 꾸준히 성실하게 참여한 것으로 요구하는 등 대학입시를 위해서라면 거짓말도 서슴없이 해야 한다는 건지 매년 교사와 학생, 학부모의 줄다리기는 입시제도가 바뀌지 않는 한 그칠 기미가 없다.

 마음의 소리

장 교사 : 실험결과가 실패로 나오긴 했지만, 학생이 실험에 성실히 참여해서 실험을 잘했고, 그 실험이 논문 발표대회에서 상까지 받았는데 실험결과를 조작해서 써 달라니 참. 학생이 실패한 실험에서 배울 점이 많은 것을 알게 되었고 그것을 바탕으로 대학에서 더 연구하겠다는 다짐까지 썼으면 오히려 그게 더 값어치 있는 기록이 되는 거지. 무조건 실험결과에만 매달리는 건 아니지. 실험결과 조작은 교사의 양심에도 어긋나는 일이야.

영주 어머니 : 주영이는 명문대학을 가야 하기 때문에 학생부가 정말 중요해. 실험결과가 실패했다고 돼 있으면 감점 요인이 될 거야. 학생부 세특을 완벽하게 잘 써야 수시에 합격할 수 있는데 선생님이 저렇게 고집을 부리고 있으니 어떻게 하면 좋아. 내가 써 달라는 대로 써 주면 간단할 것을 가지고 자기 생각만 말하는 선생님 때문에 정말 골치 아프네.

실패한 실험을 성공한 것으로 세특에 써달라는 어머니와 교사로서의 양심을 어겨야 하는 교사 사이의 갈등이다. 세특에 거짓말을 하는 것은 교사 양심을 넘어 위법적인 일이다. 그러나 입시에 일단 합격하기 위해선 온갖 방법을 사용하는 사회적 분위기 속에서 학부모의 요구를 딱 잘라 거절하기란 쉽지 않다.

학부모와 교사의 공동 목표는 합격이라는 점을 공유하는 전략을 사용할 수 있다. 세특에 거짓을 쓰는 것은 합격 취소 사유가 될 수 있다는 점을 강조하되, 거짓이 아니면서 합격에 도움이 될 수 있는 실험에 관한 내용을 수정하는 방향으로 대화를 나누면 문제를 풀 수 있다.

"실험 결과를 조작해서 쓸 수 없다는 말씀을 드리고 저도 많이 고민했습니다. 부모님과 같이 저도 주영이가 꼭 그 대학에 들어갔으면 좋겠어요. 주영이도 노력했지만 저도 최선의 노력을 기울였는데 꼭 합격해야 해요. 그래서 어젯밤 내내 고민하다가, 실험은 실패했다고 쓰되 자소서(자기소개서)에 그 실험을 통해 얻은 귀중한 가치를 잘 쓰면 좋겠다고 생각했어요. 명문 대학의 자소서를 보면 무엇을 성공했느냐보다 성공하지 못해서 얻은 경험을 통해 무엇을 배웠는가를 중심으로 내용을 쓰도록 되어 있어요. 대학 입장에서는 고등학생이니 당연히 실패할 수는 있는데 그 실패를 통해서 무엇을 배웠는지가 더 중요하다고 판단하는 것 같아요. 입학 사정에서는 세특과 자소서를 같이 살펴보니까 자소서 부분에서 점수를 좀 많이 얻도록 해 보게요. 또 그게 합격에 유리하고… 그리고 세특에 쓴 내용으로 면접을 하는데 이 실험이 중요한 실험이고 거기다 성공까지 했다면 면접관이 실험 성공에 대해 꼬치꼬치 물어볼 가능성도 높아요. 이런 경우들이 꽤 있거든요. 그러다 거짓이 드러나면 자칫 감점을 받거나 입학이 취소될 수도 있어요. 그런 위험 부담을 안느니 오히려 실패를 기회로 삼아 자소서의 내용을 잘 쓰는 편이 훨씬 좋을 것 같습니다."

교사와 관리자 갈등 – 대화로 푸는 갈등

3장 교사와 관리자 갈등

사례 01 · 대면 보고가 중요하면, 전자문서는 왜 있는 거죠?

> 김 교사는 교육청에 보고할 중요한 공문 때문에 수업도 챙기지 못하고 공문을 올렸다. 그런데 교장은 중요한 공문이면 최종 결재권자인 자신에게 와서 구두로 보고를 하고 결재를 올려야 한다고 한다. 전자문서에 결재를 올리고 교감에게 보고하고, 교장에게도 보고해야 한다면, 전자문서는 왜 있는 것인지 의문이 들었다.

김 교사는 교육청에 보고해야 하는 중요한 공문이 있어서 며칠 전부터 고민을 했다. 오랫동안 그 업무를 담당해서 어떻게 처리해야 할지는 알고 있었지만 교감과 먼저 의례적인 상의를 하였다. 겨우 공문을 작성하고 한숨 돌린 뒤에야 수업에 대한 생각을 했다. 얼른 수업 준비를 하고 오랜만에 수업에만 집중할 수 있겠다는 가벼운 마음으로 수업을 시작했는데, 어김없이 전화벨이 울렸다.

"김 선생님? 나 교장인데, 공문 올라왔더라고요. 중요한 공문인 것 같은데 난 들은 적이 없어서 설명이 필요할 것 같네요."

수화기 너머로 들려오는 다소 경직된 교장의 목소리였다. 전자문서에 올라온 그 결재 뭐냐, 이런 저런 걸 물었지만 결론은 중요한 공문을 왜 본인에게 보고하지 않고 무작정 결재만 올렸냐는 거였다. 교장실로 당장 내려와서 설명했으면 좋겠다고 했다. 순간 교감하고만 상의를 했던 것이 아차 싶었지만, 반면 교감하고 상의를 했으면 됐지 뭐 큰 문제가 있겠나 하는 마음에 좀 억울했다.

"아, 네…. 교장 선생님, 지금은 수업 중이라 수업 끝나면 바로 내려가겠습니다."

"네, 뭐 그렇게 하시지요."

마음을 가다듬고 수화기를 내려놓았다. 김 교사는 그때부터 수업이 잘 되지 않았다. 수업을 하는 둥 마는 둥 교장실로 내려갔다.

"저, 교장 선생님, 그 업무는 제가 계속 하던 업무였고 작년에도 같은 공문이 있어서 교감 선생님께 말씀드리고 결재 올렸습니다."

"김 선생님, 작년에 했던 업무라고 올해도 똑같으라는 법 있나요? 그렇게 똑같은 업무를 복사해서 그대로 하는 업무만 하니까 행정 업무가 의미가 없어지는 겁니다. 매년 늘 새롭게 해야죠. 그리고 교감 선생님께는 상의를 드렸지만 최종 결재권자는 나예요. 중요한 일이면 나한테도 이야기를 했어야죠."

김 교사는 교감하고 먼저 상의해서 결재 올렸다고 했지만 오히려 그 말이 교장의 마음을 더 상하게 하는 것 같았다. 교감은 교감이고 자신이 최종 결정권자니 자신에게도 보고를 해야 한다는 말을 반복하면서 교장은 점점 언성이 높아졌다.

김 교사는 결국 자신이 잘못했다고 사과를 하고서도 10분이나 더 잔소리를 듣고 교장실을 나올 수 있었다. 교장실을 나와 교실로 가는 계단

을 올라가는데 머리가 어지러웠다.

　김 교사는 전자결재 시스템에 대한 의구심이 들었다. 결재 올리고 구두로 또 보고하고, 교감 한 번, 교장 한 번, 김 교사는 문득 자신이 앵무새 같다는 생각이 들었다. 또 공문 하나 올리려고 조사하고 수합하고 통계내고, 반복되는 업무도 버거운데 보고까지 여기 갔다 저기 갔다 해야 한다니, 수업준비는 언제 하고 수업은 또 언제 하라는 건지 울컥 화가 났다. 더구나 학교에서 교장을 만나는 건 '하늘에 별 따기'다. 출장이라도 있는 날엔 계속 왔다 갔다 헛걸음만 치게 되고 앞서 누가 교장실에 있으면 하염없이 교장실 문 밖에서 기다려야 한다.

　김 교사는 이런 학교 보고 시스템이야말로 진짜 시간낭비, 비효율이란 생각에 분통이 터진다.

김 교사 : 교사는 수업을 하려고 학교에 들어왔는데 업무로 인정받고 평가받을 때 회의감을 느낀다. 이번 일만 해도 그렇다. 업무의 내용이나 공문 자체를 가지고 이야기를 들었다면 억울하지 않았을 거다. 그런데 보고 체계라니…. 전자문서 생긴 지가 언젠데 아직까지 구두보고를 해야 한다니, 진짜 짜증이 난다.

교장은 그냥 교감한테만 이야기를 한 게 자존심이 상했던 거 아닐까? 자기가 알고 있어야 되는데 교감하고만 상의했다는 거 그게 싫었던 거다. 그게 수업 중에 전화를 하고 수업시간까지 뺏어 가면서 이야기할 일인가?

친구들하고 얘기해 보면, 아직도 이런 비합리적인 보고 체계로 일하는 학교가 많은 것 같다. 교사들은 수업만 해도 바쁜데 고루한 생각을 바꾸지 않는 관리자들 때문에 이런 시간낭비를 더 이상 하고 싶지 않다.

교장 : 아무리 시대가 변하고 달라져도 변하지 않아야 하는 게 있다. 난 그게 인간관계라고 생각한다. 전자문서로 올리고 결재하고, 모든 회의도 메신저로 하자고 한다. 그럼 언제 만나나? 난 요즘 내가 점점 결재 클릭만 하는 존재란 생각이 들기도 한다. 선생님들을 만나서 이런 저런 얘기도 듣고 소통도 하고 싶은데…. 회식 때는 내 옆자리는 슬슬 피해 앉고…. 교사들이 먼저 이야기를 해 줘야 내가 학교 돌아가는 것도 아는데 그럴 기회조차 주지 않고 뒤에서 투정만 부린다.

그래서 결재를 받는 때만이라도 얼굴 보고 이런 저런 이야기를 하고 싶었다. 물론 교사들이 번거로울 거란 생각을 안 하는 건 아니다. 예전에 교사시절에 권위적인 교장을 닮아 가는 것 같아서 내 자신이 싫어질 때도 있다.

교감을 보면, 그래도 교사들을 만날 시간도 많고 농담도 주고받는다. 그런데 교장은 정말 그렇지 않다. 나도 좋은 교장, 존경받는 교장 하고 싶다. 그런데 요즘 이런 저런 이야기를 잘 들어 보면 결국 교장이 아무것도 안 해야 좋은 교장, 존경받는 교장이 되는 것 같다. 학교에서 왕따인 걸 받아들여야 좋은 교장으로 인정받을 수 있는 건가?

바쁘게 학교 안팎의 일을 하면서 교사들과 좋은 관계를 맺고 싶어 하는 교장과 전자문서로 처리할 수 있는 것까지 대면보고를 하게 되면 수업에 집중하기 어렵다는 불만을 가진 교사의 갈등이다. 누군가 뻔한 잔소리로 불평을 늘어놓을 때는 상대의 입장을 대체로 짐작하는 경우이다. 그리고 그 잔소리가 크게 변화를 주지 않으리라는 것도 안다. 그러면서 왜 잔소리를 할까?

상대가 잔소리를 할 때는 말의 의미만 듣지 말고, 잔소리를 하는 사람의 가슴(마음)과 배(기분)를 함께 들어야 한다. 교장의 대면보고 요구에 담긴 교장의 마음은 학교 일에 대해 함께 이런저런 이야기를 나누고 싶다는 것이고, 교장의 기분은 이런 잔소리를 해도 안 바뀌겠지만 그걸 알면서 잔소리 하는 나도 가슴이 아프다는 것으로 해석될 수 있다. 상대의 마음과 기분을 인정해 주는 대화가 이런 갈등을 푸는 방식이 될 수 있다. 그리고 상대가 기분이 좋지 않은 상황에서는 일단 기분을 가라앉히는 것이 갈등을 풀 수 있는 상황을 조성하는 것이 필요하다.

"미리 말씀 드리지 않고 결재 올려서 불편하게 해 드렸네요. 저도 교장 선생님을 뵙고 말씀 드리고 싶었는데 교장 선생님께서 학교 발전을 위해 워낙 바쁘시게 활동하시기 때문에 사소한 결재로 교장 선생님 귀한 시간을 뺏고 싶지 않았습니다. 그리고 저도 수업 때문에 항상 업무 보고 대기를 할 수는 없으니 다음에 언제 시간을 미리 말씀해 주시면 직접 뵙고 이런저런 업무에 대해 모아서 말씀드리고 업무를 처리하도록 하면 어떨까요?"

　교장 선생님, 학교 행사는 동네잔치가 아니잖아요!

> 이 교사는 연구부장을 맡아 학교 교육과정을 짜면서 학교 행사를 지역사회
> 차원에서 크게 해야 한다는 교장의 입장과 학생들의 학습권을 위해서 행사를
> 줄여야 한다는 교사들의 입장 사이에서 갈등을 겪고 있다. 교무회의 시간에
> 안건을 내어 토의도 해 보았지만 갈등은 좁혀지지 않고 오히려 서로의 입장
> 차이가 더 커진다.

　올해도 교장은 내년도 교육과정 계획에 운동회, 학예회를 넣으라고
한다. 작년에도 이것 때문에 학교 전체가 시끄러웠다. 교사들은 이젠 이
런 보여주기식 행사 절대 할 수 없다고 난리였고, 교장은 그래도 학교 행
사는 행사다워야 한다며 밀어붙이기식이었다. 중간에서 피곤한 건 부장
들이었다.

　이 교사는 그 부장 교사 중에서 학교 교육과정을 짜는 연구부장이다.
이 교사의 학교는 읍에 있어서 학부모 중에는 회사에 근무하는 학부모
도 있고, 농사를 짓는 학부모들도 많았다. 그래서 교장의 말로는 모든
학부모들을 만족시키기 위해서, 그리고 지역사회와 학교가 함께 하기 위
해서는 이런 행사가 꼭 필요하다는 거였다. 학교에서 할 수 있는 행사가
운동회나 학예회밖에 더 있냐는 것이었다. 될 수 있으면 크게 행사를 열
어서 지역 잔치가 되어야 한다는 것이었다.

　"아니, 학교 행사가 아이들을 위한 것이어야지, 왜 지역 눈치를 봅니까?"

　"맞아요, 행사 준비하다 보면, 수업 결손도 크고 아이들도 학교 전체

행사로 진행하다 보면, 대기시간도 길어진다고요. 체육 행사면 아이들이 뛰고 체육을 해야죠. 운동장에서 무작정 기다리는 시간이 더 길다고요!"

"학교 행사는 아이들을 위한 것이 맞지만, 학부모와 지역사회가 함께 해야 하는 거예요. 교육 3주체 모르세요? 선생님들은 좁게 생각하지만 교장인 나는 넓게 본다고 생각해 주세요. 학교 경영을 하다 보면 넓게 봐야 한다고. 선생님들 입장에서만 생각하시면 안 된다고요. 부모님들도 학교에 와서 행사 때 같이 먹고 웃고 아이들도 보고, 학교에 대해 좀 더 친근하게 느끼고. 얼마나 좋습니까?"

"저희가 우리 입장만 생각한다니요. 교장 선생님, 서운하네요. 우리는 교사로서 학생을 위한 교육, 교육적인 게 무엇인지 말씀드리는 겁니다."

"아니, 격년으로 학예회 진행하고, 운동회도 학년 체육대회로 바꾸고. 그게 교사들 편하자는 거지, 어떻게 아이들을 위한 겁니까? 그렇게 쉽게만 하시려고 하면 안돼요."

의견 차이는 좁혀질 줄 몰랐다. 아니, 오히려 이야기를 하면 할수록 의견 대립은 커져만 갔다. 교장은 교사들이 일하기 싫고 편하고 싶어서 행사를 줄이자고 하는 것 아니냐고 하자, 교사들은 그 부분에서 제일 예민하게 폭발을 했다. 학교 일을 하다 보니, 이 교사는 때론 학부모들이나 지역사회의 도움이 필요할 때가 있다는 걸 이해했다. 학부모들과 지역사회와 좀 더 원활하게 지내려면 더 많이 만나야 하고, 학교 안으로 자연스럽게 섞이는 기회를 만들어야 한다. 그런데 교사들 입장에서는 보여주기식 행사를 하다 보면, 아무래도 학생들을 연습시키게 되고 그건 교육적이지 않다는 입장이다. 교장의 입장이나 교사들의 입장 모두 일리가 있고 맞는 것이다 보니, 어떻게 조율을 해야 할지 모르겠다.

 **마음의 소리**

이 교사 : 방금 전에도 교장실에 가서 30분이나 있다가 왔다. 교장선생님은 교사들 이야기를 들으려고 하지 않는다. 학교 경영 차원에서 지역사회의 도움이 필요하고 학교 행사가 중요한 기회라는 이야기는 이해가 된다. 그렇지만 교사들이 게을러서, 일을 하기 싫어서, 편하려고 행사를 줄이자는 건 아니라고 아무리 이야기를 해도 생각이 좀처럼 변하지 않는 것 같다.

행사를 크게 하면 결국 보여주기식이 된다. 내가 신규 때 했던 운동회가 딱 그렇다. 부채춤이나 매스게임 같은 행사는 엄청난 연습과 시간이 필요하다. 아이들이 땡볕에서 연습하려면 수업 결손은 피할 수 없다. 지금 생각해 보면, 그걸 다 어떻게 했는지 모르겠다. 또 학부모 민원은 어쩌나? 아이들 땡볕에 30분만 세워 놔도 난리가 날 것이다. 그늘 아래서 웃는 지역 유지들과 내빈들, 그리고 땡볕에서 지루해하는 아이들, 이게 내가 기억하는 운동회이다. 그걸 또 하려니 나조차도 한숨이 나온다.

교장 : 교사들은 모른다. 지역사회와 학교의 관계가 얼마나 중요한지. 지금 우리 학교에서 본인들이 누리고 있는 복지 중 대부분이 지역사회의 도움이다. 아이들 체험학습이나 수업과 연관된 것들 중 대부분의 도우미들도 지역사회 인사들 때문에 이루어지고 있는데, 누리는 건 좋고, 자신들이 조금이라도 손해 보는 건 싫다는 거 아닌가? 그 사람들이 왜 학교에 봉사하고 헌신하겠나. 다 내가 만나서 이야기 나누고 학교에 자연스럽게 역할을 연결한 노력 때문이지. 교사들이 보기에는 다 쓸데없는 일 같겠지만 그렇지가 않다.

운동회나 학예회를 지역사회의 축제로 만들면 얼마나 좋은가? 학부모들이나 손주를 둔 조부모들 중에는 옛날 운동회를 그리워하는 사람들이 참 많다. 그땐 학교에 와서 이런 저런 이야기도 나누고 같이 경기도 참여하고 참 좋았다고. 그런데 요즘은 학교 행사에 와도 뻘쭘하다고. 역할이 없으면 그런 거다. 젊은 교사들은 학부모와 학교는 멀수록 좋다고도 하는데 그건 철모르는 소리다. 학부모는 교육 3주체. 학교에서 자꾸 불러줘야 하고 그래야 학교를 잘 이해해서 민원도 덜 넣는 거다. 한두 번도 아니고 매번 이야기를 해야 하니, 참 답답한 노릇이다.

"지역주민과 함께 할 수 있는 학교 행사를 줄일 것인가?"가 협상의 주제이다. 협상에서 '행사의 교육적 의미, 교육의 3주체' 등 '원칙'을 내세우다 보니 서로 갈등이 심해지고 있다. 서로 원칙은 포기할 수 없는 것이다 보니 이런 갈등은 교장이나 부장들 중 어느 한 편이 포기해야 끝이 날 수 있지만 그런 경우 서로 관계는 악화된다.

교장은 원칙 이전에 '학교를 경영해야 하는 교장의 입장'을 고려해 주기를 원하고 부장들은 '수업 결손을 최소화하고, 학생들이 주체가 되는 학생 입장'을 고려해 주기를 원하고 있다. 이런 입장 자체에는 서로가 동의할 수 있다. 이런 입장을 살리는 것이 근원적 이해라고 볼 수 있다. 학교 경영의 입장과 부장들의 입장이 함께 고려될 수 있는 대안을 협상 테이블에 올려놓는 것이 윈윈할 수 있는 방식이다. 한 발 더 나아가 교장에게는 부장들의 의견이 교사들의 의견을 반영한 것이니 학교 행사를 줄이게 되면 교사들이 좋은 교장이라고 칭찬을 하겠지만 그렇지 않고 이대로 수업 결손이 나는 행사를 하게 되면 교사들은 자신들의 의견이 묵살되었다고 느낄 것이라는 점을 드러낼 수 있다.

"맞아요, 학교 경영을 하시다 보면 지역 사회 도움이 많이 필요하실 거예요. 그런데 학교 행사 때문에 학생들의 수업 결손이 커서 교육적으로 문제가 될 수 있다는 지적을 하는 교사들이 아주 많아요. 그래서 많은 교사들이 학교 행사 때문에 골머리를 앓아요. 교장 선생님이 학교 행사를 줄이지 않으면서도 수업 결손을 최소화하면서 학교 행사를 치르는 방안을 내 주시면 교사들의 골머리를 해결해 주실 수 있으니 교사들도 교장 선생님 현명한 결단을 하셨다고 다 좋아할 거예요."

> 박 교사는 14년 경력의 무언가를 배우고 싶어 하는 교사다. 연수를 가려고 교장실에 인사를 하러 갔는데 교장은 미리 출장 연수에 대해 구두로 허락을 받지 않았다고 나무란다. 교장은 박 교사가 교육청에 업무 관련 민원을 넣은 것을 말하며 더 언성을 높이고 교장의 역할과 위치에 대해 일장연설을 해서 연수에 지각하게 만든다.

경력 14년차인 박 교사는 학교 밖에서 정기적으로 하는 집합 연수를 신청했다. 이번 연수는 늘 배우고 싶던 학생들의 수업에 관련된 내용이라서 연수신청을 할 때부터 마음이 설렜다.

연수가 시작되는 날, 그래도 교장실에 가서 인사는 하고 가야 할 것 같아서 서둘러 1층으로 내려갔다.

똑똑! 박 교사가 교장실로 들어서는데 교장의 표정이 좋지 않았다.

"교장 선생님, 안녕하세요? 저 오늘 ○○에서 하는 연수를 가려고요."

"거기 좀 앉아 보세요."

교장은 어둡고 딱딱한 소파만큼이나 경직된 표정으로 말했다. 박 교사가 소파에 앉기도 전에 교장은 말하기 시작했다.

"박 선생님은 일과 중에 밖으로 나가는 연수를 하면서 교장한테 허락도 안 받고 신청을 하셨네요? 내가 못 가게 하면 어떻게 하려고 상의도 없이 신청했어요?"

박 교사는 말문이 막혔다. 앞서 교장의 표정이 그랬던 이유를 알 것 같았다.

"배우는 것도 좋지만 일에는 순서라는 게 있고, 학교 일이 우선이어야 하는 거 아닌가요?"

"교장 선생님께서 결재를 하셔서 허락하신 것으로 알았는데요."

"박 선생님, 내가 결재를 하긴 했지만 굉장히 불편했어요. 교사가 복무 처리를 이렇게 자기 마음대로 하는 건가요? 지난번에도 그러더니만…."

박 교사는 갑자기 지난번 이야기를 운운하는 대목에서 교장 얼굴을 바라봤다. 어쩔 수 없이 얼굴이 굳어졌다. 연수 생각하며 신나고 설렜던 마음이 점차 사라지기 시작했다.

"지난번에 업무 관련해서 나한테 상의도 없이 교육청에 전화했지요? 그런 건 교감이나 교장한테 먼저 물어보는 거야. 교감 선생님하고 내가 교육청 회의 갔다가 얼마나 난감했는지 알아요?"

아, 그랬다. 교장의 의중을 이제야 알았다. 지난번에 평가 업무 관련해서 교육청에 민원을 넣은 일로 박 교사에게 기분이 좋지 않았던 것이다. 즉, 벼르고 있었던 것이다. 박 교사는 시계를 바라봤다. 지금 출발해도 이미 연수엔 늦었다. 대꾸하지 않고 잘못했다고 하는 것이 이 상황을 빨리 벗어나는 방법이라는 것을 알고 있었다.

"이렇게 하는 게 다 선생님들 생각해서, 보호하려고 하는 거예요. 선생님들은 교장이 교장실에서 그냥 노는 줄 아나 봐. 학교 일 다 신경 쓰고 있어. 교사들이 어디를 가는지, 뭐 하는지 복무 상황을 자세히 다 알아야지 책임을 져 주지. 이렇게 자기 마음대로 하면 내가 보호해 줄 수가 없지."

박 교사는 40분 이상을 그렇게 교장실에서 나오지 못했다. 결국 연수 첫날 한 타임을 늦었고, 그런 기분으로 박 교사는 연수에 집중해서 잘 참여할 수도 없었다. 연수를 잘 이수해서 수업을 개선해 보려는 의욕은 사라지고 이렇게 열심히 해서 뭐하나 싶은 회의만 들었다.

마음의 소리

박 교사 : 14년 동안 학교에 있으면서 수업이나 업무나 게을리 해 본 적이 없다. 학교 일이라면 발 벗고 나서서 했다. 업무도 내가 대충하면 다음 담당자가 불편한 일이 생겨서 미심쩍은 부분이 있으면 교육청에 적극적으로 질의도 하고 부당하다고 생각하면 민원도 넣었다. 이번 질의도 그런 맥락이었다. 교육청에 업무에 대한 질의를 한 게 그렇게 학교를, 아니 교장을 난처하게 하는 일인가?

교장실에 한 번 다녀온 뒤로 모든 의욕이 사라졌다. 그냥 어떤 교사들처럼 대충대충 작년에 했던 거 '복붙'하고 나만 편하자고 살면 욕은 안 먹는데….

관리자들은 복무 결재가 무슨 대단한 권력인 양, 그걸 갖고 교사들을 옴짝달싹 못하게 하고 싶은 모양이다. 언제까지 관리자들이 복무 결재를 가지고 제왕적 권력을 휘두르게 보고만 있어야 하나 싶다. 복무는 교사의 권리 아닌가?

교장 : 교장의 역할이 무엇인가에 대해 늘 고민한다. 교장은 학교를 책임지는 입장에서 교사들이 잘못된 행동을 하고 있을 때 바로잡아 줘야 한다고 생각한다. 교감은 교사들과 직접적으로 업무로 부딪히고 만나야 하는데 자칫 잘못하면 껄끄러워질 거다. 그래서 내가 악역을 맡는 거다.

업무 문제만 해도 그렇다. 나한테 미리 이야기를 좀 하고 교육청에 전화를 하면 얼마나 좋은가? 나도 미리 이야기를 알고 대처를 하면 서로 좋지 않나? 요즘 교사들은 너무 생각도 없고 책임감이 없고 개인적이다. 점점 더 그러는 것 같아서 안타깝다.

권리, 권리 하는데 권리는 의무와 함께 해야 하는 거 아닌가? 개인이기 이전에 직장도 있는 거고 국가도 있는 거다. 이런 이야기들을 하면 필요한 얘기라고 생각하고 수용도 좀 하고 그래야 하는데 무조건 꼰대 취급하는 건 나도 서운하다.

수업연수를 통해 수업의 질을 높이려는 교사와 그 교사의 교육청 민원 때문에 마음이 상해 출장 연수조차 제멋대로 한다고 생각하는 교장 사이의 갈등이다. 교장은 이 교사가 제멋대로라는 선입견을 가지고 있기 때문에 원칙이나 규칙으로 갈등을 풀게 되면 관계가 점점 멀어지고 서로 힘들어진다.

서로 불편한 사이의 갈등은 서로 공유할 수 있는 인지적 정서적인 지점을 찾아 풀어야 한다. 교장이 교육청 민원에 대한 서운해 하고 있다는 점, 개인 사정이 아니라 수업의 질을 높이기 위한 연수라는 점, 교감과도 학교 상황에 대해 상의할 수 있다는 점 등이 공유할 수 있는 지점이라고 본다. 이번 기회로 서운함을 완전히 없애길 바랄 수는 없지만 적어도 불편한 지금 관계보다는 나은 관계를 유지할 수 있다.

"일과 중 연수라 미리 상의 드리고 결재를 올렸으면 좋았을 것인데, 마침 교감 선생님이 가까이 계셔서 교감 선생님과 상의해서 결재를 먼저 올렸습니다. 이 연수가 저 개인적인 일이 아니라 수업의 질을 개선해서 학교 실력을 높이는 연수라 평소 학교 실력을 강조하시는 교장 선생님께서 당연히 허락해 주실 것이라 생각했습니다. 참, 말씀 드릴 일이 하나 더 있는데요. 지난번 교육청에 제가 민원 넣은 일 말씀인데요. 교육청이 행정 처리를 잘못해서 우리 학교에 민폐를 끼친 것인데 괜히 교장 선생님까지 번거롭게 하지 않으려고 제가 교육청에 따졌는데, 교장 선생님께서 이런 학교 문제를 교육청에 대신 말씀해 주신다는 것을 듣고 다음부터는 이런 일도 교장 선생님과 미리 상의하려고 생각하고 있습니다."

친목 배구 못하면 학교에선 '루저'인가요?

최 교사는 신규 때부터 작은 학교에서 배구에 대한 스트레스를 받았다. 학교에서는 교사들이 모두 친목 배구를 하는데 최 교사는 운동에 소질이 없고 교장의 핀잔으로 인해 상처를 받는다. 더구나 교장은 최 교사에게 자꾸만 배구 모임이나 연습에 대한 권유를 하고 그것 또한 최 교사는 부담스럽기만 하다.

　수요일, 직원 체육의 날이다. 수업을 마치면 어김없이 스피커에서는 교직원들 모두 강당으로 모이라는 방송이 나온다. 올해로 5년차인 최 교사는 운동엔 영 취미가 없다. 그래서 교사라는 직업을 선택할 때에도 가장 고민스러운 것이 그 부분이었다. 그래도 교사의 운동 기능 능력과 가르치는 것은 다르다는 것을 되새기며 교사가 될 수 있었다. 그런데 교사가 된 후로 또 다른 난관에 부딪혔다. 그것은 체육 수업이 아니라 전혀 예상치도 못했던 '교직원 친목 배구'였다.

　신규 때는 시골 6학급에 근무했었다. 그때 있었던 학교에서 교장이 워낙 배구를 좋아해서 일주일에 두세 번은 배구를 했다. 직원 수가 많지도 않은데다가 남자인데 배구 연습을 하러 나가지 않는다는 건 어디 한 군데가 부러지거나 지병이 있거나 둘 중 하나였다. 출장이 있으면 날짜를 변경해서 배구를 할 정도였다. 동기들에게 고민을 토로해보기도 했다.

　"괜찮아, 야, 그거 하다 보면 재밌어. 적응도 되고. 막 실력도 늘어서 신기하다."

"배구 안 했다간 바로 찍힌다, 너. 그냥 나가서 서 있기라도 해."

대수롭지 않게 이야기하는 친구들 앞에서 고민을 더 말할 수는 없었다. 최 교사는 시의 큰 학교로 전입을 하게 되었고, 큰 학교니 지난 학교보단 조금 덜 하겠지 하고 내심 기대를 했다.

"최 선생은 배구 좀 하나?"

첫 날, 회식자리에서 교장의 첫 질문이었다. 교무부장도 거들었다.

"배구 잘하면 무조건 이쁨 받지. 연습 좀 해 둬."

매주 수요일만 되면 다리가 후들후들 떨리고 긴장된다. 워낙 사교성이 없는 성격인데다 소심해서 배구 경기를 하다가 서브를 잘못 넣거나 공을 못 받기라도 하면 다른 사람들의 눈치가 신경 쓰였다.

"아이, 최 선생, 정신 똑바로 안 차려? 앞으로 대줘도 못 받는 거야?"

특히 가장 심한 눈치는 교장이 줬다. 승부욕이 강한 성격인데다 배구

를 워낙 잘하는 실력자였다. 교장은 배구 구멍인 최 교사에게 눈을 흘기기도 하고 웃으면서 말했지만 심한 말들도 종종 했다.

"최 선생, 내가 승부욕이 좀 심해서 경기 중에 막 심한 말이 튀어나올 때가 있어. 난 축구 볼 때도 그런다구. 그러니까 너무 담아두지 마. 고치려고 하는데도 잘 안돼."

배구가 끝나고 회식을 하는 날이면 날마다 교장이 하는 단골 멘트였다. 그걸 늘상 듣고 알면서도 들을 때마다 상처를 받는 자신도 참 한심했다. 어느 날은 결재를 받으려고 교장실에 들어갔을 때였다.

"최 선생, 배구 동아리 하나 소개해 줄까? 나도 거기 나가는데 거기서 코칭도 받고 연습도 하면 실력이 좋아질 거야. 거기 가면 교장들도 많고 장학사들도 많아서 그런 데서 얼굴도 좀 익히고 하면 나중에 다 도움이 된다고. 남자가 그렇게 배구 못하면 교직생활 힘들어. 내가 최 선생이 아들 같아서 그래. 운동 잘하는 남자가 여자한테 인기도 많다고. 허허허."

최 교사도 알고 있다. 다 자기를 생각해서 하는 말이라는 것을. 그렇지만 듣자마자 빈정이 상했다. 왜 교사는 배구를 잘해야 하는가? 배구를 잘하기 위해 모임까지 해야 하는가? 아이들 수업을 위해서라면 연수도 듣고 배워야 하는 게 당연하지만, 승진을 위해서 사교 모임에 들어가라는 말인가? 거기다가 '남자'는 또 거기서 왜 붙나? 이런 저런 생각에 얼굴이 벌개져서 교장실을 나왔다. 그냥 생각해 보겠다고 했지만 최 교사는 교장을 마주칠 때마다 또 변명거리를 찾느라 괴롭다. 배구, 하고 싶은 사람만 하면 안 되나? 그리고 꼭 그렇게 배구를 하면서 친해져야 하는 건가?

 **마음의 소리**

최 교사 : 학교에서 교사는 수업을 연구하고 학생들을 잘 가르치는 데에만 관심을 가지면 되는 줄 알았다. 그러려고 교사가 된 건데 학교에 오니 수업에 관한 이야기는 어디 가고 다들 다른 데에만 관심을 갖고 평가받는다. 업무도 그렇지만 배구는 너무했다. 배구를 못한다고 능력이 없는 교사가 되는 건 아니지 않은가? 그런데 내가 남자라는 이유로 배구를 강요받는다는 건 부당하다는 생각이 든다. 남자는 다 운동을 좋아해야 하고 잘해야 되나?

다양한 사람들을 존중해야 한다고 교육하면서 정작 교직 사회는 그렇지 않다. 점점 생활할수록 나의 의사나 생각이 존중받지 못한다. 특히 교장이 아들처럼 생각한다면서 교사 개인을 존중해 주지 않고 인신공격으로 들리는 충고를 하는 건 정말 참을 수가 없다. 운동을 못 하면 여자에게 인기가 없다느니, 배구도 못 해 가지고 앞으로 학교생활 어떻게 하려고 하냐는 등 수시로 던지는 말이 상처를 받게 한다. 배구가 만능이 되는 교직 사회, 진짜 문제가 있다고 생각한다.

교장 : 요즘 젊은 교사들은 단합이 뭔지 모른다. 공동체 생활을 하려면 하나로 모여지는 끈끈함이 필요하다. 구성원이 운동을 같이 하면 금방 친해진다. 땀 흘리고 서로 웃고 맛있는 거 함께 먹고, 얼마나 좋은가?

그런 시간이 아니면 딱딱한 회의 시간에나 다들 만나는데 그렇게 백 날 만나선 안 친해진다. 특히나 남자 교사들은 여자들이 많은 집단 속에서 외롭기 때문에 서로 친해지고 단합하면 좋은 일이 더 많다. 이 세상은 혼자 사는 게 아니지 않나, 만날 책상에 앉아서 컴퓨터나 들여다보고 있고 애들한테 시달리는데 일주일에 한 번 만나서 같이 운동하고 땀내고 친해지는 게 뭐가 부당한 일인가?

그리고 최 선생은 좀 바뀌어야 하는 게 많다. 너무 꼬장꼬장하고 뭐라고 하면 금세 얼굴 표정이 싹 달라지면서 토라지고, 기분 나빠한다는 거 나도 다 안다. 최 선생은 그런 면에서도 사회성을 좀 길러야 한다.

배구를 잘하지 못하는 교사에게 질책성 충고를 하는 교장과 이런 충고로 속이 상한 교사 사이의 갈등이다. 내 능력의 부족 때문에 나를 위해서 하는 말이 질책으로 들린다면 이로 인한 불만들은 털어놓지 않으면 바람이 가득 찬 풍선처럼 언젠가 사소한 일에서 터지고야 만다.

나를 위한다는 교장의 충고가 질책이나 성적 수치심으로 들린다는 교사의 기분을 교장에게 말해야 한다. 그리고 교장이 원하는 배구 시합에서 선수가 아닌 다른 역할로 참여하여 교사 단합에 참여하는 방안을 제시하게 되면 서로 불편한 관계가 되지 않을 수 있을 것이다.

"교장 선생님께서 저를 위해서 하시는 말씀인 것은 충분히 압니다. 그런데 배구를 잘하지 못하는 저로서는 교장 선생님 말씀을 들을 때마다 내가 패배자이구나 하는 생각이 들어 저 자신에게 속이 상하고, 그래서인지 언제나 저를 질책하는 말로 들립니다. 더구나 '남자' 이야기를 하실 때는 내가 남자 축에도 못 낀다는 말로 들려 성적 수치심까지 들어 정말 괴롭습니다. 교장 선생님께서 강조하시는 배구, 저도 참여해야 한다는 것을 충분히 이해합니다. 그래서 배구를 할 때는 제 성격이 좀 꼼꼼하니까 저에게 선수 대신 심판이나 기록원 같은 일을 맡겨 주시면 잘할 수 있을 것 같습니다."

교사도 '저녁이 있는 삶'이 필요해요

연구학교의 공모 교장은 색다른 연수에 다녀오면 그걸 학교에 다 적용하고 싶어 한다. 열의 있게 학교를 변화시키려고 사업도 있는 대로 가지고 와 교사들을 탈진시켜 버렸다. 그런 교사들에게 교장은 다 아이들을 위한 일이라는 명분으로 입을 막아 버린다. 강 교사는 무엇이 진짜 아이들을 위한 것인지 근본적인 의문이 들었다.

우리 학교는 올해로 연구학교 2년차 학교다. 연구학교이면서 이런저런 사업 때문에 교육청에서 내려오는 예산도 어마어마하다. 강 교사는 벌써 3일째 제 시간에 퇴근은 엄두도 못 내고 밤 열 시 넘어 집에 가고 있다.

"내가 이번에 서울에 좋은 연수가 있어서 다녀왔어요. 교육부가 주관하는 청소년 학교 포럼이었는데 우리 학교에 적용하면 좋은 것들이 많더라고요. 그래서 이런 것들도 다 적어 왔어요. 한 번 선생님들이 살펴보고 문제없으면 해 보면 어떨까요?"

하…. 교장이 연수 다녀왔다는 말이 제일 무섭다. 학교는 지역사회와 연계하여 마을과 함께 해야 하는 것도 이론상으로는 맞다. 그리고 그렇게 잘 실천되면 좋다는 것도 안다. 그런데 지난해에는 갑자기 지역의 청소년 문제에 꽂혀서 학부모 야간학교를 만들었다. 그 취지를 PPT로 만들어서 필요성, 가치에 대해 열을 올리면서 회의 시간에 프레젠테이션을 하는데, 어느 누가 안 된다고 선뜻 말할 수 있겠는가. 교사들은 고개를

푹 숙이고 서로 눈빛만 교환했다.

'누가 좀 먼저 안 된다고 말해 줘요!'

그러나 그 프로그램은 만장일치로 통과됐고, 교사 수도 얼마 되지 않는데 교사들이 번갈아가면서 학부모 야간학교 프로그램 때문에 일주일에 한 번은 밤 11시까지 학교에 남아 있어야 한다. 지난번엔 학부모들의 이야기가 길어져서 12시는 다 돼서야 끝이 났다. 물론, 교장도 남는다. 그래서 교사들은 더 아무 말도 하지 못한다.

"나도 저녁이 있는 삶을 살고 싶다."

"선생님, 어제도 밤까지 학교에 계셨던 거예요? 늦게까지 학교에 불 켜져 있던데?"

"벌써 삼일째야. 어떻게 일이 해도 해도 끝이 안 나? 어제는 집에 갔는데 세 살배기 우리 둘째가 거실에서 놀다가 그냥 엎어져 잠들어 있더라고. 얼굴은 꼬질꼬질해 가지고 입 주변에 케첩은 벌겋게 묻어 있고…

순간 잠든 애 쳐다보면서 펑펑 울었잖아."

"어머, 어떡해… 진짜 속상하셨겠다. 지금도 얼굴이 엄청 안 좋으세요. 진짜 교장 선생님은 너무하신 거 아녜요? 공모 교장이라서 열정이 있고 학교를 위하는 마음은 알겠는데 교사들도 좀 생각해 주셔야지. 어디만 가시면 일을 갖고 오시니, 원…."

물론 이런 이야기를 교장에게 해 보지 않은 것은 아니다. 교사들이 며칠을 이야기하고 뜻을 모아 이번엔 꼭 우리 사정을 말해 보자며 용기를 냈었다.

"물론 선생님들이 힘드신 거 압니다. 늘 고마워하고 있어요. 그렇지만 이 일들이 어디 저 혼자 좋자고 하는 겁니까? 생각해 보세요. 이게 다 우리 학생들을 위한 것이고 교육을 위한 일입니다. 그래서 교사가 존재하는 거 아닙니까? 학교에서 이런저런 프로그램을 운영하면 요즘같은 때엔 학종에도 도움이 돼서 학생들 입시에도 도움이 된다고요. 예산도 흘러넘치는데 이보다 좋은 기회가 어디 있습니까? 지난 번 저녁에 학부모들을 대상으로 한 교육도 반응이 아주 좋아요. 학부모들이 학교에 관심도 더 갖고 지원도 해 주잖아요. 벌써 지난달에 세 분이나 재능 기부를 해 주셨잖아요. 제 말이 틀립니까? 다 학생들 교육을 위한 일인데 교사라면 응당 피곤하고 힘든 것쯤은 참아야죠."

아무도 대꾸를 할 수가 없었다. 교사로서 가장 마음이 약해지는 치명타. 그건 바로 '학생을 위해서'다. 학생과 교육을 위해서라는데 더 이상 말을 했다간 학생들을 위하지 않는, 자기 일신만 편하고자 하는 이기적인 교사가 되는 거 아닌가. 그런데 정말 이건 노동 착취란 생각이 든다.

행사에 치여 점점 수업 준비도 소홀히 하게 된다. 진짜 아이들을 위한 게 뭔지, 교사와 관리자가 해야 할 일이 뭔지 교사에겐 무엇이 우선인지 진지하게 이야기를 나누고 싶다.

 마음의 소리

강 교사 : 오늘 아침 남편이 자기는 나 때문에 이번 달에 밖에서 여유 있는 시간 한 번 못 보내고 애들을 봐야 한다고 불만 섞인 목소리로 이야기를 했다. 아니, 나는 노느라 늦게 들어왔나? 남편 마음도 이해한다. 어쩌다 한 번도 아니고 미안한 마음도 있었고 괜히 죄 짓는 마음이다.

학교에서도 이런 마음이 전이돼서 업무 중에도 수업 중에도 마음이 편하지 않다. 지난 수업 시간에는 수업 준비를 제대로 못해서 대충 얼버무리다 한 시간이 끝나 얼굴이 화끈거렸다. 교사는 수업 시간에 학생들과 함께 보내야 하는데 다른 프로그램을 준비하느라 수업이 경시된다면 뭔가 잘못되고 있는 거 아닌가?

며칠째 3시간도 잠을 못 잔다. 늦게까지 애들 봐주는 친정엄마나 남편한테 죄스러운 마음에 먹을 것들을 좀 해 놓고 오느라 새벽에 일어나야 한다. 나도 저녁이 있는 삶, 여유 있는 생활을 하고 싶다. 이게 교사로서 이기적인 욕심인 걸까?

교장 : 이 학교에 처음 왔을 때, 학교와 마을에 활기가 없어 깜짝 놀랐다. 학교에서 이 마을의 활기를 찾아주고 싶었다. 찾아보니 이런 저런 좋은 프로그램이 많았다. 또 학교를 위한 지원이 꽤 많았다. 그런 것들을 찾아서 신청하고 적용하고 학교가 달라지기 시작했다.

학교가 생기를 찾았고 학부모들이 학교에 관심을 가지니 학생들도 달라졌다. 내가 이 학교에 있는 한 할 수 있는 것들을 다 하고 싶다. 다음에 오는 교장도 이어 받아서 했으면 좋겠다는 마음으로 프로그램을 정착시키려고 노력하고 있다. 물론 선생님들이 힘든 것도 알고 있다. 그렇지만 그런 것도 어느 하나를 잡으면 다른 하나를 놓아야 하는 선택이다. 교사들이 편하자고 마을을 위해 하고 있는 일들을 줄이면 안 된다.

힘든 교육 환경에서 학교와 지역 사회를 위해 사업을 벌이시며 교사들의 헌신을 요구하는 공모 교장과 그 사업에 지친 교사들의 갈등이다. 교장의 위계 때문에 교장의 사업 추진에 대한 강한 설득에 대해 누적되고 있는 교사의 불만이 언젠가 폭발하여 학교 분위기를 망치게 되고 교장이 원하는 사업을 하나도 할 수 없는 지경에 이를 수 있다.

교장의 사업 추진에 대한 강한 설득 때문에 교사들이 불만을 표현하지 못하고 있는 분위기이고, 이런 분위기로 인해 교사들이 억지로 사업에 참여하게 되면 사업이 내실을 기하기 어렵다는 사실을 교장이 인지하도록 해야 한다. 교사들도 공모 교장의 입장을 고려하여 교장의 사업 의도를 충분히 듣고 교사들이 감당할 수 있는 사업을, 혹은 사업의 범위와 방법을 교사들이 결정하도록 하여 이 갈등을 풀 수 있으리라 생각한다.

"교장 선생님, 환경이 좋지 못한 이 학교에 오셔서 학생들을 위해 불철주야 노력하시는 모습을 교사들 모두 참 존경합니다. 그래서 교사들도 교장 선생님 노력과 열정에 보조를 맞추고 있지만 지금은 사업이 너무 많아서 교사들이 진이 다 빠지고 있습니다. 이런 상황인데도 교장 선생님이 강하게 설득하시니 차마 불편한 내색을 하지 못하고 있는 분위기입니다. 이런 분위기에서는 교사들이 자발적으로 자기 역량을 다 하기 어려워서 사업의 내실을 기하기 어렵다고 생각합니다. 그래서 말씀인데요. 교사들이 교장 선생님 존경하고 있고 교장 선생님 의지를 잘 알고 있으니까, 교장 선생님께서 추진하실 사업이 있으시면 교사들에게 의도를 충분히 설명하시되 교사들끼리 자신들이 감당할 수 있는 사업의 범위와 방법을 결정할 수 있도록 해 주시면 어떨까요? 그러면 교사들이 자발적으로 좋은 성과를 내도록 노력할 수 있을 것 같습니다."

우리의 땀과 눈물이 들어간 교육과정 재구성,
빈대떡처럼 뒤집으라구요?

김 교사는 교육과정 재구성에 대해 관심을 갖고 교육과정 업무를 맡으면서 학년 교육과정을 구성하였다. 전 학년 교사들의 노고가 묻어나 있는 결과물을 보고 뿌듯했지만, 교장은 교과서를 고려하지 않은 교육과정은 파행적 교육과정이라고 한다. 교육과정을 전면 수정하라는 교장의 말이 교사들에게 전해지면 어떤 후폭풍을 불러일으킬지 두렵다.

우리 학교는 매년 12월에 교육과정 평가회를 하고 2월에는 교육과정 협의회를 한다. 중학교에서도 이런 시도를 할 수 있다는 게 놀라웠고 신기했다. 대부분의 교사들은 수업과 교육과정에 대한 이야기에 갈증을 느끼고 있었고 또 반가워서 불만이 있는 교사들도 결국 찬성하여 교육과정에 대한 연수도 하고 협의회도 하게 되었다. 김 교사 역시 평소 교육과정에 대해 관심도 많고 수업과 평가를 위해서는 교육과정이 얼마나 중요하다는 것을 잘 알고 있기에 평소 연수도 많이 듣던 차여서 학교의 시도가 무척 반가웠다. 2월 협의회는 그해 일 년의 교육과정을 학년 별로 구성해 보는 시간이고, 12월 평가회는 당해 교육과정을 성찰하는 시간이다. 오늘은 새 학년과 교과 구성원이 발표되고 교육과정을 구성하려고 모인 교육과정 협의회 시간이다. 김 교사는 설레는 마음으로 교과 선생님들과 이야기를 나누었다.

"교육과정 재구성이라는 말이 많이 나오는데 우리 교과도 이번에 교육과정 재구성을 해 보는 게 어때요?"

"네, 저도 연수 들었는데 교과서대로 하는 수업보다 아이들에게 의미도 있고 좋은 시도라는 생각이 들었어요. 해 보고 싶었어요."

"근데 시험문제도 있고 어떻게 해야 하는 건지 잘 모르겠어요."

교과 교사들은 모두 교육과정 재구성에 대한 호의와 관심을 갖고 있었다. 요즘 연수나 책에서 교육과정 재구성이라는 말이 핫한 만큼 시도해 보고 싶고 교사의 전문성에 필요하다고 공감하였기 때문이다. 어제 필요성을 충분히 이야기하고 협의회가 끝난 뒤에도 다시 회의실로 돌아와서 계속 2시간이 넘게 열띤 이야기를 나누었다. 교과서를 꺼내들고 성취기준을 보면서 김 교사는 십 년이 넘는 교직 생활 동안 이렇게 열정적으로 교육과정에 대해서 선생님들과 이야기해 본 경험이 없어서 뿌듯하고 신기했다. 더구나 중등은 교과 독립성과 교사 간 협력 체제를 마련하기가 여간 어려운 일이 아니기 때문에 더욱 이러한 경험이 소중했다.

여러 날 고민하고 공부해서 교육과정이 나왔다. 김 교사는 맡은 업무가 교육과정이어서 다른 학년과 교과의 교육과정도 볼 수 있었다. 마찬가지로 주제 중심의 근사한 교육과정을 구성하였다. 김 교사는 학년의 구성안을 가지고 교장실로 갔다. 그런데 교육과정 구성안을 한참 동안 들여다 본 교장은 한숨만 푹 쉬었다.

"김 선생님, 이 주제 중심 교육과정 재구성에 대해 어떻게 생각하세요? 모두 형식이 비슷하군요."

"네? 아…. 네, 더 이상 독립된 교과나 교과서만으로는 수업이 불가능한 시대가 되었단 생각이 듭니다. 교사들이 함께 모여서 성취기준을 기준으로 다양한 활동을 할 수 있는 수업을 구상하는 건 교육적으로 의미 있다고 생각하는데요."

"그럼 김 선생님은 교과서로 가르치는 것을 구시대적인 방법이라고 생각하시는 건가요?"

"그렇다고 볼 수 있죠. 교과서를 보다 보면, 시대에 안 맞는 내용들이 너무 많아요."

"선생님들이 교육과정 재구성 해 오신 것들을 보면, 사실 모두가 파행적 교육과정 운영을 하겠다는 말이에요. 우리나라는 국가 교육과정이 기준입니다. 국가 교육과정에서 추구하는 것도 잘 생각하셔야죠. 이렇게 유행에 휩쓸리는 교육과정을 학교 교육과정이라고 일 년 동안 실행할 순 없어요."

"그렇지만 교장 선생님께서 교육과정 재구성에 대한 강조를 하셨잖아요."

"내가 말한 교육과정 재구성은 말 그대로 재구성입니다. 교과서를 일단 보셔야죠. 교과서를 아예 던져 버리고 나서 수업을 하시면 빈 공간 투성이인 교과서에 대해 학부모들에게는 제대로 설명하고 설득하실 수 있으세요? 중학교면 본격적으로 입시를 고려해야 합니다. 학교급의 차원에서 학력문제는 어떻게 책임지실 건가요?"

할 말이 갑자기 없어졌다. 교장은 교육과정을 다시 짜오라는 말만 남기고 결재 서류를 덮었다. 그동안의 시간들이 물거품이 되는 것 같았다. 이러한 시도 또한 입시나 학력에 통합적으로 도움이 된다고 생각하는데 파행적 교육과정 운영이라니. 김 교사는 다른 교사들이 이 일을 알게 되면 다가올 후폭풍이 두려워졌다.

김 교사 : 사실 이해가 안 간다. 왜 이게 파행적인 교육과정이지? 교사들은 밤낮으로 교육과정 성취기준을 공부했다. 성취기준을 보고 몇 개의 주제로 만들어 내는 작업이 쉽지 않았다. 중학교도 이제 변화해야 한다고 생각한다. 그랬을 때 교사들은 이런 통합적 교육과정과 주제 중심 교육과정이 첫 발자국이라고 생각했다. 교육과정을 이렇게 구성해 놓으면 수업도 평가도 이렇게 가야 하기 때문이다. 다른 교사들도 새로운 경험이라고 했다. 교사들끼리 모여서 교육과정에 대해 이야기하는 경험은 중등학교에서는 꿈도 못 꾸는 경험이기 때문이다.

　그런데 교장 선생님의 말은 그동안의 우리 노력과 수고를 한순간에 아무것도 아닌 헛수고로 만들어 버렸다. 교사들의 시간과 노력을 존중해 주어야 하는 거 아닌가? 교사들의 사기가 저하될 게 뻔한데…. 불만을 토로하는 교사들을 다독이고 설득하느라 얼마나 힘들었는데…. 아마 내가 이 얘기를 하면 다른 교사들도 난리날 것이다. 학교가 시끄러워질 게 분명하다.

교장 : 교장 연수에 가면 교장들이 다들 하나의 목소리를 낸다. 요즘 혁신을 하려는 교사들이 하는 파행적 교육과정 운영에 대한 염려이다. 교육과정 재구성이 유행인 건 알겠지만 모두들 교과서는 쳐다보지도 않는단다. 그런 아이들이 중학교에 들어오면 학력문제로 제일 골머리를 썩는다.

　교과서는 국가에서 학생들이 배워야 하는 표준 교육과정을 반영하여 연구진들이 만들어 놓은 '정수'라 할 수 있다. 다 만들어진 것이 있는데 그걸 고쳐서 써야지, 왜 모든 것을 처음부터 만드나? 교과서를 무시하면 학부모 민원은 또 어떻게 감당할 건가. 며칠 지켜봤더니 교육과정 성취기준이란 것도 다 반영했다고 보기 어렵다. 내 보기엔 그냥 귀에 걸면 귀걸이, 코에 걸면 코걸이란 생각이 들었다. 젊은 교사들이 주축이 돼서 의욕 있게 이런 저런 걸 시도해 보는 건 좋은데 아이들이 실험 대상은 아니지 않나? 좀 염려스럽다.

　이대로 수업을 한다면 학부모들은 입시는 어떻게 할 거냐고 민원을 넣을 것이고 아이들은 학교에 놀러오는 줄 알 것이다. 학부모들 민원에 교사들의 입장을 설득력 있게 내가 이야기해 줘야 하는데 나도 막상 할 말이 없다. 아마 사교육만 더 늘어날 것이다.

과도기라고 기다리고 봐주기엔 학생들의 교육 문제이기 때문에 그럴 수 없다고 생각한다. 내가 악역을 맡더라도 이번 기회에 교사들이 제대로 교육과정을 운영할 수 있도록 생각을 바꿔 놓을 것이다.

이런 대화 어때요?

교육과정 재구성으로 의욕이 넘친 교사들의 협의안을 '파행적 교육과정'이라고 평가 절하하며 교과서 중심을 강조하는 교장과의 갈등이다. 교육과정 재구성에 대한 교장의 의중과 교사들의 기대가 상충되어 발생한 갈등이다. 이런 상황에서 무엇이 진정한 교육인지를 따지게 되면 '진정한' 쪽이 승리하게 되어 패배한 쪽이 크게 상처를 입게 된다.

학교 교육의 질을 높이기 위해 교사들이 의욕적으로 협의한 점과 교과서가 교육의 기본 재료라는 점은 모두가 인정할 수 있다. 교과서를 기본 재료로 교육과정을 재구성하게 되면 서로가 원하는 것을 어느 정도씩 얻을 수 있을 것이다.

"교장 선생님 말씀처럼 교과서가 모든 교육의 기본 재료라는 점은 인정합니다. 그렇지만 교사들이 모처럼 우리 학교 교육의 발전을 위해 머리를 맞대어 의욕적으로 재구성한 교육과정을 '파행적'이라고 말씀하시니 기운이 많이 빠집니다. 이러다가 교사들 사기가 크게 저하되어서 교육에 수동적으로 임하게 될까 두렵습니다. 교사들이 교장 선생님 말씀대로 교과서를 기본 재료 삼아 교사들의 교육 의도를 반영할 수 있도록 교육과정을 다듬으면 교사들이 다시 의욕적으로 교육에 임할 수 있지 않을까요?"

교사도 비교당하면 싫어요!

정 교사는 학교를 옮기면서 반 아이들과 재미있는 수업도 하고 다양한 체험도 하면서 자신의 가치를 실현하리라 기대를 했지만, 교장은 업무를 잘하는 교사들의 능력으로 인해 학교가 잘 돌아간다고 생각하고 동료인 오 교사와 비교하면서 자존심을 건드린다. 교사로서 비교를 당하는 것이 속이 상하기만 하다.

정 교사는 작년에 학교를 옮겼다. 새로운 학교로 옮겨서 나름 긴장도 하고 설레기도 했다. 학교 뒤에 작은 산도 있고 공원도 있는 이 학교에서 반 아이들하고 그동안 해 보고 싶었던 활동들도 하나씩 해 볼 생각이었다. 그런데 2주가 지난 후, 정 교사는 기대를 조금씩 접게 되었다.

오늘 아침 교감의 전화를 받은 일이다.

"정 선생님, 그 공문 아직 안 되었나요? 수요 조사 얼른 해야 결재를 올리지."

"아, 죄송합니다. 제가 수업이 있어서요."

"누군 수업 없나? 이 학교에 선생님들 다 수업 있어요. 오전 중에 부탁해요."

"네? 오전이요? 기한이 좀 남은 걸로 알고 있는데요."

"정 선생님, 신규처럼 이럴 거예요? 애들 뭐 시켜 놓고 하면 되잖아요. 애들 시킬 거 폴더 뒤져 봐요. 작년에 선생님들 쓰던 거 있을 거예요. 교장 선생님 성격 알잖아요. 조금만 늦어도 전화 오고 독촉할 거라고요. 오 선생님은 진즉에 다 내셨던데…. 좀 부탁해요."

거기에서 오 선생 이야기가 왜 붙는 거지? 순간 정 교사는 신경이 곤두섰다. 오 교사는 정 교사와 함께 이번에 새로 들어온, 같은 나이의 같은 경력 교사였다. 상황이 비슷하다 보니, 학교에서 매사에 비교 대상이 되었다.

지난 번 회식할 때였다.

"정 선생은 우리 학교에서 생활해 보니 어때요? 불편한 건 없어요?"

"아, 네… 교장 선생님, 없습니다. 잘 지내고 있습니다."

"그치? 우리 학교가 선생님들 분위기도 좋고, 공기도 좋고 일하기 최고의 환경이지. 특히 능력자 선생님들이 다 모였어. 내가 어디 가면 막 자랑하기 바쁘다니까. 특히 우리 오 선생! 경력도 짧은데 어쩜 그리 빠릿빠릿하고 꼼꼼한지…. 사람이 실수를 안 해. 하는 일 보면 착착착착! 하나를 보면 열을 안다고. 이렇게 일 잘하는 사람들이 애들 관리는 또 얼마나 잘한다고. 내가 지나가다 보면 애들이 늘 조용히 앉아서 열심히 뭔가를 하더라고. 돌아다니고 시끄러운 걸 본 적이 없어요. 정 선생님도 오 선생님하고 또래니까 옆에서 친하게 지내면서 잘 배워요."

교장은 오 교사를 입에 침이 마르게 칭찬했다. 오 교사는 공문 제출도 1등, 뭔가 수합하는 것도 1등이다. 그런데 교실을 들여다보면, 교장이 말하는 것과는 좀 다르다. 늘 아이들에게 자습을 시킨다. 학습지를 잔뜩 복사해 놓고 그것만 하게 하는 것이다. 늘 컴퓨터만 보면서 아이들은 신경 쓰지 않는 게 뻔했다. 그걸 보고 능력자라고 학교에서 인정받고 칭찬을 받다니.

"오 선생, 어쩜 그렇게 사람이 싹싹하고 어른들한테도 잘해? 정 선생님은 오 선생님하고 좀 많이 다른 것 같애. 모름지기 사회생활을 잘 하려면 오 선생같이 해야 하는데."

오 교사는 어떤 경로로 하면 승진을 빨리 할 수 있는지 정보도 빠삭했다. 누가 봐도 승진을 향해 달리고 있고, 사회생활도 잘했다. 그런데 그런 모습이 정 교사가 보기엔 썩 좋아 보이지 않았다. 저렇게까지 해야 하는 건가 하는 거부감도 들었다. 그런 오 교사와 사사건건 비교당하는 게 반복될수록 화도 났다. 교사도 비교 대상이 되면 자존심이 상하고 상처 받는다. 그렇다고 이 기분 나쁜 것을 누구에게 항변할 수도 없고, 혼자 속만 끓이다가 불면증까지 얻었다. 정 교사는 요즘 아침마다 학교에 가기가 싫다.

 **마음의 소리**

정 교사 : 내가 보기엔 오 교사가 그렇게 본받을 만한 교사는 아니다. 교실에서 아이들과 수업하는 걸 본 적이 없다. 애들은 아침부터 앉아서 학습지만 풀어 댄다. 애들이 잘 못 풀면 잘 가르쳐는 줄까 하는 의구심도 든다. 업무만 빨리 잘하고 어른들한테 싹싹하다고 오 교사와 비교당하는 건 너무 억울하고 짜증난다. 다른 교사들도 그렇지만 교장 선생님은 무슨 일이 있을 때마다 나와 오 교사를 비교해 댄다. 자꾸 그런 이야기를 듣다 보니, 일부러 오 교사의 싫은 점을 찾아내려고 애쓰는 나 자신을 보게 되어 더 구차스러워진다.

교장 : 우리 땐 공문 처리하는 걸 다 손으로 했는데 요즘은 컴퓨터가 생기면서 세상 편해졌다. 그리고 공문을 잘 읽어 보면 어려운 일이 하나도 없다. 학교 행정 업무라는 게 늘 반복되기 마련이라서 작년 업무를 조금만 들여다보면, 충분히 빨리 할 수 있는 것들인데 왜 그걸 일주일이나 묵히고 있는지 답답한 노릇이다. 빨리 해치우고 다른 일 하면 되지 않나?

　또 그때는 선배 선생님들한테 얼마나 잘했는지 모른다. 교장, 교감한테는 또 어땠나. 일일이 아침마다 가서 안부 인사하고 퇴근할 때도 인사하고. 그런데 오 선생이 딱 그렇다. 어쩜 요즘 젊은 사람 중에 그런 사람이 있는가 싶다. 업무에 대해 투덜대지도 않고, 싱글싱글 웃으면서 싹싹하게 구는 게 아주 볼수록 사람이 괜찮단 생각이 든다. 같은 나인데도 정 교사와는 너무 비교가 된다. 사람이 좋은 면을 보면 친하게 지내면서 보고 배워야 할 텐데…. 그렇게 뚱하고 말이 없어서 사회생활을 앞으로 어떻게 하려고 그러는지, 내가 진짜 걱정이 돼서 그런다.

업무가 서투른 교사를 업무 능력자 동료 교사와 비교하면서 질책하는 교장과의 갈등이다. 서툰 업무 능력은 금방 신장되는 것이 아니다. 이 문제로 동료 교사와 비교하는 교장은 나에게 패배감을 심어 주게 되고, 이런 패배감은 불만을 누적시킨다. 누적된 불만은 사소한 문제에서 느닷없이 터지게 된다.

경력이 짧아 업무가 서투른 점에 대해 인정하되, 동료 교사와의 비교가 자신을 패배자처럼 느끼게 한다는 일차적인 느낌을 전달해야 한다. 업무 능력 신장을 위해 노력하겠지만 수업 능력도 함께 신장시켜야 하기 때문에 하루아침에 내가 업무 능력자가 될 수 없다는 점도 교장이 인지하도록 해야 한다.

"제 업무 능력이 부족하여 불편을 끼쳐 드려 죄송합니다. 저도 노력하고 있는데 이게 쉽게 잘 안 되네요. 그렇다고 수업을 등한시 하는 일은 더더욱 해서는 안 되는 일이라 두 가지를 다 함께 잘해 보려니 더욱 더 그렇습니다. 그런데 교장 선생님께서 다른 교사와 비교하여 말씀하시니 업무 능력 때문에 스스로 못났다고 여겨서 그런지 제가 패배자처럼 느껴지네요. 저도 부족한 점을 보완하려고 노력하겠습니다. 교장 선생님께서도 오 교사를 비교한 제가 아니라 그냥 있는 그대로 저로 봐 주시면 더 힘이 될 것 같습니다. 이번 일을 계기로 업무 능력 신장에 더욱 노력해 보겠습니다."

최 교사는 저학년 담임교사로 화장실 한 번 갈 새 없이 정신없는 하루를 보내고, 동료 교사들과 티타임을 갖고 있었다. 그런데 어제 했던 업무 실수로 교감에게 교사들이 노느라 업무도 못하고 학생들 사고도 난다는 이야기를 듣는다. 교사도 쉬는 시간이 있어야 하는데, 학생들 하교 후 시간조차 자율적으로 선택할 권리도 없다고 생각하니 좀 부당하다는 생각이 든다.

　최 교사는 오늘도 화장실을 몰아서 갔다. 아침부터 반 학생 하나가 바지에 실수를 하는 통에 부모님에게 전화를 했는데 받질 않았다. 겨우 옆 반 교사에게 우리 반 학생들 부탁도 하고 교감에게 사정 이야기를 하고 나서, 그 학생과 함께 집에 다녀왔다. 우는 아이를 괜찮다고 달래고 부모님에게 계속 전화를 하면서도 옆 반 선생님에게 맡긴 우리 반 장난꾸러기들 걱정도 되고⋯. 아침에 영혼이 나갈 지경이었다. 다행히 집이 학교 바로 옆이어서 그리 오래 걸리진 않았지만 아직 2학년이어서인지 아이는 집 앞에서 비밀번호가 생각나지 않는다고 한참 실랑이를 한 덕에 2교시를 훌쩍 넘겨 버렸다. 교실로 돌아와서는 서둘러 반 학생들 챙기고 혹여나 그 학생의 사정을 알고 놀릴까 봐 반 친구들에게 누구나 실수를 할 수 있다며 밖에 나가 말하지 말라고 신신당부를 했다. 그렇게 3교시가 지나버렸고 급식실에서 학생들이 점심을 다 받고 자리에 앉은 후에야 화장실에 갈 수 있었다. 화장실에 앉아서 이렇게 살아서 뭐하나 하는 생각에 한숨이 나왔다.

그렇게 하루를 무슨 정신으로 보냈는지 모르게 보내고 학생들이 하교한 뒤에야 한숨을 내쉬었다. 선생님들하고 차 한 잔하면서 오늘 있었던 일을 하소연했다. 옆 반 교사에게는 고맙다고 연신 인사를 했다. 그렇게 간만에 한참 수다를 떨며 스트레스를 해소하고 있었는데, 학년 회의실로 교감이 들어왔다.

"아이고, 선생님들! 다들 여기 있으니까 전화를 그렇게 안 받았지. 최 선생님! 나 좀 봐요."

그렇지, 잠깐 쉬는 꼴을 못 보지, 하는 생각을 하며 교무실로 갔다.

"최 선생님, 교실 전화도 안 받고 개인 전화도 안 받으면 급한 일 있을 때 어떻게 연락을 합니까? 어제 퇴근 시간 즈음에 공문 하나 올리셨던데 그거 잘 확인하신 거예요?"

아, 어제 퇴근 시간 넘어서 결재 하나를 올렸는데 잘못된 것 같아서 반려를 하려다가 집에서 온 전화를 받고 컴퓨터를 꺼 버렸다. 오전에 교무실에 가서 다시 확인하려고 했었는데, 반 아이랑 그 쇼를 하느라고 생각도 못했다.

"아, 죄송합니다. 제가 실수를 했습니다."

"최 선생님, 학교는 카페가 아니에요. 할 일을 먼저 하고 쉬셔야죠. 학교는 근무하는 곳인데 선생님들끼리 몇 시간씩 큰 소리가 나도록 떠들면 곤란해요."

자신의 실수를 인정하고 사과도 했는데, 교감의 그 말이 너무하단 생각이 들었다. 교사들이 모여 있으면 무조건 논다고 생각하는 모양이다.

"교감 선생님, 오늘 아침부터 반 아이 문제 처리하느라 정신이 없었습니다. 아까 보셨잖아요. 그 아이 집에 다녀오고 학부모님하고 통화하고 아이들 챙기느라 하루를 다 써서 화장실 갈 시간도 없었어요. 잠깐 숨 돌리는 시간을 그렇게 늘 노는 시간처럼 말씀하시는 건 좀 서운합니다."

"최 선생님, 그게 교사예요. 교사가 당연히 해야 할 일을 하시면서 억울해하시면 안 되죠. 지난달에는 2학년에서 무슨 일이 있었나요? 선생님들 티타임하느라 반 아이 한 명 다치지 않았어요? 이마 몇 바늘 꿰맸지요? 그때 제가 학부모님한테 얼마나 쩔쩔 매면서 일을 마무리했는지 아십니까? 아이들은 선생님들이 눈 깜짝 할 새에 사고를 친다고요."

기가 막혔다. 교감은 마치 교사들이 할 일을 제대로 안 하고 놀아서 학생이 다친 것처럼 이야기를 했다. 또 자신이 그 일을 처리하는데 얼마나 힘들었는지를 생색을 내며 이야기하는 것 같다는 생각이 들었다. 그럼 교사는 화장실도 못 가고 학생들이 하교할 때까지 눈 한번 떼면 안 된다는 말인가? 다시 생각해 보니, 아까도 교사 회의실로 전화하면 그만인 일이었다. 교실에 전화해 보고 안 받으니 회의실에 다 모여서 놀고 있다고 생각하고 들이닥친 것이란 생각이 들었다.

감시를 받는 기분이 들었다. 최 교사는 집에 와서 잠이 들 때에도 교감과의 대화가 떠올라서 쉽게 잠이 들지 않았다. 학교는 교사가 학생을 한 눈 팔지 않고 감시하고, 관리자는 교사를 늘 감시하는 감옥인가?

마음의 소리

최 교사 : 아이와 하루 종일 실랑이를 하는 것도 진이 빠졌는데 잠깐 선생님들하고 모여 있었다고 해야 할 일을 안 하고 논다는 식으로 말을 해서 순간 울컥했다. 업무 실수를 한 건 내 잘못이지만, 그런 식으로 교사의 역할까지 운운하는 건 비약 아닌가? 교사는 점심시간에 양치질 하나 하면서도 신경을 곤두세워야 한다. 그런데 그걸 늘 보면서 관리자들이 교사를 더 몰아세우면 정말 숨이 막힌다. 교사는 쉬지도 말란 말인가? 쉬는 시간마다 회의실에 앉아서 아이들을 안 보고 쉰다면 그건 문제가 있겠지만 어쩌다 한번 잠깐 교사가 숨 돌리는 시간까지 교사의 태만이라고 이야기한다면 정말 억울하다.

교감이 딱 이틀만 교실에 와 봤으면 좋겠다. 오늘 교감한테 억울하다고 이야기했다가 그건 당연한 일이라는 이야기를 듣고 너무 답답했다.

교감 : 난 수시로 학교를 돌아다닌다. 교사들이 어떻게 생활하고 있는지, 불편한 건 없는지 살피기 위해서다. 민원도 들어오면 제일 적극적으로 처리해 준다. 그걸 또 일일이 다 이야기하지도 않는다. 그게 교사들을 편하게 해 주는 일이라고 생각하고 교감의 역할이라고 생각한다. 그런데 교사들은 자신이 해야 할 가장 기본적인 일조차도 하지 않고 자꾸만 그게 부당하다고 한다.

아까도 최 선생을 찾아 교실을 지나쳐 갔는데, 교실은 시장바닥처럼 어지럽혀 놓고 여름엔 에어컨이 교실에 차갑게 나오고 있는 건 물론이고, 불도 환하게 켜져 있었다. 그렇게 해 놓고 회의실에 모여 깔깔깔 웃는 소리가 쩌렁쩌렁 울리는 거였다. 업무도 제대로 처리 못해 놓고 억울하다느니, 서운하다느니 하는 건 좀 그렇지.

학생사고가 났는데도 차를 마시며 떠들고 있는 교사의 모습을 본 교감과 학생 사고 처리하느라 정신이 없어 실수를 한 교사 사이의 갈등이다. 사고 처리로 정신이 없는 것을 이미 알고 있는 교감의 말은 언어적 의미만 듣지 말고 그 말을 할 때의 마음과 기분을 같이 들어야 한다. 교사들이 할일을 두고 서로 떠들고 있다는 말을 하는 교감은 어떤 마음이었고 어떤 기분이었을까?

교감은 사고로 인해 불만을 가지고 있다. 그래서 우선 이런 사고를 체계적으로 잘 대처해서 사고로 인해 실수하지 않도록 하겠다는 말을 통해 교감의 불만을 해소시켜야 한다. 그리고 교감이 말한 마음과 기분은 이해를 하지만 그 말이 사고 처리로 정신이 없이 뛰어다녀 기진맥진한 나에게는 내 책임이라는 비난으로 들린다는 일차적인 감정을 전달해야 한다.

"제가 사고 처리하느라 정신이 없어서 공문 처리하는 것을 깜빡했네요. 미안합니다. 이번 일을 겪었으니 차후로는 이런 사고가 생기면 좀 여유 있게 잘 대처해서 실수하지 않도록 하겠습니다. 그런데 교감 선생님께서 제게 그렇게 말씀하시니 사고 처리하느라 혼이 빠진 저에게는 이 실수가 순전히 내 잘못 때문이라는 비난으로 들리네요. 교감 선생님도 이 상황을 다 아시니 물론 그런 의도로 말씀하신 것은 아니라는 것은 알지만 지금 저에게는 그렇게 들려서 속이 상하네요."

내용 없는 지적질에 상처만 남은 공개수업

학교의 동료 교사가 와서 보는 공개수업에 유난히 긴장을 했던 이 교사는 수업을 무난하게 마쳤다고 생각했지만, 수업 협의회 때 교장의 목소리 지적, 억양과 톤 지적, 판서 지적을 받으면서 인신공격을 받는 느낌이 들었다. 수업에 대해 며칠 밤낮을 고생하면서 준비했지만 정작 누구에게도 수업에 대한 이야기는 듣지 못해서 상처만 남았다.

이 교사는 어제 한숨도 못 잤다. 정말 밤을 꼬박 지새웠다. 처음엔 자려고 노력했는데 중간부터는 그냥 포기하고 책상에 앉아 불을 켰다. 내일은 학교 공개수업 일이다. 자려고 누웠을 때부터 공개수업 지도안이 머릿속에 떠오르면서 수업이 시작됐다. 그러니 잠이 올 턱이 있나.

이 교사는 올해로 8년차 교사다. 신규도 아닌데 공개수업은 매년 적응이 안 된다. 사실 학부모 공개수업은 긴장되지 않는다. 학부모 공개수업 때는 교사의 실수나 수업의 질보다 학생들을 골고루 발표를 시키는 것, 학생들이 더 많이 표현할 기회를 주는 것에 초점을 맞추다 보면, 한 시간은 금방 끝나기 때문이다. 그런데 동료 장학은 다르다. 학교 동료 교사들이 와서 내 수업을 보는 시간은 정말 곤혹스럽다. 더구나 교장은 깐깐하기로 유명하다. 워낙 공개수업 때도 끝까지 앉아서 수업을 보고 수업 협의회에 참석해서 이런저런 이야기를 많이 한다. 그러니 더욱 부담스러웠다. 경력이 짧으면 보는 사람들도 귀엽게 보고 뭘 해도 잘했다 칭찬해

주지만 5년차가 넘어가면 절대 그렇지 않다. 5년차가 넘어가면 이제 '저경력' 교사라는 딱지는 떨어진다. 이 교사는 내일 있을 수업 시나리오를 다시 한 번 천천히 보면서 수업 흐름과 활동들을 되뇌었다.

드디어 아침이 되고, 시간은 더디고도 빠르게 흘러 공개수업 시간이 되었다. 반 학생들은 나만 바라보면서 눈을 반짝였고, 걱정했던 이변은 다행히 일어나지 않았다. 준비한 대로 수업은 잘 진행이 되었고 큰 실수 없이 수업을 마치는 종은 울렸다. 이제야 이 교사는 한숨을 돌리고 얼굴에 웃음을 지었다.

"이 선생님, 수업 잘 봤어요. 고생 많았어요." 교장은 형식적인 인사를 남기고 제일 먼저 교실을 나갔다.

오후에는 수업 협의회가 있었다. 오늘 참여한 동료 교사들과 교감, 교장, 수석 교사가 자리했다. 교사들은 돌아가면서 정말 형식적인 칭찬을 했다. '고생했다, 잘했다, 환경이 정돈이 잘 돼 있다.' 등등.

"이젠 내가 한 마디 해도 될까요? 수업은 전체적으로 무난한 느낌이었어요. 그런데 선생님 목소리가 너무 평이해요. 높낮이가 없달까요? 억양이 너무 고정되어 있고 한 톤이어서 어떤 게 중요한지 모르겠어요. 애들도 졸리지 않을까요? 그리고 판서 말인데, 그렇게 판서할 거면 다른 걸 붙이거나 컴퓨터로 하는 게 어땠을까요? 뒤에서는 전혀 보이지 않았어요. 그리고 줄도 삐뚤삐뚤해서 자를 대거나 학생들이 확실하게 보이도록 해 줘야죠."

가만히 기다리던 교장은 봇물 터지듯 이야기를 쏟아 냈다. 이 교사는 정신없이 받아 적다가 갑자기 수업의 내용과 관련 없는 이런 것들이 수업 협의회에서 정말 중요한 걸까란 생각이 들었다. 수업 시간에 수업이 어떻게 진행되는지는 보지 않고 교사인 자신만 쳐다보고 있었다는 생각이 들었다. 이 교사는 죄를 지은 것도 아닌데 점점 고개가 숙여졌고 얼굴이 달아올랐다.

수업 협의회는 그렇게 진심 없는 칭찬과 수업 외적인 것에 대한 혹평만을 남기고 끝났다. 교실을 나가면서 수석교사는 웃으면서 이 교사의 어깨를 꽉 안아 주었다. 그때 눈물이 왈칵 터져 버렸다. 무엇 때문에 그렇게 고생을 하면서 준비를 하고, 밤잠도 설쳐 가면서 전전긍긍했는지…. 이 교사는 교장에게 정말 화가 났다. 교사 자신에 대한 그런 이야기는 개인적으로 해줄 순 없었나? 다른 교사들도 다 있는 자리에서 목소리 톤이 어떻고, 애들이 졸리겠다, 판서 글씨 줄도 못 맞춘다와 같은 이야기는 인신공격같이 느껴져서 자존심이 상했다.

마음의 소리

이 교사 : 이 수업을 준비하려고 몇 달을 고생했다. 사실 매년 학기가 시작될 때 공개수업을 어떻게 해야 하나 고민을 하기 시작한다. 그런 시간을 모두 따지면 그 부담감은 말로 할 수 없을 것이다. 그런 수업을 오늘 마치고 너무 홀가분했는데 수업 협의회를 마치고 나서 정말 펑펑 울었다. 후배 교사들도 보는 앞에서 너무 창피했지만 쏟아지는 눈물을 참을 수가 없었다. 교장한테 가서 사과를 받고 싶을 정도였다.

교사들이 공개 수업에서 얼마나 고민하고 부담을 갖는지 아마 모를 거다. 그냥 와서 보고 이야기하는 건 쉽지. 이야기를 해 주고 싶다면 수업 내용 자체에 대한 조언은 정말 고맙게 들을 것 같다. 그런데 할 말이 없으니까 수업 외적인 것들을 트집 잡는 것으로 밖에는 받아들여지지 않는다.

수업 협의회는 수업에 대한 협의를 하는 자리지, 교사들을 상처주기 위한 자리는 아니지 않나? 정말 공개 수업이 너무 두렵다.

교장 : 교사들 공개 수업 때는 꼭 가려고 한다. 출장이 생기면 일정을 바꿔서라도 꼭 참석한다. 일 년에 두 번, 공개수업일은 내가 교사들 수업을 공식적으로 볼 수 있는 유일한 시간이기 때문이다. 교장이 옛날이나 교장이지, 요즘은 선생님들 눈치를 더 봐야 하기 때문에 이런저런 이야기를 할 수가 없다. 그나마 공식적인 자리에서 교사들한테 그동안 하고 싶었던 얘기, 다른 교사들에게도 도움이 될 만한 이야기들을 한다.

오늘 본 수업은 기본이 안 되어 있는 수업이었다. 수업 내용이 아무리 좋으면 뭐하나. 라디오 내용이 좋은들 스피커가 엉망이면 그 내용이 다 전달이 되겠는가?

교사는 목소리 크기, 억양이 너무 중요하다. 중요한 부분에는 좀 크게 천천히 하고, 아이들도 좀 봐가면서 말을 해야 하는데 본인이 준비한 것만 빨리 하려고 조급해하는 게 보였다. 그리고 판서도 요즘 교사들은 그 중요성을 너무 모른다. 컴퓨터만 많이 써서 그런지 글씨도 엉망이고 줄도 삐뚤삐뚤. 학생들은 그걸 보고 정리하고 기억하는데 너무 기본을 우습게 보는 것 같아서 다른 교사들도 좀 들으라고 이야기를 했다. 평소에 내가 개인적으로 불러서 그런 얘기를 한다고 생각해 봐. 아마 교장이 별 참견을 다 한다고 난리 칠 거다. 그나마 공식적인 자리니까 이런 이야기도 할 수 있는 거다.

공개수업 내용보다는 형식에 대한 교장의 심한 비판을 수업 교사가 인신공격처럼 받아들여 울음을 터뜨리게 되는 갈등이다. 몇 달 동안 고심하며 수업을 준비한 교사에게 교장의 주변적인 비판은 받아들이기 힘들다.

힘들게 준비한 수업에 대해 의례적인 인사말만 하는 다른 참관자와 달리 교장이 수업을 개선하기를 바라는 선한 마음에서 이런 지적을 했다는 점을 인정하되, 내가 그 말을 그대로 받아들이기 어려운 입장임을 인지하도록 해야 한다. 그리고 교장에게 수업 내용에 대한 비판을 하도록 유도하게 되면 진정으로 수업을 개선하고자 하는 내 의지를 보여 줄 수 있을 것이다. 혹은 수업 비판 능력을 과시하고자 하는 교장이라면 이런 기회를 통해 지적질을 당하는 교사들의 고충을 이해할 수도 있을 것이다.

"교장 선생님 말씀 감사합니다. 세심하게 준비하였는데도 그런 부분을 미처 생각하지 못했습니다. 그런데 몇 달 동안 밤잠 못 자면서 준비한 보따리를 한 시간 동안 풀어 놓느라 기진맥진해서 그런지 교장 선생님께서 판서 글씨 줄도 못 맞춘다고 하실 때는 제가 선생을 할 수 없는 무능력자로 느껴져서 가슴이 무너졌습니다. 그래도 저를 위해서 하시는 말씀으로 받아들이겠습니다. 그런데 교장 선생님, 저는 수업 형식보다 수업 구조화에 대해 더 많이 고민하고 준비했는데요… 교장 선생님 수업에 대해 잘 아시니까 이 기회에 교장 선생님께 배우고 싶은 게 있습니다. 다음 수업에서는 백-워드 중심의 수업모형을 고안하고 싶은데 이 수업의 내용을 백-워드로 구조화시키려면 어떻게 해야 좋을지 궁금합니다."

이렇게 될 때까지 담임은 뭐 했냐구요? 너무 억울해요!

> 강 교사는 중2 여자 아이들 사이에서 일어난 단톡방 사건 때문에 그 문제를 해결하고자 동분서주하며 지친 상태였다. 어떻게든 학생들을 학폭까지 가지 않게 도와주고 싶었다. 그러나 교장은 그동안 담임교사는 뭘 했냐며 다그치면서 담임교사에게 모든 책임을 전가한다. 강 교사는 앞으로 계속 있을 이런 일들을 감당할 자신이 없다.

강 교사는 오늘도 아침에 눈을 뜨면서 학교에 가기 싫다는 생각이 가장 먼저 들었다. 어제 밤에는 자리에서 뒤척이며 내일이 오지 않았으면 좋겠다는 생각도 했었다. 요즘은 매일이 그렇다.

강 교사는 올해 2학년 담임을 맡았다. 중학교에서 2학년은 북한도 무서워서 못 쳐들어온다는 우스갯소리가 있는 것처럼 담임을 맡으면서부터 생활지도 문제로 긴장을 했다. 아니나 다를까 반 학생들은 학기 초부터 이상한 기류를 내뿜더니 여자 아이들 문제로 강 교사의 속을 썩였다. 여학생들 문제는 남학생들 폭력 문제보다 은밀하고 내밀하게 숨어 있어서 문제를 해결하기가 훨씬 어렵다. 일단 문제가 수면 위로 드러나지 않고 속으로 곪는다. 문제가 터졌을 때는 이미 걷잡을 수 없는 경우가 많다.

학기 초부터 붙어 다니던 5명의 친구들이 서로 뒷담화를 하면서 사건은 시작됐다. 한 명씩 돌아가면서 4:1로 한 명을 공격하였고, 반 학생들도 한 명씩 두 명씩 단톡방에 가담하게 되었다. 피해자인 학생은 억울함을 호소하면서 자신의 손톱을 다 물어뜯어서 피가 날 정도로 불안해했다. 학교 상담 선생님에게도 보내 보고, 사설 상담소에도 연결시켜 주었지만 나아지지 않았고 등교 거부까지 한 상태다.

"선생님, 저 도저히 못 참겠어요. 잠도 안 와요. 어떻게 애들이 똘똘 뭉쳐서 애 하나를 저렇게 만들 수 있어요? 진짜 카톡 보면 제가 다 서늘해질 정도로 교묘하게 애를 따돌려요. 그랬다가 우리 애가 채팅방을 나가면 또 초대하고 또 초대하고…. 저 그 애들 용서 못 해요."

피해자 부모하고 지속적으로 상담도 하고 계속 전화를 해 왔었다. 학부모까지 이젠 정신 상담을 받아야 할 상태였다. 강 교사는 그래도 차분하게 학급의 집단 상담을 의뢰하고 가해자라는 학생들하고도 꾸준히 이야기를 나눠 왔다. 아이들은 자신의 잘못을 인정하고 사과하기로 했지만 피해자 부모와 그 아이는 그걸 받아들일 생각이 없었다. 강 교사는 상황이 학폭으로까지 가지 않게 하려고 애를 썼다. 가해자 학생들도 피해자 학생도 다 같은 반 자신이 책임져야 하는 학생이란 생각에 고군분투했다.

강 교사는 생활부장 선생님과 함께 지금까지 진행 상황과 앞으로 일을 협의하기 위해 교장실에 갔다.

"강 선생님, 어제 학부모들한테 전화 받았어요. 아주 화가 많이 나셨던데…. 선생님은 학부모님 분노를 먼저 가라앉혔어야지. 학생들 갈등 상황에서는 담임 역할이 얼마나 중요한지 몰라요? 애들 싸움이 어른 싸움 되는 거 한순간이라구요. 그 가해자 부모님들도 지금은 화가 많이 났어요. 두 쪽 다 감정이 달아오를 때로 달아올라 있어서 손쓸 수가 없다고요. 선생님은 이렇게 될 때까지 그동안 뭐 하신 겁니까?"

갑자기 너무 당황스러워서 강 교사는 아무 말도 할 수 없었다. 같이 교장실에 들어갔던 생활부장이 하얗게 질린 강 교사의 표정을 보더니 대신 말을 이었다.

"교장 선생님, 강 선생님이 그동안 학부모들 사이에서 아이들 사이에서 많이 애썼어요. 한 달 넘게 잠도 못 자서 오늘도 열이 나면서 아프던데, 그렇게 말씀하시면 교사들이 너무 서운해요."

생활부장의 이야기를 듣자마자 강 교사는 눈물이 터졌다. 그동안 참았던 눈물이 쏟아지면서 이제 힘들어서 더 이상은 못 하겠다는 생각이 들었다. 피해자 아이 학부모와 전화하고 가해자 학부모들과 돌아가면서 통화를 하다 보면 밤 12시를 넘길 때가 한두 번이 아니었다. 학생들과 상담하고 상담 교사와 또 이야기 나누고, 또 생활부장에게 보고하고. 이런 과정을 반복하다보니, 정말 몸과 마음이 지칠 대로 지쳤다. 강 교사가 우는 모습을 보고 조금 당황한 기색을 보이더니 교장은 이렇게 말했다.

"아프면 병원에 가야지. 흠흠, 가서 오늘은 좀 푹 쉬세요. 그리고 이 일은 담임이 끝까지 책임진다는 자세로 잘 해결하세요. 어떻게 되고 있는지 날마다 와서 보고하고."

처음부터 학부모들 설득하고 이야기 들을 게 아니었다. 강 교사는 이렇게 될 바에야 처음부터 그냥 신경 쓰지 않고 학폭으로 넘겨버릴 걸 그랬다는 후회가 들었다. 자신이 아무리 열심히 발버둥을 치고 문제를 해결하려고 노력했어도 그걸 알아주는 이 하나 없이 이게 뭐란 말인가. 담임이 그동안 뭐 한 거냐는 교장의 말은 비수로 꽂혀서 계속 생각이 났다. 앞으로 이런 관리자를 또 만날 수도 있고, 이런 일을 또 겪을 수도 있는데 이렇게 교사생활을 계속 해야 하는지 모르겠다.

 **마음의 소리**

강 교사 : 이런 일은 앞으로 학교생활을 하면서 계속 일어날 텐데 앞으로는 어떻게 문제를 해결해야 하는 건지 잘 모르겠다. 진짜 학폭으로 무조건 넘겨야 하는 건가? 아이들한테도 정이 없어졌다. 가해자 아이들도 내 학생들이 아닌가. 누구도 상처받지 않았으면 하는 마음으로 견디고 또 버텼는데 아무도 내 노력은 알아주지 않는다.

그런데 오늘 교장이 나한테 한 말은 인권위원회에 신고하고 싶을 정도로 모욕적이고 화가 나는 말이었다. 담임은 그동안 뭘 했냐니…. 그게 담임교사에게 할 말은 아니지 않나? 학부모한테 그거 한두 번 전화 받은 걸 갖고 저렇게 난리를 치면 나는 벌써 쓰러져도 열 번은 더 쓰러졌다. 교장이 밉고 자꾸 그 말이 귓가에 맴돌아서 힘들다.

교장 : 문제는 학폭이 아니다. 학부모가 열어달라면 열어 주면 된다. 내가 강 선생한테 뭐라고 한 이유는 그동안의 일을 교장은 까맣게 몰랐다는 사실이다. 늘 교장이 알았을 때는 문제가 커지고 나서, 문제가 터지기 일보 직전 상황에서. 좀 진즉에 상의를 하고 이야기를 했으면 같이 잘 처리를 했을 거 아닌가. 이번 사건만도 그렇다. 이미 양쪽 학부모들은 시한폭탄이다. 아니, 이미 터진 폭탄이다. 수습이 안 된다. 이런 상황에서 교장이 할 수 있는 일이 뭔가 말이다. 그냥 학폭으로 가는 수밖에 없는데 담임이 중간에서 학부모들 이야기 잘 들어주고 애쓰면 일이 이렇게까진 안 갔을 거란 말이다. 반 아이들 생활교육 하나 못해서 몇 달을 쩔쩔매고 있으니, 원.

학생

학생사건 처리에 혼신을 다했지만 교장이 질책하면서 빚어지는 갈등이다. 교장이 교사의 처지보다 자신의 감정을 앞세우면서 교사가 억울함을 느끼게 하고 있다.

교장은 학폭위로 가게 됨으로써 감당해야 할 책임에 대한 부담감이나 학부모의 화난 전화에 대한 불쾌감을 교사에게 전가하는 것으로 보인다. 교사로서 최선을 다했다는 점을 밝히고, 학폭위 결정이 날 때까지 역할을 다하겠다는 의지를 밝히되, 교장과의 관계가 악화되지 않도록 노력하면서 갈등을 풀 수 있어야 할 것이다. 책임 문제가 따르는 사안이라 말 한 마디 한 마디가 문제를 일으킬 수 있으니 구구하게 설명하지 말고 꼭 필요한 말만 간결하게 하는 편이 좋다.

"화가 난 학부모 전화에 당황하시게 해서 제가 미안합니다. 사실은 저도 여러 차례 이런 전화에 시달려 왔습니다. 말씀 드렸다시피 사건이 원만하게 해결되도록 혼신을 다했습니다만, 피해자 학부모가 학폭위를 주장하니 더 이상 제 손으로 할 수 있는 게 없게 되었습니다. 이제 학폭위에서 일이 잘 해결되는 데 제가 도움이 될 수 있는 일이 있으면 돕도록 하겠습니다."

교사와 교사 갈등 – 대화로 푸는 갈등

4장 교사와 교사 갈등

사례 01 영재학급 학생 선발은 마감 됐어요

> 이미 학생 선발이 끝난 영재학급에 학생을 입급시키기를 원하는 학부모의
> 민원에 대해 담임교사가 학교에서 정한 영재학급 선발 원칙과 과정을 설명하고
> 납득시켜야 하는데 오히려 학부모의 입장만 대변하며 업무담당자에게 부당한
> 요구를 하여 입장을 난처하게 하고 있다.

김 교사는 영재학급 업무를 맡고 있다. 영재학급은 4~6학년 학생 중에서 과학과 수학 분야에 재능이 있는 학생을 따로 선발하여 방과 후에 2시간 정도 별도의 수업을 진행하는 특별반이다. 당연히 과학과 수학의 특기적성을 계발하고 싶어 하는 학생과 학부모의 관심이 많고 선발 경쟁이 치열하다. 경쟁이 치열한 만큼 학부모들도 학생 선발 과정과 결과에 민감해서 학교에서는 영재학급 선발 원칙을 정하고 공정하게 입급 학생을 선발하도록 하고 있다.

김 교사는 정해진 절차에 따라 영재학급 신청서를 인쇄하여 각반에 가정통신문으로 보내는 한편, 학교 홈페이지 공지사항에도 등록하여 가정에서 열람하는 데에 문제가 없도록 조치를 하였다.

그런데 등록 마감일까지 신청서를 접수하고 정해진 인원수에 맞게 학

생 선발을 완료한 바로 다음날이었다.

"선생님, 저 5학년 1반 담임인데요, 우리 반 학생이 가족동반 체험학습으로 해외여행을 다녀오느라 신청서를 제출하지 못했다고 하네요. 그 학생 추가로 영재학급에 입급시켜주시면 안 될까요?"

"글쎄요, 이미 학생 선발이 끝난 상황이어서 제가 임의로 입급을 결정할 수는 없어요. 한번 알아볼게요."

전화를 끊고 알아보니, 해당 학생은 영재학급 신청 마감일에 등교를 했고, 그날 김 교사는 별도의 입급 신청이나 그에 대한 문의를 받지 못한 상태라는 것을 알게 되었다. 김 교사는 5학년 1반 담임교사의 착오가 있었나 보다 하는 생각에 다시 인터폰을 들었다.

"선생님, 아까 문의하신 사항이요, 살펴보니 학생이 신청서 마감하는 날 등교를 했는데, 그날 신청서를 내지 않았더라구요. 그래서 별도로 학생 개인 사정을 반영하기가 어렵고요, 이미 학생 선발을 마친 후에 해당 학생의 신청서를 받아 재선발한다면 이미 합격한 다른 학생이 불합격의 피해를 받을 수 있어요. 그래서 입급이 어렵습니다."

"선생님, 그 아이 저학년 때부터 과학고 준비하는 아이예요. 이 영재학급도 학부모님이 학년 초부터 저한테 계속 당부한 사항이라구요. 우리 학부모님께서 교장실에 찾아가시겠다고 하는 걸, 제가 겨우 말렸는데 선생님은 학생의 입장을 고려해 보지도 않고 안 된다고 딱 잘라 말씀하시네요. 그럼 부장 선생님과 이야기를 해 보겠어요."

하며 전화를 끊었다. 전화가 끝난 후 김 교사는 학부모보다 동료 교사의 태도를 정말 이해할 수 없었다. 학교에서 한번 정해진 일의 원칙을 무시하고 상황에 따라 다른 잣대로 일을 처리하면 더 큰 부작용이 생길 게 뻔한데 그걸 학부모에게 납득시키지 못하고 오히려 학부모와 함께 자신의 반 학생의 요구를 관철시키기 위해 이런 식으로 억지를 부리다니. 업무를 맡아서 고생하는 담당자를 도와주기는커녕 더 힘들게 하는 그 교사에게 마음 같아서는 한마디 하고 싶었지만 그렇다고 자신보다 경력이 훨씬 많은 교사에게 따지기도 뭣해서 참고 말았다.

곧이어 해당 학부모도 김 교사에게 전화를 하여 그 담임교사와 같은 이야기를 했다. 김 교사는 영재학급 신청 마지막 날에 그 학생이 등교를 했는데 신청서를 내지 않았더라고 말하고 규정 상 별도로 신청을 더 받을 수는 없다는 점을 강조했다.

다음날 다시 5학년 1반 담임 교사가 해당 학생에게 선발의 기회라도 달라고 또 한 번 전화를 걸어 부탁하면서 옆에 그 학부모가 와 있다고 하였다. 김 교사는 그건 안 된다고 말을 했지만 그 담임이 정말 이해가 되지 않았다. 학부모가 자신의 아이만 생각하고 학교의 원칙에 어긋나는 민원을 제기하는 것도 문제지만, 학교의 업무처리 절차에 대해 잘 알고 있으면서 학부모의 입장만 대변하는 동료 교사의 잘못된 대응에 대해 더 큰 실망감이 느껴져 할 말이 없었다.

 **마음의 소리**

김 교사 : 학생 선발이 다 끝난 시점에 해외여행을 다녀왔다는 이유로 학생을 추가 입급시키려면 다른 학생을 떨어뜨려야 하는데, 이건 원칙에 어긋나는 일이야. 알아보니 학부모님은 원서 마감 날 학생을 학교에 보냈으면서 원서를 내지 않고 왜 해외여행 핑계를 댈까? 학교 홈페이지 공지는 훨씬 전에 나갔고, 안내장도 가정으로 다 배부했는데.

그런데 더 이해가 안 되는 건 부모보다 그 반 담임교사야. 그 반 선생님이 이 사실을 알고 있으면서 학부모에게 설득을 하지 않고 나에게 입급시켜 달라는 요구를 할까? 아무리 학부모의 요구를 거절하기 어렵더라도 학교의 원칙이 있는데 그걸 무시하고 학부모의 입장에서 똑같이 부당한 요구를 하면 어떻게 해? 업무담당 교사의 입장을 충분히 알면서도 학부모에게 싫은 소리 하기 힘들다고 업무담당 교사에게 저렇게까지 하는 건 아니라고 봐.

5학년 교사 : 학생 선발이 끝났다고 해도 한 명 정도는 더 추가할 수가 있을 텐데 저 선생님은 왜 저렇게 원칙만 내세우며 담임의 말을 따지고 드는 것일까? 학부모가 저렇게 애타게 원한다면 들어줄 수도 있지. 그 학부모가 보통이 아닌데 나만 들들 볶일 걸 생각하니 눈앞이 깜깜하네. 김 교사는 일을 융통성 있게 처리할 줄을 몰라. 좀 더 경력이 있는 교사였더라면 이 일을 자연스럽게 잘 처리했을 수도 있는데 역시 경력은 무시 못 해.

과학고 준비 중인 학생의 영재학급 입급을 부당하게 요구하는 담임과 담당 교사와의 갈등이다. 학생뿐만 아니라 학부모가 학년 초부터 영재학급 입급을 담임에게 부탁했지만, 담임마저 신청 기한을 챙기지 못해서 오래 간절히 기대하던 영재학급 입급이 불가능해진 상황이다. 이런 상황에서는 학부모에 대한 담임의 입장이 난처해질 수밖에 없다.

물론 입급 문제를 해결하기 위해서 부당한 요구를 수용할 수는 없다. 다만 담임의 입장을 세워주게 되면 담임과의 관계가 훼손되지 않으면서 문제가 해결될 수 있을 것이다. 이를 위해서는 일단 학부모와 담임의 곤란한 상황에 공감하고, 학교도 이런 상황을 충분히 이해하여 다른 방법을 찾아보았지만 규정을 따를 수밖에 없다는 말을, 담당교사가 아닌, 담임이 학부모에게 할 수 있도록 대화 방식을 제안하여 담임교사와 한 팀이 되어준다는 신호를 줄 수 있다.

"이런, 그런 안타까운 일이 있으셨군요. 저도 안타까워서 혹시라도 입급이 가능한지 규정도 찾아보았어요. 그런데 규정에 한 학생이 추가 입급하면 다른 학생이 빠져야 한다고 나와 있어요. 그래도 무슨 방법이 있을까 해서 교장실에 다녀왔는데… 교장 선생님도 안타까운 일이라고 하시면서 이리저리 확인해 보더니, 만약 그 학생이 입급해서 다른 학생이 빠지게 되면 규정 위반은 물론 그 다른 학생의 학부모로부터 항의를 피할 수가 없어서 방법이 없다고 하시네요. 그래도 학생이 과학고 진학을 목표로 한다니 혹시라도 다른 기회가 있다면 우선적으로 고려해 볼 수 있을 거라는 말씀도 하셨어요. 저도 안타깝고 교장 선생님도 안타까워 하지만 지금으로서는 방법이 없네요. 학교 외에 다른 기관에서 운영하는 특별반을 알아보시라고 권해드리면 좋겠어요."

동학년 눈치 안 보고 나만의 개성 있는 학급 운영을 하고 싶어요

> 이 교사는 경력 5년차로 각종 연수와 1정 연수를 통해 익힌 새로운 교육방법을
> 학급에 적용하고 학생들, 학부모들과도 소통을 잘하며 학급을 개성 있게
> 운영하고 싶어 한다. 하지만 동학년 부장을 비롯한 동료 교사들은 학년에서 누가
> 튀거나 특별한 활동을 하지 말고 다 같이 통일해서 하자는 의견을 가지고 있다.
> 이 교사는 자기만의 개성 있는 교육활동과 동학년의 일치된 행동 사이에서 혼자
> 고민을 하고 있다.

이 교사는 경력 5년차의 의욕과 패기가 넘치는 열정 교사이다. 신규
발령 때부터 주로 고학년을 맡아서 아이들과 소통에 힘쓰고 배움중심
수업, 회복적 생활교육 등 여러 가지 연수를 받으며 수업과 학급운영에
적용하려 애 쓰고 있다. 특히 작년에는 1정 교사 연수를 받고 더욱 전문
적으로 학급경영을 할 수 있게 되어 스스로 뿌듯함을 느끼기도 하였다.

새 학년도를 맞아 학년 희망서를 제출할 때 이 교사는 이번에도 고학
년을 신청하였으나 아쉽게도 본인의 희망과 다르게 1학년에 배정되었다.
그동안 늘 고학년만 하다가 1학년을 처음 맡게 되어 두렵고 막막한 생각
이 들기도 했지만, 여태껏 해오던 학급운영 방식에서 조금만 눈높이를
낮춘다면 크게 어렵지는 않을 것이라고 위안을 하였다. 지금껏 교실에서
적용해 온 회복적 생활교육의 큰 틀 안에서 몇 가지 교육활동을 1학년에
맞게 다듬고 새로운 방법을 덧붙인 학급 경영안을 마련하기 위해 학년

말 방학에도 쉬지 않고 열심히 1학년 학급의 한해살이 준비를 하였다.

2월 말에 확정된 담임 발표가 나고 새로 구성된 1학년 교사들이 한자리에 모였다. 1학년 4개 학급의 담임교사는 40대 부장 교사, 새로 전입해 온 30대 교사, 신규 발령 교사 그리고 이 교사로 구성되었다. 학년 부장 교사는 경력이 15년에 1학년 부장만 연속으로 3년을 해 온 1학년 전문가였다. 너무나도 익숙한 태도로 그 자리에서 바로 교육과정 운영 자료를 배포하며 1학년의 특성과 담임교사의 역할을 알려주기 시작하였다.

"1학년은 무엇보다 안전제일입니다. 각 반에서 안전하고 정숙한 생활지도를 위해 힘써주세요. 복도에 나와서 뛰지 않도록 교실에서 잘 알려 주세요. 그리고 동학년 선생님들이 교육활동을 최대한 비슷하게 해야 학부모의 민원이 없어요. 특히 1학년은 학부모가 각 반 담임과 교육내용에 대해 비교를 많이 하거든요. 그래서 매일 알림장 내용은 제가 써서 각

반으로 배부할 겁니다. 학급 사진은 한 달에 한 번만 알림장 앱으로 올리도록 합시다. 또 수업 활동 이런 것도 통일하도록 해요."

그러자 30대 전입 교사도 맞장구를 쳤다.

"부장님 말씀이 맞아요. 1학년 학생들과 학부모님들은 학교생활 적응하기도 바쁘고 혼란스러워하는데 반별로 교육활동이 다르면 불만을 갖고 문제가 생기더라고요."

부장 교사는 쉼 없이 말을 이어 갔고, 이 교사는 가슴이 꽉 막혀 오기 시작하였다. 다 맞는 말이었지만 왠지 칼로 무를 자른 듯한 학년 분위기가 적응이 안 됐다.

"저, 이건 제가 만든 학급경영 계획인데요, 여기서 좋은 게 있으면 몇 가지는 같이 하면 좋을 것 같은데요. 한 번 살펴봐 주세요."

"이 선생님, 1학년 처음이시죠? 작년부터 우리 학년에서 해 오던 게 있어요. 그리고 이건 저학년과는 어울리지 않는 것 같네요. 다 만들어져 있는 게 있으니 해 오던 걸 그냥 하시죠."

이 교사는 학급 규칙도 아이들과 함께 협의를 통해 정하고, 학생 및 학부모와 원활한 소통을 위한 학급 앱 활용 등을 구상해 놓았다. 그런데 1학년 부장 교사의 말을 듣는 순간, 시기에 맞는 우리 반만의 독특한 교육활동 등 자신의 철학과 경험을 통해 구상해 놓은 학급운영 계획이 겹쳐졌다. 교사도 학생도 모두 다른데 똑같은 방식으로 학급을 운영하는 것은 아니라는 생각이 들었지만, 한편으론 다른 반이 하지 않는 교육활동을 우리 반만 한다면 학부모들이 반끼리 서로 비교를 할 수도 있고, 그로 인해 다른 선생님들께 피해 아닌 피해가 될 수 있겠다는 생각이 들기도 했다.

그래도 이 교사는 자신의 교육철학을 포기하고 싶지 않았고 학급경영에 대한 확신도 있는데, 동학년과의 간극을 어떻게 줄 일 수 있을지 고민이 되었다.

 마음의 소리

이 교사 : 100명의 교사가 있으면 100가지 형태의 학급경영 방식이 있고 각자 자신의 개성대로 학급을 운영하면 되는 것인데 왜 통일성만 강조할까? 교사마다 교육철학과 가치관이 다른데 그 다양성을 존중하지 못하고 학급에서 이루어지는 교육활동을 비교의 대상으로만 파악하는 것은 문제가 있다. 우리 반에서 하는 교육활동이 있고 또 다른 반에서는 그 반만의 특별한 활동이 이루어지면 단순한 비교를 할 수 없고 오히려 똑 같은 방식으로 하다 보면 더 비교하기가 쉬워질 수도 있지 않을까?

그렇지만 부장님의 입장에서 보면 다른 반이 하지 않는 교육활동을 우리 반만 한다면 다른 반에게 피해가 갈 수도 있어. 그렇다고 열심히 준비한 교육계획을 무시하고 학년 전체가 똑같이 학급을 운영할 수는 없으니 부장님을 어떻게 설득하면 좋을까?

학년 부장 : 1학년은 학생과 학부모 모두 학교에 적응이 안 된 상태야. 학생들은 유치원에서 하던 버릇대로 공부시간에도 자리에서 일어나 다니기도 하고 복도나 계단에서 주의해야 할 사항도 잘 모르고 뛰기도 하니 안전이 최우선이야. 그리고 학부모들은 다른 반에서는 뭘 하는데 우리 반은 하지 않느냐며 수시로 문자나 전화를 한다고. 이런 상황에서 어느 한 반이 유별나게 학급운영을 하면 다른 반이 피해를 보기 마련이야. 뭐든 같이 통일하면 문제의 소지가 없지. 알림장 내용도 내가 작성해서 똑같이 보내면 학부모들이 뭐라고 말을 못 할 거야.

통일된 학급 경영을 해야 하는 상황에서 이와 다른 학급 경영을 원하는 한 교사의 건의를 관례를 중시하는 부장이 무시하면서 빚어진 갈등이다. 익숙한 것은 안정적이다. 그러나 변화가 없으면 발전이 없다. 관례를 중시하여 변화를 위한 건의를 일방적으로 무시한 부장의 태도는 잘못되어 보인다. 부장의 잘못을 지적하면 자칫 체면 위협 행위가 될 수 있다. 그렇다고 이렇게 일방적으로 내 의견이 무시될 수도 없다.

　고경력에다 학년의 모든 일에 책임이 있는 부장의 역할과 능력을 인정하면서, 새로운 건의가 전체 구성원을 통해 논의될 수 있도록 대화를 하여 이 문제를 해결할 수 있다. 자신의 안이 효과적인가 아닌가에 초점을 맞추지 말고, 부장이 구성원들과 논의 자체를 하지 않는다는 점에 초점을 맞추어 대화를 해야 할 것이다.

"저 나름대로 많이 고민하고 생각한 방법인데⋯ 그런데 부장님 말씀을 들으니 다시 생각해 보아야 할 것 같아요. 부장님은 오래 교사를 하셔서 판단이 뛰어나시고 또 학년 전체를 이끄셔야 하니까 여러 가지 생각을 같이 하실 것 같아요. 그런데 부장님, 저도 오랫동안 고민하고 생각해 본 방식이니까 일단 전체 회의에서 제 생각에 대해 한번 이야기를 들어보고 싶어요. 다른 선생님들이 제 제안을 받아들이지 못하신다면 저도 동학년 교사들의 의견을 당연히 따라야 한다고 생각해요. 그러기 위해서는 다른 선생님들 생각이 어떠신지, 어떤 점이 왜 문제인지 알아보고 싶어요. 그래야 저도 발전을 할 수 있을 것 같고, 다른 선생님들도 새로운 방법에 대해 함께 고민할 수 있는 기회가 될 것 같아요. 그래서 부탁인데요⋯ 전체 회의 때 제 방법에 대해 한번 논의할 수 있는 자리를 만들어 주시면 고맙겠어요."

동학년 교사들이 주축이 된 학습공동체에서 수업 재구성에 대해 공부도 하고 그 결과를 학생들에게 적용시키고 싶어 학습공동체에 참여한 서 교사. 하지만 공동체 구성원이 많아 의사 결정에 시간이 너무 길어져 서 교사의 참석이 어렵게 되었다. 부장교사는 시간을 단축하기 위해 의사 결정을 혼자서 하는 일이 늘어나자 학습공동체 활동은 동학년의 공감을 얻지 못하고 흐지부지 되고 만다.

서 교사는 올해 처음 학년 배정을 받았을 때 동학년에 대한 기대가 컸다. 학교에서 능력 있기로 소문난 김 교사가 학년 부장이었고 다른 교사들도 오랫동안 스스로 학습동아리를 만들어 운영해 온 열성 있는 교사들로 동학년이 구성되었기 때문이었다.

서 교사는 경력이 늘어감에 따라 새로운 것을 시도해 보고 싶다는 생각은 하고 있지만 소심하고 소극적인 성격이어서 선뜻 행동에 옮기지 못하고 있었다. 외부에서 열리는 교사 연수나 강연에도 가끔 참석해서 정보를 얻기도 하지만 결심만 할 뿐 실천을 미루고 있었다. 혼자서 하기에는 벅차서 동학년 선생님들과 무엇을 해보면 좋겠다는 생각이 들었는데, 올해의 동학년 구성이 서 교사의 각오와 계획에 딱 맞아떨어지는 기분이었다.

역시 동학년회의 시간에 부장 교사를 필두로 하여 함께 공부해 보지 않겠냐는 제안이 나왔다. 서 교사는 뛸 듯이 기뻤다. 본인이 먼저 나서서 하고 싶다고 말하지 못한 일을 누군가가 먼저 제안해 주니 고마워서 선뜻 승낙을 했다. 모임의 큰 틀은 수업 재구성이었다. 모임 첫날부터 열의가 넘쳐 회의는 퇴근 시간 이후까지 두세 시간 계속되었다. 끝날 줄 모르는 회의 시간에 서 교사는 집에 있는 아이들이 걱정되기 시작하였지만 '아마 처음이라서 조금 오래 하나 보다.' 하는 생각으로 회의 마칠 때만 기다리며 참고 있었다.

하지만 이 모임은 방과 후 일주일 내내 지속되었고, 퇴근 시간을 넘기기 일쑤였다. 한두 번은 참을 수 있었지만 계속 이런 식으로 회의가 길어지니 가사에도 지장이 생겨 부장님께 하소연을 할 수밖에 없었다.

"부장님, 저 오늘은 좀 먼저 가 봐야 하겠어요."

"그래요. 선생님, 얼른 가 보세요."

처음에는 회의를 마치지 못하고 일찍 나오는 것이 동학년 교사들에게 미안하여 다음날 옆 반 선생님께 회의 내용을 물어보기도 했지만, 시간이 지날수록 회의의 진행 상황을 잘 파악할 수 없고 토론에서 소외되는 느낌이 들어 혼자 겉도는 것만 같았다. 생각 끝에 모임에서 나와야겠다는 결심을 하고 마음이 잘 맞는 이 교사에게 고민을 털어놓게 되었다.

"선생님, 저 아무래도 모임을 더 못할 것 같아요."

"왜 그래요, 선생님? 무슨 일 때문인지 이야기를 해 주면 좋겠어요."

"시간이 너무 안 나요. 회의가 길어져서 제가 중간에 나가는 게 선생님들께 피해를 끼치는 것 같아요."

"모임에 인원이 많아서 의견을 다 듣고 협의를 하다 보니 시간이 길어져요. 작년에 소수 인원으로 했을 때는 괜찮았는데 인원이 늘어나니까 시간이 지연되네요. 제가 부장님에게 이야기해 볼게요. 시간만 조정되면 계속하실 의향이 있으신 거죠?"

"아, 네~."

회의 시간만 잘 지켜진다면 별문제가 없겠다는 생각으로 대답을 했다.

그 후 이 교사가 부장님께 전달을 했는지, 부장 교사는 다른 교사들에게도 의견을 물어서 퇴근 시간 이후까지는 회의를 하지 않게 되었다.

그런데 또 다른 문제가 생겼다. 회의 시간이 단축되자 부장 교사가 독단적으로 판단하고 결정을 해 버리는 일이 잦아진 것이다. 동아리 선생님들의 의견이 나올 때마다 부장 교사는 반박을 하고 자신의 뜻대로 단호하게 결정을 내리는 바람에 교사들이 의견을 꺼내지 않게 되었다. 교사들은 사적인 자리에서 부장 교사의 태도에 대해 이야기하기 시작했고 부장 교사는 동학년 사이에서 '답정녀(답이 정해져 있다는 뜻)'라는 별명이 붙었다.

서 교사는 학습공동체를 처음 시작했을 때의 기대감이 와르르 무너진 느낌에 이 활동을 계속해야 하나 하는 생각으로 갈등하기 시작했다. 동학년 선생님들과 협의를 통해 더 나은 방법으로 학급운영을 하고 싶었는데, 이런 식으로 부장님의 의견만 내세우면 학습공동체를 조직하고 공동 연구를 하는 의미가 없기 때문이었다.

 **마음의 소리**

서 교사 : 동학년에서 학습공동체를 조직하고 공동 연구를 하게 되어 정말 반가웠어. 혼자서는 힘든 일을 동학년 선생님들과 같이 협의하면 좋은 방법이 나올 수 있을 것이고 학생들에게도 도움이 될 것 같았어. 하지만 집에서 기다리고 있는 우리 애들도 돌봐줘야 하는데 회의 시간이 너무 길어지는 것은 힘들어. 회의 도중에 자리를 뜨는 것도 다른 사람들에게 방해가 될 것이고 회의에 빠지고 회의 결과를 물어보기도 미안하니 차라리 학습공동체에 참여하지 말까? 이 학습공동체는 내가 그렇게 원하던 모임인데 부장님께 회의 진행 방식을 바꾸자고 말하기도 그렇고, 그냥 참고 계속하자니 이건 아닌 것 같고 정말 갈등이야.

학년 부장 : 동학년이 모여서 사소한 이야기들로 시간을 보내는 것보다는 학습공동체를 조직하고 주제를 정하여 연구하고 결과를 공유하면 동학년에게 유익한 모임이 되겠지? 이 모임에 선생님들도 다 동의를 했고 자발적으로 참여했으니 열심히 해 봐야지. 회의 시간 단축을 위해서는 구성원 모두의 의견을 일일이 들을 수가 없어. 그럼 중요한 안건에 대해서만 토의를 하고 중요하지 않은 안건은 내가 결정을 내려서 전달하는 게 회의시간 단축에 필요할 거야. 그런데 의견을 다 들었을 때는 시간이 길어진다고 불만이고 회의 시간을 줄였을 때에는 내가 독단적으로 일을 처리한다고 뭐라 하니 어쩌라는 건지 모르겠어.

학년 교사 공동체의 건의를 무시하고 자신의 판단으로 밀어붙이는 능력 있는 부장과 다른 교사들 사이의 갈등이다. 부장의 능력은 탁월할 수 있다. 그러나 발전을 위해 더 중요한 것은 구성원들의 합의된 의견이다. 능력과 열정이 뛰어난 리더가 구성원들의 의사 결정을 무시하게 되면 그 모임이 무너지게 된다는 연구 결과가 있다. 리더가 독단적이면 구성원들이 모임에 관심을 덜 가지게 되고, 그러면 자신들만의 새로운 아이디어를 내놓지 않게 되면서 리더의 독단이 강화되기 십상이기 때문이다.

부장이 자존감을 손상 받을 위험에 처하면 무조건적으로 방어적이 된다. 능력 있고 독단적인 부장의 자존감을 건드리지 않으면서 공동체의 합의된 의견을 존중받게 하는 대화가 문제를 풀 수 있는 방법이다.

"학습 공동체 시간에 부장 선생님께 늘 많이 배우고 있어요. 물론 다른 선생님께도 많이 배우고요. 그래서 저는 이런 시간이 더 많이 필요한 것 같아요. 혼자서는 생각하지 못한 것들을 학습 공동체 시간에 부장 선생님하고 다른 선생님들 이야기를 들으면서 하나하나 알게 되거든요. 지난번에 저희 공동체에서 결정하였던 안에 대해 부장님께서 잘못을 지적하실 때도 많이 공감했어요. 그런데 부장 선생님, 저희가 아직은 부장 선생님 능력에 따라가지 못하지만, 부장 선생님 계실 때 부장 선생님 능력을 많이 배우고 싶어요. 부장님 능력이 워낙 뛰어나시니까 공동체가 논의를 하다가도 부장님은 어떻게 생각하실까, 부장님은 무어라고 말씀하실까 하는 생각을 하게 되는 것 같아요. 자꾸만 이야기를 하면서도 눈치를 보게 되는 거죠. 그러면서 하고 싶은 이야기도 안 하게 되더라고요. 아직은 많이 부족하지만 이야기를 하면서 점점 더 성장한다고 생각해요. 지금처럼 이야기를 하지 못하면 저희가 발전이 없고, 부장 선생님 의도하셨던 공동체 의미도 점점 사라져서 공동체 자체가 없어질 수도 있을 것 같아요. 조금 못마땅하시고 부족해 보이더라도 저희 공동체가 많이 논의해서 정한 결정이니까 한번 시행할 기회를 주시면 좋겠어요. 그러다 문제가 생길 것 같으면 부장 선생님께서 바로잡아 주실 거잖아요."

제가 해야 할 일 외에는 신경 쓰고 싶지 않아요!

> 매사에 똑 부러지는 성격으로 학급경영과 업무처리도 야무진 홍 교사, 그러나
> 자신이 맡은 일 외의 일이나 동료 교사들에게는 무관심하고 자신의 필요와
> 이익에 따라 행동하는 홍 교사의 태도가 학년 부장인 정 교사의 눈에는 곱지 않게
> 보인다. 정 교사는 홍 교사를 어떻게 하면 동학년으로 끌어들이고 일 년을 보낼지
> 고민하고 있다. 불편하더라도 그냥 무시하고 일 년을 지낼 것인가 어렵겠지만
> 말을 해서 해결책을 찾을 것인가?

경력 10년차로 학년 부장을 맡고 있는 정 교사는 요즘 홍 교사 때문에 머리가 아플 지경이다.

홍 교사는 경력 3년이 조금 넘은 신규교사로 동학년에서 총무를 맡아 협의 시간에 교사들이 마실 차나 간식거리를 준비하고 회식 때 장소를 예약하는 등의 일을 하고 있다. 홍 교사는 매사에 똑 부러지는 성격으로 학급경영뿐만 아니라 업무의 습득이나 실행도 빠르고 실수가 없이 잘해 낸다. 그런데 바로 여기에 문제가 있다. 자신의 일을 야무지게 빈틈없이 잘하면 좋은 것 아니냐고 하겠지만 자신이 맡은 일, 자신에게 주어진 일만 하고 그 이상은 절대 하지 않는다는 점 때문에 정 교사의 고민이 생긴 것이다. 동학년으로 근무하다 보니 자주 만나고 부딪히기도 할 수밖에 없다. 개인적인 취향이나 선호가 맞지 않을 때는 어느 한쪽이 양보하고 수용하면 되지만 학교 업무나 교육관의 차이로 인한 일 때문에 의견

이 맞지 않을 때는 신경이 곤두서고 기운이 빠지기 일쑤다.

학년 초에 정 교사는 학년 업무처리를 위해 잠시 학년 연구실에 들렀는데, 연구실이 엉망으로 어질러져 있었다. 쓰레기는 바닥에 있고 차를 마신 컵과 과자 부스러기들은 탁자 위에 그대로 있었다. 그 자리에 홍 교사도 있었는데 주변 환경에는 전혀 신경 쓰지 않고 핸드폰만 들여다보고 있었다.

"선생님, 수업 끝났나 봐요?"

"아, 네."

말을 건네는 부장의 얼굴을 보는 둥 마는 둥 하며 핸드폰 게임을 계속했다.

정 교사는 컴퓨터 책상에 앉아 업무를 처리한 후에 탁자를 치우고 가야겠다는 생각이 들어 빗자루를 들고 청소를 시작했지만 홍 교사는 여전히 의자에 앉아 있었다. 심지어 정 교사가 비질을 하며 탁자 아래를 쓸기 위해 다가가자 너무나 자연스럽게 다리를 위로 쓱 들었다.

"선생님, 저랑 같이 청소를 좀 하시면 좋겠어요." 그러자 홍 교사는,

"아, 죄송해요. (핸드폰을 가리키며) 제가 지금 이걸 하고 있는 중이라서요. 오늘 간식이 와서 제가 방금 전에 정리를 다 마쳤거든요." 하고 하던 게임을 계속하였다. 정말 어이가 없었지만 뭐라고 할 수도 없어 혼자서 청소를 마치고 연구실을 나왔다.

그리고 며칠이 지나 이런 일도 있었다. 그날은 학습공동체 날이어서 주제 토론에다 다음 주에 실시할 현장학습의 프로그램 구성과 동선을 짜야 하기 때문에 회의 내용이 많았다. 그러다보니 회의 시간이 예정보

다 지체되었고 어느덧 퇴근 시간을 넘기게 되었다. 퇴근 시간 10분이 지나자 회의 도중에 갑자기 홍 교사가 일어서서 짐을 챙겨 나가려는 것이었다.

"선생님, 어디 가세요? 무슨 급한 일 있나요?"

"아뇨, 퇴근 시간 이후에는 제가 가도 상관없는 것 아닌가요? 초과근무도 안 달았는데 퇴근 시간 이후까지 일을 해야 하나요? 전 가보겠습니다." 하고 휙 나가는 것을 정 교사를 포함한 동학년 교사들은 일순간 멍하니 바라보고만 있었다.

그날 이후 홍 교사는 퇴근 시간 이후의 어떠한 동학년 모임에도 참석하지 않았다. 그렇지만 학교 밖에서 친구들끼리 모임이나 교육청의 연구회와 같은 모임에는 열심히 참석한다는 이야기를 전해 들었다. 또 학교 행사나 교장, 교감 선생님과 함께 하는 자리에 참석해서 무척 활발하고 적극적인 모습을 보이는 홍 교사를 보는 동안 쓸쓸한 생각이 들기도 했다.

자신의 일은 당차게 해내지만 그 외의 일이나 동료 교사들에게는 신경도 쓰지 않고 자신의 필요와 이익에 따라 행동하는 홍 교사에 대해 선배랍시고 어떤 도덕적 잣대로 판단을 내리고 충고를 한다는 것이 무슨 의미가 있을까 싶었다.

학교에서 이러한 일을 갈등을 겪는 동학년에게 필요한 것은 무엇일까? 서로 소 닭 보듯 일 년을 지내는 방임적 태도일까, 아니면 상처를 받더라도 적극적으로 말하고 해결책을 찾는 것일까? 정 교사는 판단이 서지 않았다.

 마음의 소리

정 교사 : 홍 교사는 너무 이기적으로 행동해서 문제야. 학년 부장이 동학년 연구실 청소를 하는 데도 본척만척하며 핸드폰 게임만 하고. 오전에 간식 정리하고 자기는 할 만큼 했으니 청소는 하지 않겠다는 뜻인가? 동학년 모임에는 참석하지 않고 자신에게 이익이 되는 모임에는 열심히 참석하는 홍 교사에게 어떻게 말을 하면 좋을까? 말을 한다고 해도 선배가 하는 말을 새겨듣기는커녕 개인의 사생활까지 침해한다고 불만이 더 커질 텐데 그냥 덮어놓고 서로 무관심하게 지낼까? 아니면 어렵더라도 말을 해서 적극적으로 해결책을 찾아볼까? 어떤 방법이 나을지 판단이 서질 않네.

홍 교사 : 학교에서 우리 반 일만 잘하면 되지, 동학년 연구실 청소까지 내가 해야 할 필요는 없어. 게다가 오전에 간식이 와서 다 정리해 두었는데. 청소는 필요를 느낀 사람이 하면 되지. 그리고 동학년 모임보다는 내 수업에도 직접 도움이 되는 교과 연구회에 참석하는 게 훨씬 나에게 도움이 돼. 동학년 일은 부장님이 잘 전달해 주시니 그대로 처리하면 되지, 굳이 모임에까지 가서 시간을 보내고 싶진 않아.

자기에게 주어진 학교 일만 열심히 하되 공동의 일은 신경 쓰지 않으려는 젊은 교사와 공동체 일은 모두가 신경을 써야 한다는 부장 교사 사이의 갈등이다. 우리 중심의 사고와 개인 중심의 사고의 차이에서 비롯된 것이라 할 수 있다. 이런 사고의 차이는 자칫 사람에 대한 평가로 이어질 수 있기 때문에 주의해야 한다. 젊은 세대가 살아가는 사회 환경과 기성세대가 살아가는 사회 환경의 차이가 문화의 차이로 이어졌을 따름이다.

인간성의 관점이 아니라 삶의 방식의 관점에서 서로의 차이를 인정해야 한다. 그리고 젊은 세대들은 어떻게 공동의 일을 처리하는지 알아야 한다. 그리고 그 방식을 존중하는 대화를 통해 이 문제를 해결할 수 있다.

"이런, 핸드폰 하는 데 방해를 했네요. 난 연구실이 조금이라도 지저분하면 금방 빗자루를 찾는 것이 손에 익어서… 음… 선생님, 우리 세대는 연구실은 누구든 알아서 치우는 세대인데, 요즘 젊은 선생님들은 공동 연구실을 어떻게 치우는지 궁금해요. 서로 방법을 알고 좀 조율을 하면 나도 선생님 핸드폰 하는 데 방해하지 않고, 선생님도 치우는 사람 신경 쓰지 않고 좋을 것 같아요. 그래서 말인데요… 선생님, 다음 회의 때 연구실 치우는 방법에 대해 이야기를 한번 해 볼까요? 서로에게 부담되지 않도록 무언가 규칙이 필요할 것 같아요."

나도 젊었을 때 다 했던 거야!

박 교사는 원로교사라는 핑계로 학교에서 업무는 하지 않고 자신의 권리만 행사하려고 한다. 그 피해는 연구부장을 비롯해 다른 젊은 교사들이 떠안게 되었다. 원로교사도 충분히 할 수 있는 학부모회 담당 업무도 부장에게 떠넘기고 담임은 본인이 원하는 학년만 고수하는 박 교사에게 학교에서는 그 누구도 대놓고 말을 하지 못한다. 담당 부장인 강 교사도 박 교사의 근무 태만에 의한 피해자이지만 말을 못하고 속으로만 불만을 가지고 있다.

박 교사는 교직 경력 30년이 넘은 원로교사이다. 학교에서 학급관리 외에 맡은 업무는 없다. 대개 직장에서는 연차가 쌓일수록 더 중요하고 어려운 업무를 맡는데 박 교사는 그 높은 경력으로 아무 일을 하지 않고 있다.

소규모 학급의 학교라 일손이 부족하여 부장 교사는 업무부장과 학년부장을 겸임하고 신규교사도 6학년 담임에다 학교폭력 업무까지 맡는 등 몇 안 되는 교사들이 저마다 힘들게 학교생활을 하는데도 박 교사는 하는 일 없이,

"젊었을 때 그런 것 다 해 봐야 돼. 나도 젊었을 때는 다 했어. 요즘 젊은 선생님들은 머리도 좋고 똑똑해서 쉽게 하잖아."

이 세 문장으로 학교에서 아주 자유롭게 지내며 후배 선생님들이 하는 일을 강 건너 불 보듯 하였다.

담임을 맡을 때도 1학년은 학부모들이 어려우니 몇 년째 2학년만 한다. 이 학교에서는 매년 학년 희망서를 낼 때에 아무도 2학년을 쓰지 않는다. 2월만 되면 박 교사가 자신이 2학년을 하겠노라고 공언하고 다니기 때문이다.

교장, 교감도 대부분 박 교사보다 나이가 어리다 보니 박 교사에게 깍듯이 대접을 한다. 교감 선생님이 박 교사의 교실로 학부모회 업무를 좀 맡아 달라고 부탁하러 왔다가,

"그런 일은 젊은 선생님이 싹싹하게 해야 잘 운영됩니다."

라는 박 교사의 말에 더 이상 말도 못 하고 돌아갔다. 덕분에 그 일이 40대인 연구부장 강 교사에게 넘어갔다. 안 그래도 바쁜 강 교사에게 학부모회 업무까지 맡기게 된 교감은 마음이 무거웠지만 어쩔 도리가 없었다. 내년에는 업무분장을 공평하게 제대로 하겠노라고 몇 번이고 강

교사를 위로했다.

강 교사는 이 업무가 왜 자신에게로 왔는지 알고 박 교사에게 한마디 했다.

"선생님, 다른 큰 학교에서는 몰라도 우리 학교는 학급 수도 적고 교사 수도 적어서 선생님들이 해야 할 업무가 많은데 한 가지 정도는 선생님께서 해 주시면 안 돼요?"

그러자 박 교사는,

"연구부장하는 거 승진에 관심 있어서 하는 거 아냐? 승진하려면 학교 일 열심히 하고 학부모들과도 친하게 지내야지."

하고 웃으며 대꾸를 하고는 황급히 자리를 피해 버렸다.

다음 해에도 박 교사의 학년, 업무 희망서를 보고 교감 선생님은 교장 선생님과 상의하고 그 자리에 박 교사를 불렀다.

"선생님, 원로교사시지만, 학교가 작아서 일손이 많이 부족하니 올해는 업무를 좀 맡아주셨으면 합니다. 대신 학년은 배려해 드리도록 하겠습니다."

올해도 계속해서 학습이나 생활 지도에 부담이 적은, 소위 꿀학년의 담임을 맡는다는 조건으로 박 교사는 어쩔 수 없이 업무를 받아들였다. 하지만 그 후로도 박 교사의 태도는 별로 바뀌지 않았다. 매일 8시 40분이 다 되어서야 출근하고 맡은 업무수행에도 전혀 노력을 기울이지 않았다. 박 교사에게 배정된 업무 관련 공문은 늘 감감무소식이어서 연구부장인 강 교사가 박 교사의 일까지 떠맡게 되었다. 담당 부장이 업무 독촉을 해도 한 귀로 듣고 한 귀로 흘려버렸다.

1학기 말이 되어 나이스에 성적 입력을 하고 통지표도 내보내야 하는데 박 교사는 병가를 쓰겠다고 했다. 이제 박 교사의 학급 나이스 기록까지 강 교사가 떠맡게 될 지경이었다. 나이 어린 교사가 그랬으면 당장 한마디 해서 일을 바로잡아 놓았겠지만 원로교사에게 뭐라고 할 수도 없고 관리자들도 속수무책이었다. 그럼 박 교사가 퇴직할 때까지 그의 업무를 모든 교사가 다 나누기를 해야 하는 건가? 정말 답답한 노릇이다.

 마음의 소리

강 교사 : 원로교사는 경험도 풍부하고 학생 지도 방법도 많이 알고 있을 텐데 박 교사는 왜 아무 일도 하지 않으려고만 할까? 이렇게 작은 학교에서 교사들의 업무 분담이 많다는 것을 알면서도 본인만 편하게 생활하면 미안하지 않을까? 많은 일도 아니고 학부모회 한 가지 업무도 하기 싫다고 나에게 떠넘기고. 다른 사람의 말을 공감할 줄도 모르고 자기 권리만 누리려고 하는 원로교사는 존경 받을 수가 없어. 존경을 받고 싶으면 그만큼 다른 사람을 배려하고 존경받을 만한 태도를 보여야 하는데 박 교사는 정말 이기적인 행동만 하니 이해가 안 돼. 다른 교사들한테 피해를 주면서까지 자신의 나이를 무기로 대우받고 싶은 걸까? 난 저렇게 늙지 말아야지.

박 교사 : 요새 부쩍 일처리에서 젊은 교사들이 하는 것에 미치질 못해 마음이 괴롭고 스스로 못난이라는 생각이 든다. 내가 손을 놓는 게 오히려 젊은 교사들에게 더 나을 거야. 그런데 내가 차마 그 말을 못하겠어. 책임 회피처럼 보이지 않기 위해 젊었을 때 다 해보아야 한다고 말을 하지만… 나도 내 시대에는 참 잘했는데… 시대가 바뀌었으니 전자기기에 민감한 젊은이들이 일을 처리하는 것이 더 낫지 않을까? 이렇게 해서 정년퇴직까지 버틸 수 있을지 모르겠어.

자기일마저 제대로 처리하지 않고 후배 교사들에게 모른 척 떠넘기는 원로 교사에 대한 후배 교사들의 불만이 갈등을 빚고 있다. 원로교사로 인해 어느 날 사소한 일로 느닷없이 갈등이 폭발하기 쉽다. 원로 교사가 학교 일에 어떻게든 참여하도록 하기 위해서는 원로 교사에 대해 이해하지 말고 원로 교사가 되어서 왜 일을 제대로 처리하지 않는지 이해해야 한다.

협동학습의 원리는 구성원이 상호의존적이어서 누군가는 무임승차하도록 되어 있다. 따라서 과업을 1/N로 일을 나누지 않고 각자 능력에 따라 역할을 나눈다. 원로 교사는 오랜 경력으로 지혜가 많지만 새로운 업무에 적응하기 어렵다. 그렇지만 원로이기 때문에 후배들에게 '난 못해'라고 솔직하게 말하기도 어렵다. 원로 교사가 경험을 살릴 수 있도록 과업을 나누어 함께 참여하도록 대화를 나눌 수 있다.

"선생님, 제가 선생님 말씀을 여러 곳에서 들었어요. 젊었을 때 대단한 능력자이셨다고… 그래서 이곳에 오면서 선생님께 많은 것들을 배워야겠다고 생각했어요. 선생님, 제가 일을 열심히 하기는 하지만 선생님이 보시기에는 좀 서툰 점이 많지요. 그럴 땐 그냥 넘어가지 마시고 좀 가르쳐 주세요. 잘 배울게요. 그리고 제가 잘 안 되는 일은 선생님이 시범을 보여 주시면 좋을 것 같아요. 대신 저도 선생님 어려워하시는 일은 적극 돕도록 할게요. 언제든지 말씀해 주세요. 선생님 퇴직하시기 전에 선생님이 가지신 능력을 제가 많이 배울 수 있도록 저에게 기회를 주시면 고맙겠습니다."

부장이 해야 할 일을 왜 동학년 선생님들이 나누어야 하죠?

황 교사는 작년에 1급 정교사 연수를 받고 올해 전입하여 본인이 희망하지도 않은 학년부장을 맡게 되었다. 발령받은 지 몇 년 되지 않은 저경력 교사가 학년부장을 맡아 큰 부담이 되었지만 동학년과 협의를 통해 학년을 잘 운영하고 싶었다. 학년에 비슷한 또래의 교사가 있어서 도움을 받을 수 있을 것으로 생각했는데 오히려 부장이 해야 할 일을 왜 동학년 교사들이 나눠야 하냐며 비협조적인 태도를 보여서 황 교사는 더 어려움에 처했다.

우리 학교에서는 학년 초 업무분장을 할 때 부장을 희망하지 않는 교사가 대부분이었다. 학교 교사의 구성 비율을 보면 20~30대의 저경력 교사들이 많았고, 50대 이상의 부장 교사들은 거의 승진에 관심이 없어 부장 희망을 하지 않았다. 그러나 누군가는 부장을 맡아야 하므로 인사위원회의 회의 결과 부장 희망도 하지 않은 몇몇 교사들이 부장을 떠안게 되었다.

황 교사는 작년에 1급 정교사 연수를 받고 올해 이 학교로 전입하게 되었는데 본인의 희망과는 상관없이 학년부장을 맡는 바람에 큰 압박감을 느끼게 되었다. 그러지 않아도 낯선 학교로 전근을 와서 적응도 하기 전에 자신이 희망하지도 않은 학년부장을 맡아 바로 학년교육과정 계획을 수립하고 학년운영 방침을 짜야 하니, 어리둥절할 시간도 없었다. 다행히 동학년 교사 중에 비슷한 또래가 있어 도움을 받을 수 있을 것이라

예상하고 스스로 위안을 하였다.

하지만 3월이 지나기도 전에 바로 황 교사는 당황스러운 일에 직면하였다. 동학년 회의 시간에 학년 업무를 분담하고 협의하는 과정에서 또래인 장 교사의 예상하지 못한 반응이 나왔기 때문이다.

"제가 부장 경험이 없어서 많이 부족하지만 열심히 노력해서 우리 학년을 잘 이끌어 가 볼 테니 많이 도와주세요. 학년에서 분담하면 좋은 일에 대해서 생각해 보았는데 우선 연구실에 차와 간식을 준비해주시는 총무 역할과 안내장이나 신청서 등 각종 보고 서류를 취합해 주시는 역할을 누가 맡아주셨으면 합니다. 그 외에도 중요한 일이 생기면 또 부탁드리겠습니다."

"선생님, 부장이 해야 하는 역할을 왜 동학년에서 나누어서 해야 하는지 모르겠어요. 총무 역할은 나누어 한다고 해도 통계나 취합은 부장의 일 아닌가요? 그런 일 하라고 부장 교사로 임명하고 부장 수당도 주는 거잖아요?"

장 교사의 말에 황 교사는 아무런 대꾸도 하지 못하고 본인이 학년의 총무와 통계, 취합까지 다 하겠다고 말하고 급히 회의를 마무리했다. 이런 분위기라면 앞으로 일 년 동안 어떻게 학년을 이끌어 가야 할지 고민이 아닐 수 없었다.

다음날 다른 교사가 총무 역할을 맡겠다고 하여 한시름 놓게 되었지만 추가적으로 발생하는 일들을 동학년에 도움을 요청하거나 부탁하지 못했고 동학년 협의 시간이 부담스럽게만 느껴졌다.

그 이후로도 무슨 일이 있을 때마다 부장이 이야기를 꺼내기 무섭게

장 교사는,

"그건 부장님이 하시면 되겠네요."

하면서 다른 교사들의 협조를 구하려는 학년부장의 말을 막아서며 동학년 분위기를 껄끄럽게 만드는 일에 앞장섰다.

물론 일 년 동안 학년을 이끌어 가며 부장이 해야 할 일도 많지만, 학교의 각종 위원회 회의 참석을 위한 학년 위원 선정이나 각 과목별 학습 담당자처럼 학년에서 역할을 골고루 맡아 나누어 해야 할 일도 있는데 이런 식으로 무조건 학년부장에게 일을 다 맡겨 버리면 곤란하다. 황 교사 자신은 전임 학교에서 4년간 동학년 총무 역할을 맡아서 했고 학년 통계나 취합 등의 일을 학년에서 나누어 했던 경험이 있다.

이 학교에서는 어떤가 하고 다른 학년 부장교사들에게 물어보니 대부분 학년 일을 분담해서 운영한다고 하였다. 황 교사는 장 교사 얼굴을 보면 감정이 상하고 불편해서 말을 꺼내고 싶지 않았다. 그러다보니 황 교사는 장 교사를 점차 피하게 되었고 자연스럽게 동학년 협의도 생략하게 되어 부장 혼자 업무를 해결하는 일이 늘었다. 황 교사는 학급의 일과 부장의 일을 모두 잘 해내는 것이 버거웠다. 이대로라면 학년이 끝나기도 전에 몸의 병과 마음의 병이 모두 생길 것만 같다. 장 교사는 물론 모든 교사들이 흔쾌히 일을 서로 나눌 수 있는 방법이 없을까? 황 교사는 힘든 상황을 해결할 방법이 쉽게 떠오르지 않아 고민에 빠지고 말았다.

 **마음의 소리**

황 교사 : 이 학교로 전입 와서 아직 선생님들이 누군지도 모르고 적응도 못 했는데 희망하지도 않은 학년부장을 하라고 하니 정말 부담스러워. 경력도 몇 년 되지 않고 작년에 1정 연수를 받았는데 동학년 선생님들이 부장의 말을 잘 들어줄까 하는 생각으로 잠도 못 잤어. 그나마 믿고 있던 또래 교사가 있었는데, 그 사람이 나를 더 힘들게 할 줄은 몰랐네. 내가 자기한테 뭘 잘못했나 말을 왜 저런 식으로 하는지 모르겠어. 부장수당을 받으니 부장이 학년 일을 다 해야 한다는 건 좀 심한 거 아냐? 그깟 부장 수당 얼마나 된다고. 내가 어려운 부탁을 한 것도 아니고 학년 일을 서로 협조해서 하자고 한 것뿐인데 저렇게 직설적으로 공격을 하면 앞으로 동학년 협의와 협력이 힘들 것 같아. 동학년이 협력하여 함께 처리해야 할 일이 많은데 내 일과 남의 일을 정확하게 구분하여 하려고 하면 불협화음이 생기고 더 힘들 것 같아. 힘들더라도 그냥 내가 혼자서 처리하는 게 낫겠단 마음으로 혼자 일을 다 떠안자니 몸이 너무 지치고 힘들어. 정말 이렇게 일 년을 살아야 하는 거야?

장 교사 : 학년부장이 부장 수당도 받는데 학년 일을 왜 나누어서 하려고 한담? 그런 일 하라고 부장을 시킨 거지 학년에 일을 나누어 주라고 부장을 시킨 건 아니잖아. 부장이야 서운할지 모르겠지만 결국 자기 역할만 충실하면 되는 것 아냐? 도와준다고 부장 일을 떠맡다가 사소한 일이라도 잘못되면 서로 곤란해지는 것 아니야? 내가 책임질 수 있는 일도 아니고… 그리고 부장은 부장의 역할이 있는 거지, 모든 일을 다 협력하고 꼭 동학년과 어울려 할 필요는 없지. 그건 너무 비효율적이야. 쓸데없는 일에까지 신경 쓰고 싶진 않아.

어쩔수 없이 떠안게 된 부장과 학년 일을 분담하도록 부탁하는 요청을 한 마디로 거절하는 동년배 교사 사이의 갈등이다. 회의를 하면서 계속 반대 의견을 개진하는 구성원이 있다. 그런데 갈등 이론에서 보듯이 반대 의견은 일을 새로운 관점에서 살펴보게 하고 그 반대가 발전의 원동력이 될 수 있다. 동년배의 계속되는 반대는 부장을 지치게 하고, 급기야 동년배와 마주치는 것 자체가 힘들게 할 수 있다.

반대를 자주 하는 회원은 회의 전에 미리 찾아가 그 회의의 반대 의견을 듣고 자신의 의견과 어떤 부분에서 어떻게 다른지에 대해 이야기를 나누면서 서로 공유할 수 있는 부분을 확인하는 것이 회의 진행 방법이다. 특히 동년배에게 도움을 기대했다면 미리 찾아가 자신의 고충을 이야기한 다음 그 해결 방법을 자신이 주도하지 말고 동년배가 주도해서 해결할 수 있도록 하는 방법이 문제를 풀어줄 수도 있다.

"선생님, 우리 내일 회의하잖아요? 그런데 이 일은 제가 아무리 생각해도 해결책이 떠오르지를 않네요. 그래서 선생님이라면 이 일을 어떻게 처리하실지 그 방법을 좀 알아보려고 회의 전에 미리 찾아왔어요. 선생님이 몇 번 반대 의견을 내실 때 처음에는 좀 당황했지만 가만히 생각해 보니 선생님 말씀에 일리가 있더라고요. 그래서 선생님이 반대하신 이유를 곰곰이 생각해 보곤 했어요. 그러니까 일을 하는 데 좀 도움이 되더라고요. 선생님 좀 도와주세요. 제가 부장이라 제가 다 알아서 처리하면 좋겠지만 아무리 생각해도 나 혼자 이 일을 처리하다 보면 일이 크게 잘못될 것 같아요. 일이 너무 많아서 제 생각에는 몇 선생님들이 이 일을 좀 나누어서 해 주시면 좋을 것 같은데… 선생님은 어떻게 생각하세요? 내일 회의 때 제가 회의 주제만 말씀드리고 나면 나머지는 선생님이 적절하게 일을 좀 나누어 주시면 제가 큰 도움이 될 것 같아요. 선생님들도 선생님 이야기에는 더 귀를 잘 기울여 주실 것 같아요."

체육 교사의 강압적 수업방식, 이대로 괜찮을까요?

> 최 교사의 반 아이들은 체육 교사의 강하고 불공정한 교육 방식 때문에 체육
> 수업을 좋아하지 않고 체육 수업을 거부하는 학생까지 생겼다. 같은 동학년
> 교사들 또한 비슷한 일을 겪어서 체육 교사에게 조심스럽게 이야기를 해
> 보았지만 체육 교사는 자신의 방식이 교육적 효과가 있다고 믿는다.

"선생님, 우리 반 철수가 배가 아프다네요. 오늘 체육수업에 들어가기 어려울 것 같습니다."

"오늘도 빠집니까? 참 나…. 저 진짜 다음부터는 결과 처리 할 겁니다!"

"그러게요, 저도 매번 난감하네요. 제가 철수랑 다시 잘 이야기해 볼게요."

오늘도 최 교사는 아침부터 전화통을 붙들고 있다. 첫 시간이 체육전담 시간인데 반 학생이 전담 수업을 거부하는 것이다. 철수뿐만이 아니다. 아침에는 멀쩡하던 반 아이들이 체육 시간만 되면 여기저기 아파서 체육 수업하러 못 나간다고 아우성이다. 그 또래에게 체육은 정말 꿀이다. 체육을 빼먹으면 학생들의 원망이 하늘을 찌르는 게 정상인데, 학생들이 체육 시간을 거부하다니!

"선생님, 체육 진짜 나가기 싫어요. 체육 선생님 싫어요. 소리 지르고, 무조건 막 혼내고…."

"맞아요, 지난번에는 농구하는데 여자 애들한테만 편파판정을 해서

항의했다가 엄청 혼났어요."

"야, 체육 쌤이 여자 애들 편만 드는 거 아니거든. 쌤, 지난번에는 발야구 하다가 분명 세이프인데 아웃이라고 해서 따졌다가 괜히 실력이 없으면 그렇게 말이 많다면서 진 걸 인정하라고 막 저희한테 뭐라고 하는 거예요. 진짜 억울했어요. 저만 본 거 아니라구요. 진짜 세이프였어요, 누가 봐도."

학생들은 체육 시간만 끝나면 불만이 이만저만이 아니다. 체육 시간이 끝나고 들어올 때는 체육 교사의 불합리한 편파 판정으로 울어서 눈이 팅팅 부은 학생들, 남녀 성차별을 한다고 입이 한 다발 나온 학생들 때문에 다음 수업 시간은 아무것도 하지 못한다. 최 교사는 학생들 불만을 들어주고 그래도 체육 교사의 입장에서 학생들을 타이르고 설득하느라 매번 곤란하다. 늘 체육이 들은 날은 반복되는 일이니, 체육교사에게 이야기해 보려고 해도 그 시간은 엄연히 체육 교사의 고유한 시간인데, 학생들 말만 듣고 수업 방식을 운운하며 체육 교사한테 이야기를 따로 한다는 게 같은 교사로서 잘하는 일인지 판단이 서지 않았다. 그래도 이대로 있을 순 없다는 생각이 들었다. 최 교사는 조심스럽게 체육 교사의 자리로 찾아갔다.

"저기, 선생님, 저… 드릴 말씀이 있는데요."

"철수 얘긴가요? 말씀하세요."

"철수와 관련된 이야기이기도 하고요. 저기… 우리 반 아이들이 체육 시간만 되면 체육 시간에 나가는 것도 다녀와서도 너무 힘들어하네요. 한두 명의 일이 아니라서 선생님 뵙고 이야기 드리러 왔어요."

"네? 그게 무슨 말씀이시죠? 뭐를 힘들어한다는 거죠?"

"오해는 안 하셨으면 좋겠는데, 아이들이 선생님이 수업 시간에 좀 강하게 이야기하시는 거랑 경쟁을 할 때에 공정하지 못하다고 불만을 하더라구요."

"나, 참, 교직생활 통틀어 별 소릴 다 듣겠네요. 원래 체육은 그렇게 해야 합니다. 선생님, 체육 전담 안 해 보셨죠? 한 학년을 하루 종일 땡볕에서 수업을 하다 보면, 질서나 규칙 없이는 수업 자체가 불가능하다고요. 또 체육 시간은 신체 활동이 많기 때문에 애들을 엄하게 안 잡아 놓으면 사고가 나요. 또 판정이 불공정하다고 이야기하는 걸 이 애 얘기 들어주고 또 저 애 얘기 들어주고 하면 게임을 할 수나 있습니까? 애들 얘기 들어주다가 시간 다 갑니다. 심판도 경기의 일부란 이야기가 있어요. 축구 경기 같은 것도 보세요, 자꾸 심판한테 항의하면 옐로우 카드 먹는 겁니다. 선생님도 거 애들 말만 듣고 그러시는 거 아닙니다. 요 녀석들 아주 맹랑하네요. 지 담임 선생님한테 쪼르르 이른다 이거지?"

최 교사는 이야기 말미에 애들 탓을 하는 체육 교사의 혼잣말에 섬뜩해졌다. 체육 교사가 반 학생들한테 보복 행위를 하진 않을까 걱정부터 되었다. 평소 강한 성격인 건 알고 있었지만, 그 성격이 수업에까지 반영될 줄은 몰랐다. 더구나 최 교사보다 나이도 경력도 훨씬 많은 교사라서 더 이상 말을 하기가 두려웠다. 그렇다고 지금처럼 체육 시간이 끝나면 마냥 학생들만 달래면서 참으라고만 하는 것도 아닌 것 같다. 어떻게 해야 할까?

마음의 소리

최 교사 : 체육 시간은 경기도 많고 경쟁도 해야 하는데 불합리한 판정이나 편파적인 교사의 말이 생각보다 큰 파장을 불러일으키지. 어느 땐 여자 아이들만 봐줄 때가 있고 또 어느 땐 남자 아이들에게만 우선권을 줘서 남자 아이들, 여자 아이들 모두 불만이 폭발 직전이야. 그렇다고 내가 할 수 있는 게 없어. 나보다 한참 나이가 많은 교사에게 그런 말을 어떻게 하겠냐고.

그렇다고 애들만 나무랄 순 없어. 한 명 두 명 체육 시간에 안 나가더니 이젠 아예 체육 시간만 되면 보건실 앞에서 줄을 서. 체육 시간마다 전화해서 이야기를 하는 것도 한두 번이지, 일주일에 체육이 들은 날은 전날 잠이 안 올 지경이야. 애들의 불만이 날이 갈수록 커져 가는데, 혹시 반항하는 아이들 때문에 체육 선생님하고 무슨 일이나 나지 않을까 살얼음을 걷는 것 같아.

체육 교사 : 체육만 몇 십 년을 해 왔다. 그런데 요즘 애들은 정말 힘들어. 교사 말이 교사 말이 아니라니까. 무슨 말만 하면 불공평하다, 심판이 잘못했다, 이거 해 달라, 저거 해 달라, 요구도 많아. 또 게임이 시작되면 어떤가. 그 많은 말들을 다 들어주다간 수업은 반도 못나갈 거야. 또 무질서한 요즘 애들을 애초에 꽉 잡아 놓지 않으면 야외에서 주로 하는 체육 시간은 눈 깜짝할 새에 사고가 난다고. 그나마 내가 이렇게 애들을 잘 잡고 질서 있게 엄하게 하니까 사고가 안 나는 거지. 난 내 교육 방식이 잘못됐다고 생각하지 않아.

강한 수업 방식으로 학생들의 불만을 사고 있는 체육 교사와 학생들을 달래느라 힘든 담임교사 사이의 갈등이다. 타 교과의 수업 방식에 대해 이러쿵저러쿵하는 것은 수업권 침해로 오해받을 수 있어서 매우 조심스럽다. 특히 교사의 수업 방식은 오랜 동안 몸에 배인 것이어서 쉽게 바뀌지 않는다. 더구나 수업 여건이 다른 체육 수업인데다 강직한 교사의 성격 때문에 자칫하면 서로의 관계를 악화시킬 수 있다.

학생들의 불만은 학생들의 수업에 대한 적극적인 관심의 산물이며, 교사의 강직한 수업 태도는 안전사고 예방 조치라는 틀에서 이 문제를 바라볼 수 있다. 체육 교사는 오랜 경험을 토대로 자기 수업에 최선을 다하고 있다는 점을 일단 인정해야 문제를 풀 수 있다. 그래서 체육 수업 방식에 대해 직접 언급하지 않아야 한다. 대신 학생들의 불만과 요구에 귀를 기울이도록 함으로써 교사 스스로 문제를 깨달을 수 있는 기회를 제공해야 한다.

"선생님, 지난번에 수업 문제로 선생님 말씀을 듣고 보니 선생님께서 왜 그러셨는지 선생님 입장이 이해가 되었어요. 생각해 보면 땡볕에서 좌충우돌인 학생들을 데리고 운동장 수업을 하다 보시면 걱정이 한두 가지가 아닐 거 같아요. 더구나 학생들이 체육에 적극적이어서 이런저런 요구도 많을 것인데 그 많은 요구들을 조정하면서 수업을 하시는 걸 보면 참 대단하시단 생각도 들었고요. 그런데 그 이후에도 학생들이 계속 저를 찾아와 하소연을 해대네요. 저도 선생님께 말씀을 들은 터라 선생님도 다 생각이 있으셔서 그리 하시는 것이라고 몇 번이나 이야기해도 도대체 제 말을 듣지를 않아요. 제가 체육 수업을 잘 모르니 대답에도 한계가 있고요. 학생들하고 이야기하다 보면 제가 숨이 막히는 것 같아요. 그래서 나한테 말하지 말고 선생님께 직접 말씀드리라고 했더니 선생님이 엄격하셔서 무섭대요. 지난번에도 그래서 저한테 하소연을 했던 거 같아요. 그래서요 선생님, 학생들이 자기 생각들을 선생님께 직접 말할 수 있도록 먼저 기회를 주시면 어때요? 자기들 생각을 다 말하도록… 선생님이 듣고 말씀을 해 주셔야 학생들이 제대로 이해를 할 것 같아요. 학생들하고 만나는 데 혹시 제가 도움이 될 만한 부분이 있으면 적극 돕도록 할게요."

　전 시간표 바꾸기 싫은데요!

> 출장 때문에 시간표를 바꿔야 하는데 그 시간에 해당되는 박 교사가 시간표를 바꿀 수 없다고 해서 할 수 없이 일과 담당 교사가 대강을 하게 되었다. 박 교사는 업무도 쉬운 것만 하고 학기 초 시간표를 짤 때도 본인이 편한 시간을 요구해서 다른 교사들을 불편하게 한다. 진 교사는 박 교사와 더 이상 부딪치고 싶지 않아서 대강을 들어가 사회과가 아닌 국어 수업을 한 것이다. 박 교사의 이기심에 대해 한 마디 해주고 싶었지만 감정만 상할 것 같아 말도 못 하고 속앓이만 하고 있다.

　중학교에서 일과 담당 교사의 업무는 학교 일정과 관련될 뿐만 아니라 학생들의 수업권과 직결되어 있어 매우 중요한 업무이다. 교사들의 갑작스러운 결근이나 출장 등의 변동이 있을 때마다 시간표를 변경하거나 대강을 들어갈 교사를 지정하고 상대 교사에게 일일이 연락해서 수업 부탁을 해야 하므로 신경 쓸 일이 많아 교사들이 맡고 싶지 않은 업무 중 하나이다.

　대부분의 교사들이 기피하는 업무이다 보니 주로 경력이 짧은 수학교사가 이 일을 맡아 왔는데 이번에는 국어과의 진 교사가 업무를 맡게 되었다.

　그날은 사회과 교사의 출장이 잡혀서 시간표를 바꿔야 하는데 그 시간에 해당하는 사회과목 담당 교사가 하필이면 박 교사였다. 박 교사는 진 교사보다 경력과 나이가 더 많은 교사로 일과 담당 교사가 연락하고 싶어 하지 않는 교사 1순위였다. 2월 말에 새 학년 시간표를 짤 때마다 항상 본인이 편한 시간을 요구해서 동료 교사들을 불편하게 하고 어쩌다 시간표 변경이나 대강이 잡히면 불평불만을 쏟아내기 일쑤였다. 그럴 때는 경력이 짧은 일과 담당 교사가 박 교사 앞에서 쩔쩔매며 부탁을 해야 했다.

오늘 같은 이런 피치 못할 상황이 생겨 시간표를 변경할 때에도 대부분의 교사들은 싫은 내색을 하지 않고 일과 담당 교사의 부탁을 잘 들어주는데 유독 박 교사는 가시 돋친 말을 하며 일과 담당 교사를 힘들게 하곤 했다.

진 교사는 내키지 않았지만 하는 수 없이 박 교사에게 연락을 했다.

"선생님, 오늘 시간표를 바꿔야 해요. 성 선생님의 출장이 있어 선생님 수업 시간과 바꿨으면 합니다."

"아, 그럼 저는 세 시간 연속해서 수업해야 하는데요. 그러면 너무 힘든데…."

"선생님, 스포츠 클럽, 자유 학기 수업 시간이 고정되어 있어서 교환이 어려워 그렇게 되었어요."

"그래요, 그런 건 알겠는데, 그래도 세 시간 연속은 힘든데요."

"선생님, 세 시간 연속이라 어려울 것 같아서 다른 방법을 찾아보았지만 같은 교과 수업은 선생님만 담당하실 수 있는 형편이니 달리 방법이 없어 보이네요."

하고 전화를 끊었다. 그러자 박 교사는 진 교사가 근무하는 교무실까지

찾아와 따지기 시작했다. 진 교사는,

"선생님, 사회과에서 수업을 들어갈 수 있는 선생님이 박 선생님밖에 없어서 할 수 없이 그렇게 됐어요. 이해해 주세요."

하며 간곡히 부탁했지만, 워낙 강하게 나오는 박 교사의 의지를 꺾을 수는 없었다. 박 교사의 이기적인 태도로 인해 다른 교사들도 박 교사와 교류하기를 꺼려한다는 것을 이미 알고 있었기 때문에 새삼스러울 것은 없었지만, 그래도 저렇게까지 자신의 주장을 굽히지 않으니 담당자도 어떻게 할 방법이 없었다. 할 수 없이 진 교사는 일과 담당이라는 업무 때문에 본인이 그 반에 들어가서 사회가 아닌 국어 수업을 해야만 했다.

박 교사는 업무분장 할 때도 늘 쉽고 간단한 것을 먼저 차지하려 하고 어려운 일이 생기면 동료를 배려하기보다는 자신의 입장만 내세우다 보니 동료 교사들도 박 교사를 슬슬 기피하고 있다. 물론 본인만 그것을 모르고 있을 뿐이다. 진 교사는 이런 박 교사에게 한 마디 해주고 싶은 마음이 들었지만 말해 보았자 감정만 더 상할 것 같아 꾹 참았다.

하지만 이렇게 학교에서 정해 놓은 대강 순서와 규칙을 지키지 않고 박 교사처럼 자신의 입장만 내세우는 교사가 나오면 일과 담당교사가 계속 대강을 들어가야 하는지, 교장, 교감 선생님께 말을 해서 공론화시켜야 하는지 갈등이 되었다.

 **마음의 소리**

진 교사 : 출장 때문에 대강을 들어가라는 것도 아니고 시간표를 좀 바꿔 달라고 하는데도 연속 3시간 수업을 해야 해서 힘들다며 시간을 바꿔 주지 않는 박 교사가 이해되지 않아. 한 학교에서 서로 돕고 배려하며 생활을 해야지 어떻게 자신 편할 대로만 행동할까? 시간표 짤 때, 업무 배정할 때도 자기 위주로만 행동하는 박 교사를 사람들이 꺼리는 이유를 알겠어. 결정 사항을 통보해 버릴 수도 있지만 저 선생님에게 비난받고 갈등하며 사는 것보단 과목이 다르더라도 내가 그냥 들어가서 수업을 하는 게 속 편하겠어. 진짜 말도 섞기 싫어. 마음이 힘든 것보다 몸이 힘든 게 나아.

박 교사 : 나도 젊었을 때는 대강도 많이 들어가고 선배 교사에게 양보도 많이 했어. 이제는 업무에서 무리하고 싶지 않아. 시간표 짤 때 아침 1교시는 피하고 싶어. 출근하자마자 허둥지둥 수업하느라 애들과 씨름하고 싶지 않아. 천천히 준비해서 2교시부터 수업을 알차게 하면 좋겠어. 점심시간에 식당에 가면 애들과 복작복작 정신이 없어 밥을 먹기도 힘드니까 4교시에 미리 가서 여유롭게 식사를 하고 싶어. 그러니까 우리 과 선생님들한테 양해를 구해서 1교시와 4교시는 빼고 2, 3교시에 수업을 넣어 달라고 해야지.

　오늘은 시간표를 바꾸면 세 시간 연속 수업을 해야 하니 너무 힘들어. 그러면 세 번째 반에서는 지쳐서 밀도 있는 수업을 할 수도 없고 안 하느니만 못해. 일과 담당 선생님한테 미안하긴 하지만 할 수 없어. 거절하고 내가 맡은 시간만 충실히 하면 누가 뭐라고 하겠어?

자기 손해를 조금도 보지 않겠다는 교사와 규정에 따라 대강을 부탁해야 하는 일과 담당 교사의 갈등이다. 문제의 교사에게 다른 방법이 없다고까지 했지만 결국 자신이 희생하여 문제를 해결했으니 그 교사에 대한 원망이 생기고 내 가슴에는 상처가 남을 수밖에 없다. 그래서 같은 일이 또 닥치면 아예 말조차 꺼내기 어려운 지경이 될 수 있다.

규정이 있는 데도 이를 무시할 수 있는 것은 그 사람이 나쁘기 때문이 아니라 그 규정의 집행력이 약하기 때문이다. 다들 알아서 지키는 규정은 없다. 규정이 명확하고 그 규정이 집행력이 있으면 그 일로 눈치를 보며 부탁을 하거나 서로 상처를 입히는 일은 없다.

"선생님, 지난 번 대강이 어렵다고 하실 때 제가 규정에만 신경 쓰느라 선생님이 세 시간 연속 수업을 해야 하고, 세 시간을 계속 수업하게 되면 시간이야 때우겠지만 수업의 질이 떨어질 수밖에 없다는 점을 미처 헤아리지 못했습니다. 이런 경우 무언가 대책이 필요할 것 같아요. 그래서 제가 규정을 좀 꼼꼼하게 살펴보았어요. 그랬더니 세 시간 연강을 하는 경우에는 보강이 필요한 다른 과목이 들어갈 수 있도록 규정을 고칠 수 있었어요. 선생님 덕분에 규정을 고칠 수 있게 되어서 고맙습니다. 그런데 선생님, 이번 대강도 규정에 보니까 선생님께서 대강을 하셔야 하는데… 선생님 대강에 들어가시기 전에 규정을 먼저 좀 살펴주세요. 혹시 지난번처럼 선생님께서 규정에 비효율적인 부분이 있으면 지금 지적해 주세요. 선생님 덕분에 더 낫게 한번 고쳐 보게요. 예리한 선생님이 계셔서 제가 많이 배우네요."

애들이 싸가지가 없어서 지도교사 할 수 없어요

학교 축제 기간에 학생자치회에서 먹거리 장터를 개최하기로 했는데 사전에 상의도 없이 학생회에서 지도교사 이름을 써 왔다고 조 교사가 먹거리 장터의 지도교사를 하지 않으려고 해서 축제 업무를 총괄하고 있는 송 교사와 갈등이 생겼다. 송 교사는 학생들이 절차를 잘 몰라서 그런 것이니 일단 지도교사를 맡고 학생들에게 절차를 가르쳐 주라고 했지만 조 교사가 고집을 부리며 지도교사를 하지 않겠다고 하여 업무 담당자가 힘든 상황이다.

올해 송 교사는 학교 축제를 총괄하는 업무를 담당하게 되었다. 축제 총괄 교사는 학교 축제 기간에 진행할 공연과 전시회, 체험활동 등 각종 행사를 기획하고 그 행사를 담당할 지도교사를 정하여 업무를 분담한다. 또 행정적인 사항까지도 세세하게 챙기고 준비할 게 많아 축제 기간이 다가오면 다른 일은 다 제쳐 두고 축제 준비에만 정신을 집중해야 해서 업무 스트레스를 심하게 받는다. 송 교사는 축제 준비에 매진하느라 몸이 두 개라도 모자랄 지경이었다.

이번 축제 기간에 학생자치회에서는 먹거리 장터를 개최하기로 했다고 통보를 받았다. 그러나 학생자치회 담당인 조 교사가 학생자치회의 지도교사를 하지 않겠다고 해서 먹거리 장터 개설에 난항을 겪고 있었다. 학생부에 속한 교사들은 이미 다 행사를 한 가지씩 맡고 있어서 먹거리 장터까지 부탁할 수가 없는 상황이었다. 학생부 소속의 시간강사 선생님에게 부탁하면 어떨까 하는 학생부장의 의견도 나왔지만. 시간강사에게 수업 이외의 시간에 학생을 지도해 달라고 말을 할 수도 없거니와 시간강사는 학생 지도에 책임을 지고 임할 수 있는 입장도 아니어서 부탁할 수가 없었다.

다음날 아침, 교문에서 등교지도를 하고 있는 조 교사를 만난 송 교사는 먹거리 장터의 지도교사 이야기를 꺼냈다.

"학생자치회 먹거리 장터 지도교사는 어떻게 됐어요?"

"저 안 해요. 애들이 영 싸가지가 없어서 해줄 수 없어요."

"네? 싸가지요? 왜요?"

"애들이 저한테 물어보지도 않고 지들끼리 지도교사 이름을 써가지고 와서 사인을 해달라는데, 난 그렇게는 해줄 수가 없어요. 그건 교육이 아니라고 생각해요."

"아, 절차상의 문제가 있긴 한데, 그래도 지도교사가 없으면 먹거리 장터 개설이 어려우니 일단 좀 해 주시면 안 돼요?"

"그건 선생님 생각이고, 난 싸가지 없는 애들한테 지도교사 해 줄 수 없어요. 그건 교육이 아니라는 게 내 생각이에요."

"애들이 어려서 거기까지 생각을 못 했나 본데 선생님이 잘 가르쳐 주시면 되죠."

"내가 그런 것까지 가르치며 지도교사를 해야 하나요?"

"다른 선생님들도 다 전시회나 체험활동을 맡아서 지도하고 있으니 학생자치회는 학생부에서 담당을 해 주셔야지 무작정 안 된다고 하시면 전체 일을 진행하기가 힘들어요."

"선생님 입장은 알겠지만 전 내키지 않네요."

"먹거리 장터는 화기까지 써야 하니 애들에게만 맡겨 놓기가 어려워요. 안전 문제도 있고."

하지만 조 교사는 아무 말도 하지 않고 학생들의 등교 지도에만 눈길을 돌리고 있었다. 송 교사는 더 이상의 말을 할 수가 없어 서둘러 교무실로 돌아오고 말았다.

처음부터 학생들이 교사의 의견을 물어보고 지도교사 사인을 받았으면 문제가 없었겠지만, 학생들의 잘못된 일처리로 인해 이미 일은 이렇게 되었고, 학교축제는 다가오는데 먹거리 장터의 지도교사 문제를 어떻게 수습을 해야 할지 송 교사도 판단이 서지 않았다.

 **마음의 소리**

송 교사 : 학생들이 어려서 절차를 잘 모르고 한 일을 꼬투리 잡아 먹거리 장터의 지도교사를 하지 않겠다고 하면 그 일을 누가 맡아서 하고 또 학교 축제는 어떻게 진행을 한단 말인가? 학생들이 특별히 무엇을 잘못한 것도 아니고 일의 선후를 가리지 못해 그런 건데, 그러면 다시 잘 가르치면 될 것을 저렇게 고집 부리고 있으면 업무 담당자는 얼마나 속이 타겠어? 조 교사는 평소에도 강하게 말하고 독단적으로 행동해서 마음에 들지 않았어. 내가 찾아가서 지도교사를 해 달라고 부탁하는데도 끝까지 거절하는 태도를 보면 역시 그 성격은 변함이 없어.

조 교사 : 학생들이 선생님의 의견을 물어보지도 않고 마음대로 이름을 써 와서 지도교사를 해 달라면 어떻게 해? 이 녀석들의 버릇을 단단히 고쳐 놓기 전에는 내가 먹거리 장터 지도교사를 해 줄 수 없어. 송 교사는 학생들의 잘못은 따지지도 않고 업무 담당이라고 나에게 계속 지도교사를 하라는 말만 하는데 그건 교육적으로도 옳지 않아. 교사라면 교육이 먼저여야 하는 거 아냐? 행사와 업무에 급급해서 일단 일을 처리하고 보자는 사고방식이 정말 마음에 안 들어.

학생들의 비교육적인 행동 때문에 지도 교사를 맡을 수 없다는 교사와 행사를 어쨌든 진행해야 하는 업무 담당교사 사이의 갈등이다. 교육에서 비교육적인 행위를 묵과할 수는 없다. 행사도 결국 교육의 일환이기 때문이다. 그렇다고 억지로 지도 교사를 맡겨 놓으면 학생과 교사의 사이가 원만하지 않아서 자칫 행사를 그르치기 쉽다.

학생들의 잘못을 먼저 바로 잡아 학생들과 교사의 사이를 원만하게 해결한 다음 함께 힘을 모아 행사를 잘 치르도록 대화를 통해 이 문제를 해결할 수 있다.

"선생님 말씀을 듣고 보니 제가 행사 진행에만 급급해서 학생들의 잘못을 대충 넘어가려고 했네요. 행사도 결국 교육인데… 학생들이 잘못한 점은 바로 잡아야 하는 게 맞는 것 같아요. 학생들이 선생님께 미리 허락도 받지 않고 자기들 마음대로 지도교사를 맡아 달라고 한 행동은 선생님 말씀처럼 분명히 잘못되었어요. 이 녀석들이 무슨 생각으로 그런 잘못을 했는지 모르겠어요. 행사 준비에만 온갖 노력을 기울이다 보니 미처 생각을 못한 모양이에요. 어떤 이유든 선생님 허락을 미리 받지 않은 것은 큰 잘못이에요. 그래서 제가 학생들에게 가서 학생들이 무엇을 잘못했는지, 왜 그래서는 안 되는지 지적을 할게요. 그래서 학생들이 그 잘못을 뉘우치도록 할게요. 그리고 난 다음에 정식으로 선생님께 지도교사를 맡아 주시도록 다시 부탁하도록 하겠습니다. 그러면 선생님 용서하는 마음으로 지도교사를 다시 한 번 생각해 주세요. 부탁드립니다. 참, 제 잘못을 선생님이 고쳐 주셨네요. 고맙고 든든합니다."

> 3월 초에 정하는 교사 성과급 등급 기준안을 놓고 각 학년 대표 교사와 보건,
> 특수학급 교사가 자신의 학년이나 집단의 등급을 높이기 위해 자기주장을 펼치고
> 있다. 교무부장은 회의를 소집하여 원만하게 마무리하고 싶었으나 특수학급
> 교사의 강한 주장 때문에 회의는 3차까지 지연되었다. 교무부장의 설득이
> 있었지만 성과급에서 늘 불리한 입장에 서는 특수학급 교사는 누구 하나 지지해
> 주는 사람도 없고 답답하기만 하다.

어느 학교나 2월 말에서 3월 초에는 세워야 할 계획과 기준안으로 인해 업무 담당자들의 하루는 바쁘게 돌아간다. 업무 계획서는 대체로 업무부장과 담당교사가 협의해서 운영방침을 짜고 부장은 각계의 업무를 취합하여 한 해의 학교교육과정 운영계획서를 작성한다. 그리고 수많은 기준안이 있는데, 이것도 그해의 학교 사정에 맞게 수정하거나 새로 만들어야 해서 각종 회의가 잦다.

그중에서도 가장 민감한 사안을 고르자면 단연 성과급 등급 기준안이 될 것이다. 학교에서 학생들을 가르치는 업무가 가장 중요한 교사들에게 등급을 나누고 그 등급에 따라 성과금이 달라지니 아무래도 모든 교사들이 민감하게 반응하는 것이다. 회사나 기업에서는 업무 성과를 내고 그에 따라서 등급을 매긴다. 그런데 교사들이 학생을 가르치는 것은 어떻게 가시적인 성과를 내고 또 그것을 어떻게 등급을 나눈다는 건

지 대부분의 교사들이 이 제도에 대해 반대를 하고 있지만, 한 번 정해진 조항은 교사들의 의견만으로 바꿀 수가 없으니 울며 겨자 먹기 식으로 따를 수밖에 없다.

물론 성과금을 공정하게 지급하기 위해 학교에서는 성과급 등급을 정하는 기준안을 마련하려고 하지만 그게 객관적인 수치를 정확하게 매기는 것은 거의 불가능하여 성과급 회의에서는 불만족한 집단이 생기게 마련이다. 또 한 번 정한 기준을 그대로 따르면 별 문제가 없을 것 같아도 해마다 새로 전입하는 교사가 있고, 학교의 업무 분장 상황도 달라져서 기준을 바꾸지 않고 그대로 할 수가 없다.

학교에서 교무부장을 맡고 있는 최 교사는 작년 성과급 기준안을 복사해서 미리 학년에 돌리고 각 학년 대표가 수정할 내용을 취합해 올 것을 안내한 후 성과급 기준안 회의를 소집하였다. 각 학년 대표와 보건, 특수학급 담당교사 등으로 구성된 성과급 1차 회의가 시작되었다.

"6학년은 수업시수도 제일 많고, 학생들 생활지도가 가장 어렵습니다. 그러니 수업시수와 생활지도 최고점은 6학년을 기준으로 했으면 합니다."

"선생님, 1학년 교실 한 번 와 보셨어요? 요즘은 1학년도 생활지도가 어렵습니다. 특히 학부모들의 건의와 요구가 너무 많아 퇴근 후까지도 문자와 전화에 시달리게 됩니다. 1학년도 6학년과 같은 등급에 넣어야 합니다."

"올해 2학년은 특수한 학생이 너무 많아 학년 희망에서 아무도 신청자가 없었습니다. 2학년 선생님들은 모두 교감 선생님의 권유에 의해 희망하지도 않은 학년을 맡게 된 것입니다. 그리고 3~6학년은 전담 시수가 많아 실제로 담임교사의 수업 시수는 2학년이 제일 많습니다. 따라서 2학년을 기준으로 해야 합니다."

"우리 학교는 하루 동안 보건실에 방문하는 학생이 100명입니다. 그러니 보건교사도 생활지도 최고점을 받아야 합니다."

저마다 자기 학년의 등급을 올리기 위해 발언을 쏟아내는 바람에 회의를 주관하는 최 교사의 입장에서는 합의점을 찾기가 쉽지 않았다. 할 수 없이 합의점을 찾은 항목의 내용만 결정하고 나머지는 다시 학년에서 의견을 모으기로 하고 1차 회의를 마쳤다.

다음날 2차 회의가 시작되자 최 교사는 모두 조금씩 양보하는 마음으로 회의에 임해 주십사 하는 간곡한 부탁을 하여 의견이 순조롭게 조정되는 듯했으나 보건교사 대신 참석한 특수학급을 담당한 윤 교사가 강한 주장을 펼치는 바람에 조정이 어려워졌다.

"올해는 특수학급 학생이 작년보다 늘어났습니다. 그래서 특수학급 교사도 생활지도 최고점에 넣어야 합니다."

계속 듣고 있다가 결론이 나지 않을 것 같아 최 교사가 끼어들 수밖에 없었다.

"우리 학교는 특수학급 담당 선생님이 두 분이나 있지 않습니까? 특수학급 실무원도 두 분이나 있고요. 그리고 특수학급은 업무 곤란도에서도 부가점을 받게 되니 생활지도에서도 최고점을 받으면 이중으로 부가점을 받게 되는 것입니다."

"교무부장님, 그렇게 말씀하시면 정말 서운합니다. 우리는 매년 성과급에서 밀리는 불이익을 당하고 있다고요. 올해도 특수교사에 대한 배

려가 없으면 전 특수학급 학생지도 외에 다른 업무는 하지 않겠습니다."

"선생님, 그럼 고학년을 담당하고 있는 기간제 선생님이 업무를 다 해야 한다는 뜻인가요?"

"그건 제가 생각할 문제가 아니고요, 어쨌든 저는 업무를 하지 않겠습니다."

그렇게 해서 또 기준을 정하지 못한 채 2차 회의가 끝나고 이 상황이 각 학년 선생님들에게 전달되자 학년 선생님들은 다들 학년의 입장에서 말을 모으기 시작했다. 성과급 회의가 학년 싸움으로까지 번질 지경이었다.

최 교사는 자신의 주장만 강하게 밀고 나가는 특수학급 교사에게 교사 전체의 입장을 대변해서 한 마디 할까 하는 생각도 들었지만 자신이 주도해서 분란을 만드는 것 같아 참고 말았다.

한편 특수학급 담당의 윤 교사는 윤 교사대로 여태까지 늘 성과급 기준안을 정할 때마다 소수의 입장에 서게 되고 그러다보니 다수에 밀려 자신의 말은 무시를 당하는 것 같아 속상하기만 했다.

 마음의 소리

최 교사 : 성과급 등급 자체가 교사의 등급을 매기고 그에 따라서 차등으로 수당을 지급하기 때문에 모든 교사가 만족하는 기준안이란 있을 수가 없어. 그러니까 회의를 해서 모두에게 공평한 기준을 정하고 기준이 정해지면 자신에게 조금 불리하더라도 수용을 해야 해. 특수학급 교사를 업무 곤란도에서 부가점을 받도록 했는데 생활지도에서도 최고점을 받겠다면 그건 이중으로 배려를 받는 것이 되지.

많은 학생과 그 뒤에 있는 학부모를 상대로 방과 후까지 수고하는 일반학급 교사들보다 높은 점수를 받겠다고 자기주장을 굽히지 않는 특수학급 교사의 태도가 납득이 안 가. 특수학급 학생 지도하는 것도 힘들겠지만 요새는 특수학급에 가지 않는 일반 학생 중에도 사회성이 부족하거나 산만하여 학급에서 문제 일으키는 학생들이 얼마나 많은지 알고 있을 텐데. 전체의 의견을 무시하고 자기의 이익만 주장하는 특수학급 교사에게 한 마디 해 주고 싶어.

특수학급 교사 : 성과급 기준을 정할 때마다 한 학교에 한 명밖에 없는 특수 교사는 목소리를 내지도 못하고 늘 불리한 대우를 받았어. 이번에도 정당한 대우를 받지 못하면 나는 학생지도 외의 업무를 하지 않을 생각이야. 특수학급 교사라고 일반학급 교사들보다 낮은 점수를 받을 이유는 없다고 생각해. 혼자라고 목소리를 제대로 내지도 못하고 불이익만 당하니 속상해. 왜 내 입장은 무시당하는 거야.

이런 대화 어때요?

성과급에서 다수의 의견에 밀려 손해만 당했다고 생각하는 특수교사와 그 특수교사의 주장이 부당하다고 생각하는 부장과의 갈등이다. 성과급처럼 금전적인 문제는 정해진 자원에서 각자의 몫을 챙겨야 하기 때문에 양보와 이해로 해결되기 어렵다. 특히 자기주장의 기회를 잃게 된 교사는 속이 상할 수밖에 없다.

관계를 손상시키지 않으면서 성과급 회의를 마치기 위해서는 모두에게 자신의 입장을 잘 설득할 수 있도록 기회를 주어야 하고 어느 누구의 말도 무시당하지 않도록 해야 한다. 이런 태도로 회의를 진행하게 되면 설령 서운하더라도 자신이 무시당했다는 생각은 들지 않을 것이다.

"성과급 제도는 사실 우리가 갈등을 겪을 수밖에 없는 문제적인 구조를 갖고 있다는 거 다들 아시죠? 우리가 당장 제도를 바꿀 순 없어요. 그렇지만 말도 안 되는 제도 때문에 서로가 서로에게 상처를 주지 않았으면 좋겠어요. 저는 어제 선생님들 이야기를 듣고 곰곰이 생각해 보다가 각자의 자리에서 애쓰고 있는 것들을 인정받지 못하고 이해받지 못해서 오는 서운함이 크구나, 하는 생각이 들었어요. 특수 선생님이 어제 생활지도에서 최고점을 주어야 한다고 말씀하셔서 저는 그게 이중으로 부가점을 받는다고 생각해서 끼어들었어요. 그런데 선생님께서 무척 서운해 하시는 것을 보면서 아차 싶었어요. 선생님께서 말씀하시고 싶은 게 있으신데 내가 성급하게 끼어들었구나 하는 생각을 했어요. 업무를 하기 싫을 정도로 매년 불이익을 당하셨다니… 그 동안 참 많이 속이 상하셨을 것 같아요. 그래서 오늘은 선생님 이야기를 들어 보고 싶어요. 여러분, 다들 하시고 싶은 이야기들이 많죠. 모두에게 특수 선생님처럼 말씀하실 기회를 드릴게요. 오늘은 먼저 자기 입장만 돌아가면서 다 이야기해 봅시다. 물론 모두의 입장을 다 반영하기는 어렵지만… 그래도 이야기는 다 들어야 할 것 같아요. 그런 다음에 어떤 방법이 좋은지 토론해 보게요. 그러면 예전보다 더 나은 방안이 나올 수도 있을 거예요. 먼저 특수 선생님부터 말씀해 보세요."